ALEXIA, NOTRE FILLE

ISABELLE et JEAN-PIERRE FOUILLOT
avec THOMAS CHAGNAUD

ALEXIA, NOTRE FILLE

Robert Laffont

ISABELLE et JEAN-PIERRE FOUILLOT sont les parents d'Alexia et de sa sœur aînée, Stéphanie. Deux ans après le drame, ils ont vendu leur commerce, un bar-restaurant qu'ils tenaient depuis quatorze ans. Ils sont aujourd'hui retraités et se consacrent à leur famille et notamment à leurs deux petits-enfants.

THOMAS CHAGNAUD est auteur et producteur. Après avoir dirigé les magazines de TF1, il a créé en 2018 sa société de production audiovisuelle, Yellow Wood, spécialisée dans les histoires vraies. Il est aussi l'auteur de *L'Assassin* (Privé, 2006) et de *L'Autre* (Michel Lafon, 2011).

Éditions Robert Laffont, S.A.S., Paris 2021
92, avenue de France, 75013 Paris
ISBN 978-2-221-25794-4
Dépôt légal : octobre 2021

Préface

29 janvier 2018, vers 23 heures. Je suis dans ma chambre d'hôtel au Puy-en-Velay, où a débuté le matin même devant la cour d'assises un procès en appel qui s'annonce difficile et qui m'a entièrement mobilisé. Mon portable sonne : au bout du fil, Grégory Gay, le beau-frère d'Alexia, m'apprend que Jonathann Daval est en garde à vue depuis le matin. Je l'ai pour la première fois au téléphone et il va droit au but : il me demande d'être son conseil et celui de son épouse Stéphanie, sœur de la victime. Je suis surpris par cet appel inattendu, mais je lui dis immédiatement que je serai à leurs côtés, si bien sûr leur précédent conseil n'y voit pas d'inconvénient. Je n'ai plus eu aucune nouvelle de Grégory jusqu'au jour – nous sommes début juillet 2018 – où il m'appelle pour me dire qu'il est accusé par Jonathann Daval d'avoir assassiné Alexia avec la complicité de toute

la famille. C'est à partir de ce moment-là que j'interviens officiellement pour Grégory et son épouse dans ce dossier que l'on peut qualifier déjà d'exceptionnel.

Exceptionnel et hors norme. Car la famille d'Alexia vivait non pas un drame, mais des drames à répétition. Il y a bien sûr eu sa disparition et l'espoir qui persiste quelques heures, puis les mensonges réitérés de Jonathann pendant plus de trois mois devant toutes les caméras de France, ses aveux *a minima* en janvier 2018 et, six mois plus tard, ses accusations grotesques et abjectes contre ceux qui l'avaient aimé et protégé comme un fils. Chaque version infligeait une souffrance supplémentaire et insupportable à la famille. C'est dans ces conditions que j'interviens. D'abord comme avocat de Grégory et de son épouse, ensuite de toute la famille d'Alexia, et notamment de ses parents, Jean-Pierre et Isabelle Fouillot.

Souvenons-nous : la situation est invraisemblable. Toutes et tous sont des victimes de Jonathann Daval, mais ils sont présentés par ce dernier comme responsables de la mort d'Alexia. Je découvre alors quatre personnalités véritablement exceptionnelles. Ils sont abattus, dépités, amers mais déterminés et combatifs. Ils veulent connaître toute la vérité et entendent user de tous les droits que leur confère le statut de parties civiles. Habituellement, ces dernières accompagnent l'action publique. Leur rôle est limité, presque passif. Là, c'est tout l'inverse qui s'est produit : Isabelle, Jean-Pierre, Grégory et Stéphanie ont en effet chacun pesé de tout leur poids sur la procédure en cours, notamment en demandant une confrontation, ce qui à l'époque paraît incongru, mais permet d'obtenir les derniers aveux de Jonathann ; confrontation dynamique, qui débouche, grâce au savoir-faire du magistrat instructeur, sur la triste réalité : le corps d'Alexia a été brûlé par Jonathann. J'ai été impressionné par leur détermination absolue, par leur courage et par leur force. Comment ne pas les admirer, également, parce qu'en dépit de leur souffrance, ils n'ont jamais été dans l'outrance mais sont toujours restés dans la mesure. Il est vrai que leurs convictions religieuses leur ont permis de conserver à l'esprit la notion de pardon. Ils étaient sans le savoir imprégnés de cette belle formule de Françoise Chandernagor : « Le pardon n'est pas au bout du chemin. Il est le chemin. »

Le drame de cette famille, qui est devenue un peu la mienne et celle de mes fils Jean-Hubert et Renaud, également avocats, m'a bouleversé et a bouleversé les Français. Je n'oublierai jamais les moments passés aux côtés d'Isabelle, Jean-Pierre, Grégory et Stéphanie. En un mot, je suis fier de les connaître et d'être devenu leur ami.

Je sais l'importance pour eux de ce livre qui, tout en racontant leur tragédie, poursuit leur quête de vérité, leur volonté de clamer leur amour à leur fille Alexia et de se projeter dans le futur avec, à l'esprit, ce juste mot de Paul Valéry : « La fonction la plus essentielle de l'être humain est de créer l'avenir. » C'est d'ailleurs par ces mots que j'ai terminé ma plaidoirie devant la cour d'assises de Vesoul, à l'issue d'un procès dont l'institution judiciaire et ses acteurs – je pense naturellement au président de la cour d'assises, Matthieu Husson – peuvent être fiers.

Gilles-Jean Portejoie,
avocat de la famille d'Alexia,
ancien bâtonnier de l'Ordre.

Lundi 29 janvier 2018

ISABELLE — Cela faisait trois mois jour pour jour que l'on avait retrouvé son corps dans le bois d'Esmoulins, à quelques kilomètres de chez nous, à Gray. Alexia était enveloppée dans un drap et dissimulée sous des branchages. Notre fille. Comble de l'horreur, son corps était brûlé au niveau du bas-ventre et des jambes. Comment supporter cela ? Cette image que j'ai toujours refusé de regarder, je ne cesse de l'imaginer. Elle me hante. Chaque jour, chaque heure, chaque minute, je pense à ma fille. J'imagine ce qu'elle a vécu, ce qu'elle a enduré et ce qu'elle a souffert. C'est peut-être cela qui me fait le plus mal, savoir qu'elle a crié, qu'elle nous a appelés au secours et que l'on n'a pas été là, qu'on n'a rien pu faire pour l'aider. Comment vivre avec ça ? Jean-Pierre non plus ne le supporte pas. Combien de fois m'a-t-il dit :

« Elle m'a appelé au secours et je n'étais pas là ! » Nous ne pouvons toujours pas l'accepter.

Depuis, notre vie s'est arrêtée net, brutalement, comme ça, dans le drame. Nous ne vivons plus. Nous savons juste qu'un jour nous la retrouverons, que la vie est désormais pour nous une parenthèse, une simple parenthèse qui inévitablement se refermera. Et c'est ce qui nous fait tenir. Car un jour, nous aussi nous mourrons et nous la rejoindrons.

Ce matin-là, Jean-Pierre était parti depuis déjà longtemps quand j'ai ouvert les yeux. Le lundi est le seul jour que je m'octroie depuis que l'on a dû reprendre tous les deux le travail au bar, trois semaines seulement après la mort de notre fille. Si je m'étais écoutée, je n'y serais jamais revenue. Il était trop difficile pour moi de recommencer comme si de rien n'était. Trop difficile de sourire, de dire bonjour, de préparer les menus, de cuisiner chaque jour pour quarante personnes, qui très vite sont devenues plus de soixante. Certains clients venaient encore pour mon omelette, qui avait fait la renommée du restaurant, mais je savais bien que d'autres se déplaçaient désormais pour une raison bien différente : ils étaient attirés par ce que nous vivions, et venaient pour nous voir comme si nous étions des bêtes curieuses. De la cuisine, j'en remarquais certains guetter le moment où j'allais en sortir pour les servir. Ils me dévisageaient et attendaient que j'ouvre la bouche pour leur parler.

Je me souviens de deux dames venues de Besançon pour déjeuner qui, une fois leur commande prise, m'avaient chuchoté ces quelques mots : « J'espère que vous aurez quelques minutes à nous accorder après le déjeuner pour nous raconter. » Je n'en revenais pas. Ces femmes étaient à mille lieues de savoir ce que nous endurions depuis ce jour où nous avions appris par la gendarmerie qu'un corps venait d'être retrouvé et qu'il s'agissait certainement de celui de notre fille. Comment osaient-elles me demander cela ? Je me souviens que mon corps s'est immédiatement mis à trembler, les assiettes de la table d'à côté alignées sur mon bras s'entrechoquaient dans un mouvement désordonné tandis que je serrais les dents pour ne pas hurler. Sans dire un mot, je me suis précipitée vers la cuisine, avant de m'effondrer sur une chaise pour pleurer. C'était horrible.

Je me sentais traquée. Je n'arrivais pas à affronter tous ces regards, même si heureusement la plupart étaient bienveillants. J'avais aussi beaucoup de mal à discuter, j'étais incapable de parler de « l'affaire ». Je trouvais que cela ne regardait personne, c'était notre fille, notre drame, et je n'avais pas en plus à m'expliquer, à me justifier.

Mais je n'avais pas eu le choix. Il fallait bien reprendre. Jean-Pierre avait tellement peur que l'on perde, en plus de notre fille, l'entreprise que l'on avait construite tous les deux. Il avait besoin de moi. Le bar, c'était « notre » affaire, notre fierté, notre vie, même si aujourd'hui tout cela me semble, comme le reste, dérisoire.

Ces lundis où je ne travaillais pas étaient donc pour moi essentiels. Ils étaient les seuls moments de la semaine où j'étais vraiment seule, pas obligée d'être en représentation, de faire face et surtout, de parler. Quelques heures pour moi pendant lesquelles je me rappelais Alexia et me laissais aller à pleurer sur le canapé.

Ce matin du lundi 29 janvier 2018, je me lève donc comme d'habitude vers 8 heures, mécaniquement. J'enfile un pull par-dessus mon pyjama pour ne pas avoir froid, et je descends l'escalier pour me faire couler un café. En entrant dans notre petite cuisine jaune et bleu que mon frère a réalisée quand nous avons acheté la maison, il y a trente-cinq ans, je me fais une nouvelle fois la remarque que la peinture est écaillée sur les portes des placards et qu'il faudra certainement la refaire un jour. Mais quand ? Cette idée disparaît de mon esprit aussi vite qu'elle y est entrée. Depuis la mort d'Alexia, il y a des choses auxquelles je m'interdis de penser. Qu'est-ce qu'une cuisine au regard de ce que nous vivons ? Comment puis-je penser à cela alors que l'on m'a arraché ma fille trois mois plus tôt ? Je m'en veux profondément. Pendant ces quelques secondes, je n'ai pas pensé à Alexia mais à ma cuisine, comme n'importe qui, comme si ma fille était toujours là, à mes côtés.

Au moment où j'appuie sur le bouton de la machine à café, la sonnette de l'entrée retentit. Je me dis immédiatement que c'est Jonathann qui vient m'embrasser et prendre un café avec moi comme il en a pris l'habitude depuis la mort d'Alexia. Il n'y a quasiment pas un jour où on ne le voit pas, il est là tout le temps. Il vient pour prendre un verre, pour dîner avec nous, ou tout simplement pour nous parler d'Alexia. On pleure beaucoup tous les trois. On est tellement malheureux d'avoir perdu notre fille, et lui nous dit qu'il ne supporte pas de vivre sans elle. Nous avons beaucoup de peine pour lui. C'est étrange, mais on voit presque plus sa douleur que la nôtre, comme s'il était la première victime de ce drame. C'est fou, mais c'est comme ça : il est comme notre fils, et depuis la mort d'Alexia il est la seule personne qui nous relie à elle. Il est son prolongement et continue avec nous de la faire exister. Pour nous, il n'y a aucun doute possible : il souffre le martyre, le même que le nôtre. J'ai alors l'impression que l'absence d'Alexia nous relie à elle, et nous réunit tous les trois. Je ne sais pas si les autres s'en rendent compte eux aussi, mais ce qui est certain, c'est qu'ils ont le même comportement avec nous : toute la famille et tous les amis sont là pour chacun de nous trois. Ils nous entourent tous avec la même force, le même amour et la même peine.

Lorsque je sors pour ouvrir le portail, je me dis que ça peut aussi être Manu, le meilleur ami de Jean-Pierre, parce que lui aussi passe régulièrement le matin pour prendre un petit déjeuner, et surtout pour nous soutenir. Mais lorsque j'arrive au bout de notre petit jardin et que j'ouvre, c'est avec deux gendarmes que je me retrouve nez à nez : le major T. et l'adjudant-chef G. On les connaît bien puisqu'ils enquêtent sur la mort d'Alexia depuis le premier jour. Ils ont toujours été très courtois avec nous, très sensibles aussi. Je suis un peu surprise de les voir, cela fait plusieurs semaines qu'ils ne sont pas venus ici. Je me demande ce qu'ils peuvent avoir à me dire. Je n'en ai aucune idée, mais au fond de moi, j'espère qu'ils ont quelque chose de nouveau, une piste. Peut-être ont-ils trouvé le meurtrier d'Alexia ?

Je les fais entrer dans la maison, leur propose de s'asseoir sur le canapé blanc du salon et leur offre un café. Et de but en blanc, ils m'annoncent qu'ils vont interpeller Jonathann et le placer en garde à vue. Je suis sidérée. Une nouvelle fois je sens le sol se dérober sous mon corps, comme le jour où le juge d'instruction nous a annoncé la mort de notre fille. Ces annonces violentes sont des instants étranges où le temps semble s'arrêter. Je glisse mes mains moites entre mes cuisses et le cuir du canapé, à la recherche d'une sensation de fraîcheur que je ne trouve pas. J'ai l'impression qu'une bulle invisible m'enveloppe progressivement et m'isole du reste du monde, à commencer par les enquêteurs qui se tiennent devant moi, mais dont la voix ne m'atteint plus. Je prends ma tête entre mes mains pour me plonger dans le noir et tenter de comprendre ce qu'ils viennent de m'annoncer. À l'intérieur de mon corps, une petite voix me répète inlassablement : « Jonathann va être arrêté parce qu'il est a-ccu-sé du meurtre d'Alexia » ; « Jonathann a tué Alexia ? » ; « C'est lui qui lui a donné douze coups de poing dans le visage avant de l'étrangler pendant au moins cinq minutes et qu'elle ne respire plus ? » Avant de conclure : « C'est impossible. Impossible ! »

Quelques instants dans le noir. Puis, je reprends mes esprits, rouvre les yeux et m'adresse aux gendarmes, leur pose cette question qui me vient comme une évidence : « Vous êtes bien *sûrs* de ce que vous faites ? Vous n'allez pas nous refaire une affaire Grégory ? »

Pour moi, Jonathann est sur le point d'être accusé à tort, comme Bernard Laroche l'avait été trente-cinq ans plus tôt. J'imagine déjà le drame d'Alexia devenir une affaire sans fin comme celle du petit Grégory, avec son cortège de mensonges, de rebondissements et de drames. Entendant cette référence, les gendarmes restent bouche bée. Ils semblent désarmés, incapables de me répondre quelque chose qui soit susceptible de me convaincre. Je suis persuadée qu'ils se trompent. Je ne suis plus capable de rien, ni de bouger ni de prononcer un mot de plus. Je les regarde, hébétée, me regarder à leur tour. Le silence est palpable pendant ces longues minutes où ils restent assis devant moi comme pour s'assurer que je « gère » la situation et que je ne vais pas faire une « bêtise ». Ils semblent sincèrement inquiets, et me montrent une nouvelle fois leur sensibilité et leur humanité. Puis ils se lèvent et quittent la pièce en me saluant silencieusement d'un signe de la main. En passant devant moi, qui suis incapable de me lever, l'un d'eux me presse doucement l'épaule comme pour me donner du courage et m'inciter à ne pas bouger. Puis, j'entends la porte se refermer. Et, mécaniquement, j'attrape la télécommande et allume la télévision qui s'ouvre sur BFM TV. Depuis le premier jour de notre drame, la chaîne d'information en continu raconte notre histoire en direct quasiment minute par minute. C'est très impressionnant, très violent aussi. Il y a quelque chose d'irréel à être la spectatrice de sa propre tragédie. Et déjà, un bandeau en bas de l'écran annonce que Jonathann vient d'être arrêté et placé en garde à vue. Sur le plateau du journal télévisé, j'entends le présentateur entouré de ses chroniqueurs raconter à la virgule près ce que viennent de m'annoncer les gendarmes. Comment est-ce possible ? Ils expliquent en détail que « le gendre idéal est accusé du meurtre d'Alexia », que depuis quelques jours la rumeur enflait sur son possible rôle dans la mort de sa femme, que la veille un média avait même annoncé son arrestation, etc., etc. Je suis hypnotisée par ce flot d'images et surtout de paroles maîtrisées, prononcées par ces journalistes qui racontent avec minutie ce que l'on vient de m'apprendre. Ils semblent même en savoir déjà plus que moi…

Au moment où je découvre que l'information de l'arrestation de Jonathann fait la une de tous les médias, Jean-Pierre l'apprend à son tour de la bouche des gendarmes.

*

JEAN-PIERRE — Je suis en train de jeter les déchets de la veille dans les poubelles en face du bar quand je vois les gendarmes s'avancer vers moi. Ils ont le visage grave, fermé. Je me doute bien qu'ils vont m'annoncer quelque chose d'important. Je commence à les connaître, depuis trois mois qu'on les voit. Je ne dirais pas qu'on est devenu amis, quand même pas, mais on s'apprécie, et puis, avec le capitaine, on partage la même passion pour les voitures. Je sais qu'il a lui aussi une vieille Porsche d'occasion. Il adore les bagnoles.

Ils s'approchent de moi et, juste après m'avoir salué, ils m'annoncent que Jonathann va être arrêté ce matin, qu'il est accusé du meurtre d'Alexia. Comme Isabelle, je n'y crois pas. Ma première réaction est d'avoir peur pour lui. Je pense à Jonathann, j'ai vraiment la trouille pour lui. J'ai presque envie de pleurer. Je pose le sac-poubelle que j'avais encore à la main, et demande aux gendarmes : « Qu'est-ce qui va lui arriver ?… Le pauv' gamin ! C'est pas possible. » Puis, celui des deux que je connais le mieux s'approche de moi et me dit : « Monsieur Fouillot, vous devriez sortir votre voiture du garage de la maison. »

Pour mes soixante ans, je me suis offert une Porsche Carrera 4S gris métallisé d'occasion. C'était pour moi un rêve de gosse et un cadeau que je m'offrais après avoir bossé depuis l'âge de quatorze ans. Je ne l'avais pas achetée pour ce qu'elle représentait, mais pour me faire plaisir et faire plaisir aux enfants. Souvent, Alexia et Jonathann empruntaient la voiture pour partir en week-end en amoureux. Ils étaient tellement fiers, et moi, j'étais « fin heureux » de les voir partir comme ça. Ils la prenaient quand ils voulaient, puisqu'elle « dormait » dans le garage de leur maison : je n'avais pas eu le temps de m'en construire un chez nous, alors, pour éviter qu'elle ne s'abîme, je la laissais chez Alexia.

Lorsque le gendarme me demande de sortir ma voiture, je ne comprends pas très bien ce qu'il veut me dire. Je n'en ai pas besoin ce week-end, du coup je lui rétorque : « Une garde à vue, ça dure bien quarante-huit heures ? J'irai la chercher après ! » Je suis persuadé que Jonathann rentrera après la fin de la procédure, et que je pourrai donc passer la chercher chez eux quelques jours plus tard. Mais le gendarme se rapproche encore un peu plus de moi et me dit d'un ton plus ferme : « Monsieur Fouillot, vous devez y aller maintenant ! » À son intonation, je comprends que je n'ai pas le choix et, surtout, que si je n'y vais pas tout de suite, je risque d'attendre longtemps avant de retrouver ce plaisir d'appuyer sur l'accélérateur et de me faire ces petites frayeurs dans les chemins de campagne en lacet autour de Gray. Je comprends aussi que l'affaire est grave et que Jonathann est certainement le meurtrier d'Alexia. Je le comprends, mais je n'arrive pas à le réaliser. Après nous avoir enlevé notre fille, on nous prend notre gendre, et je ne l'accepte pas. Je monte dans la voiture pour me rendre chez Alexia, mais je ne démarre pas tout de suite : j'en suis incapable. J'attends peut-être une minute ou deux, et je pleure, la tête sur mes bras croisés sur le volant. Puis, reprenant ma respiration, je mets le contact et j'appelle Isabelle pour lui dire que je vais chercher la Porsche. Elle me dit dans un sanglot : « N'oublie pas Happy, elle est toute seule dans la maison. On ne peut pas la laisser ! »

Happy est la chatte d'Alexia. C'est une jolie persane tigrée qu'elle adorait et qui est la seule avec Jonathann à savoir vraiment ce qui s'est passé dans la maison le soir du drame. Chaque fois qu'on la voit, on ne peut pas s'empêcher d'y penser. On lui dit souvent : « Ah, si tu pouvais parler, toi, tu nous dirais, hein ? Tu sais tout, toi. » On aimerait tellement que ce soit possible.

Ce jour-là, je m'arrête donc devant la maison comme je le faisais si souvent avant le drame. Je n'y étais pas revenu depuis. En me garant, je regarde quelques instants la façade typique de ces constructions des années 1960. Elle a quelque chose de désuet que j'ai toujours bien aimé, son crépi rosé que j'avais refait pour Alexia, et le garde-corps du balcon en verre fumé qui, lui, n'a pas bougé depuis l'époque où les parents d'Isabelle y habitaient. Dans ma tête, les images déjà se bousculent. Un car de la gendarmerie est garé juste en face, les gyrophares tournent encore, silencieusement, et éclairent par intermittence la façade rose de la maison. Il fait froid. Il y a quelques hommes en uniforme devant et à l'intérieur de la maison, et je comprends assez vite que Jonathann a été emmené peu de temps auparavant. À quelques minutes près, je tombais nez à nez avec lui. Je ne sais pas comment j'aurais réagi. Est-ce que les menottes à ses poignets m'auraient fait réaliser plus vite que c'était bien lui le meurtrier de ma fille ? Je ne sais pas, et je préfère ne pas l'avoir vu. Je me présente aux forces de l'ordre avant d'entrer dans le garage, au sous-sol, pour sortir la voiture et la garer un peu plus loin, au-delà du périmètre de sécurité délimité juste avant l'intervention des gendarmes. Puis je fais demi-tour pour cette fois-ci entrer dans la maison et aller chercher Happy. En prenant l'escalier en béton qui monte du garage au rez-de-chaussée, je suis à mille lieues d'imaginer que c'est ici exactement qu'Alexia a perdu la vie. Depuis l'annonce des gendarmes, je suis dans un état second. Je traverse la maison à la recherche de la chatte et, naturellement, des souvenirs me reviennent en mémoire. En parcourant le couloir blanc qui conduit au salon ultramoderne dont Alexia rêvait, je repense aux travaux que j'ai faits dans chacune de ces pièces pour ma fille, puis mon regard se perd et s'arrête sur le visage de Marilyn Monroe badigeonné de rose et encadré dans la salle à manger ; à côté il y a le même portrait en jaune, puis un autre en vert. Alexia était tellement fière de nous expliquer que ces reproductions étaient celles d'un artiste américain très connu dont j'ai oublié le nom. À l'opposé, sur la petite bibliothèque où je reconnais la collection complète des *Harry Potter*, il y a quelques photos posées qui racontent la vie d'Alexia et que je ne peux m'empêcher de regarder. Je repense à ce jour où elle nous a annoncé qu'elle était enceinte, à l'apéritif cet été autour de la piscine, où tout le monde était présent. J'ai l'impression qu'Alexia est derrière chaque porte, je l'entends rire, et nous avec elle, jusqu'à ce que j'aperçoive la queue de Happy disparaître derrière le canapé. Quelques sifflements plus tard, elle est sur moi. Depuis, elle vit avec nous, et dès qu'elle arrive dans une pièce, on imagine qu'Alexia va la suivre.

Lorsque j'arrive à la maison, Isabelle m'arrache Happy des bras comme si je venais de la sauver. Elle la serre fort, l'embrasse, et en réponse la chatte se met à ronronner. Je prends quelques instants avec Isabelle pour la réconforter et partager nos premières impressions sur ce nouveau drame que nous allons devoir affronter. Sur notre incrédulité aussi, parce que nous refusons tous les deux d'y croire. Nous nous enlaçons dans la cuisine. Je prends son visage entre mes mains, la regarde dans les yeux – ils sont rougis par les larmes –, et je l'embrasse doucement sur la bouche. Du bout des lèvres, tendrement, comme pour lui dire que face à toute cette horreur, il y a notre amour. Et puis on se met à pleurer tous les deux, sans pouvoir nous arrêter. « Pourquoi ça tombe sur nous ? Qu'est-ce qu'on a fait pour mériter ça ? »

Je dois rapidement quitter Isabelle pour retourner au bar : l'heure du déjeuner approche et il y a de bonnes raisons de penser qu'il y aura du monde ce jour-là. La laisser seule face à tout ça me retourne l'estomac, je m'en veux de ne pas pouvoir rester avec elle, mais il faut bien continuer, malgré tout. Nous n'avons pas le choix. Une nouvelle fois, je l'embrasse du bout des lèvres, avant de partir. Je sais qu'elle ne va pas bouger de son canapé, et cela me rassure. Je pensais que le plus dur était passé, et n'imaginais pas un instant que l'on pourrait encore s'en prendre à nous. Je me trompais.

*

ISABELLE — Une fois Jean-Pierre reparti, je me retrouve de nouveau seule devant la télévision. La matinée n'est pas encore terminée, et mon regard ne quitte pas cet écran qui est pour moi le seul moyen de savoir ce qui se passe dans notre vie. Je n'attends rien de particulier, je regarde ces images qui reviennent en boucle et dont je ne peux me détacher. Il ne se dit rien de vraiment nouveau depuis l'annonce de l'arrestation de Jonathann ; jusqu'à ce que je reconnaisse la silhouette corpulente de son avocat, maître Randall Schwerdorffer, s'avancer vers les caméras. Il est accompagné de son associée, Ornella Spatafora, une jolie jeune femme brune qui ne le quitte pas des yeux.

Ils sont tous les deux dans la rue, à quelques pas de la maison d'Alexia. Il s'approche lentement des micros qui se tendent devant lui, et fait cette première déclaration publique : « C'est une bonne chose. Jonathann va pouvoir s'exprimer, parce que les rumeurs persistent depuis longtemps. Je vous rappelle qu'il est présumé innocent et qu'avec mon associée nous allons tout faire pour que Jonathann sorte de ces quarante-huit heures de garde à vue libre et lavé de tout soupçon. » Ces mots me rassurent : l'avocat semble dire, contrairement aux gendarmes, que les choses ne sont pas fixées et qu'elles peuvent évoluer. Il dit aussi cette phrase qui me touche, et reflète parfaitement ce que je ressens alors : « La famille d'Alexia soutient Jonathann, je tiens à vous le dire. » Je me sens presque soulagée. Cette déclaration remplace dans mon esprit les propos des gendarmes. Elle les efface et me permet de continuer à penser que Jonathann est certes arrêté, mais qu'il pourra être libéré une fois qu'il aura expliqué ce qu'il n'a pas pu faire.

Avec le recul, je ne parviens toujours pas à m'expliquer pourquoi j'ai ainsi voulu nier l'évidence en m'accrochant à toutes ces branches qui m'empêchaient de tomber dans un trou. Aujourd'hui, j'ai presque honte de le reconnaître. D'autant que j'ai continué à m'enferrer longtemps dans ce mensonge.

Devant ma télévision, je vis les quelques heures qui suivent avec cet espoir qui ne va pas tarder à être douché. Car dans la journée, le visage de l'avocat apparaît de nouveau, mais ses mots ne sont plus les mêmes. Sa force et sa combativité ont déjà disparu. « Il semble qu'il y ait des preuves accablantes à l'encontre de Jonathann. »

En l'entendant, je bondis du canapé. Je retourne dans la cuisine me refaire un café que je dépose sur la table basse. Je fais les cent pas, j'ai envie de hurler. Je me dis : « Qu'est-ce qu'il fait ? Il se met à accuser Jonathann, maintenant. Il le lâche. Il joue à quoi ? » De nouveau, je ne comprends rien à ce qui se passe et j'ai envie de l'engueuler. Alors, sans trop y réfléchir, je m'empare de mon téléphone portable, et je compose son numéro, qui sonne dans le vide. J'avais eu ses coordonnées lorsque j'avais accompagné Jonathann à son premier rendez-vous chez lui, quelques jours seulement après la découverte du corps d'Alexia. Ce jour-là, alors qu'il s'apprêtait à prendre la défense de Jonathann en tant que partie civile, il avait joué aux gros bras et prononcé ces mots qui m'avaient déjà choquée à l'époque : « Vous savez, moi, je ne fais pas de sentiments. Je ne suis pas là pour faire des sentiments. Je suis là pour vous défendre et je n'ai pas peur de taper fort ! » Je ne vais pas tarder à comprendre ce qu'il avait voulu lui dire, mais à cet instant, je souhaite le rappeler à ses obligations, qu'il a selon moi oubliées. Et je lui envoie ce SMS sans même prendre le temps de le relire : « Mais que faites-vous ? Vous êtes fou ! Vous ne défendez pas Jonathann, là !... Pouvez-vous m'appeler quand vous aurez le message, s'il vous plaît ? Je vous remercie. Isabelle Fouillot. »

Je n'ai jamais eu de réponse à mon message. Je l'ai attendue pendant vingt-quatre heures. J'ai compris le lendemain en fin de journée pourquoi je n'en aurais pas. Il n'est pas loin de 20 heures et la fin de la garde à vue approche. Je ne quitte pas la télévision des yeux. Cela fait deux jours que je n'ai quasiment pas bougé. J'ai simplement pris la peine de fermer les volets roulants de la fenêtre du salon qui donne sur le petit parking de la résidence, parce que depuis la veille, des grappes de journalistes et de caméras vont et viennent, à l'affût d'une image ou d'une déclaration. Ils attendent certainement que je sorte pour faire une course et de pouvoir m'arracher quelques mots, mais je ne leur fais pas ce plaisir. Je ne sors pas. J'en suis incapable. Derrière mes volets clos, je me sens en sécurité. Je n'entends que quelques mots, quelques bruits de voitures, mais je sais qu'ils ne peuvent pas m'atteindre.

Je ne sais si c'est ma « barricade » ou une nouvelle information qui les a fait partir, mais juste avant le commencement du journal télévisé, ils ont tous quitté la place pour s'amasser devant le bar qui était encore ouvert. En regardant ma télévision, je comprends bien vite les raisons de ce mouvement. Un bandeau s'affiche en bas à gauche de l'écran avec ces lettres écrites en majuscules : JONATHANN DAVAL A AVOUÉ. Les gendarmes avaient donc raison : c'est bien lui le meurtrier d'Alexia. Tout l'édifice que je m'étais construit depuis son arrestation s'effondre sous mes yeux. J'ai l'impression que l'on m'annonce une seconde fois la mort de ma fille. Seule devant ma télévision, je sens mes larmes couler sur mon visage sans pouvoir les retenir. Je reste immobile. Pétrifiée. Les images projetées par l'écran se diluent dans mes pleurs, et se superposent à celles qui surgissent de ma mémoire. Celles du bonheur d'abord, mais aussi celles de Jonathann pendant ces trois derniers mois. Ses larmes, ses plaintes, ses mensonges – comment a-t-il pu nous faire ça ? Je n'arrive pas encore à remonter le fil des événements. Je ne suis pas encore capable d'être en colère. Je suis simplement malheureuse à en mourir, et ressens physiquement la douleur de mon cœur se presser à l'intérieur de ma poitrine, comme s'il allait exploser.

Et ce n'est pas fini. Pour la troisième fois en quelques heures, l'avocat de Jonathann fait son apparition à l'écran comme s'il était dans mon salon. Je le vois avancer vers les caméras comme s'il se dirigeait vers moi, son regard noir fixé sur le mien comme si c'est à moi qu'il souhaitait s'adresser. Sa voix est de nouveau forte, puissante, m'adressant ses mots comme il m'aurait assené des coups de poing pour me mettre K.-O. « C'est un couple dont malheureusement l'un des conjoints était violent, mais ce n'est pas celui auquel on pense, c'est-à-dire qu'Alexia en période de crise pouvait avoir des accès de violence extrêmement importants à l'encontre de son compagnon… Il n'a rien géré. Il l'explique par le fait qu'il avait une relation de couple avec de très fortes tensions. Qu'Alexia avait une personnalité écrasante. Qu'il se sentait complètement écrasé, rabaissé, et qu'à un moment il y a eu des mots de trop. Une crise de trop qu'il n'a pas su gérer et ça a débordé... Il va être jugé pour trois, quatre secondes de sa vie. »

Seule dans mon salon, je ne peux m'empêcher de hurler en entendant ces propos qui accusent ma fille, alors que je viens d'apprendre que c'est Jonathann, son mari, qui l'a tuée. J'ai l'impression de devenir folle. Et cette phrase qui tourne dans ma tête sans pouvoir en sortir : « L'un des conjoints était violent mais ce n'est pas celui auquel on pense... Alexia pouvait avoir des accès de violences extrêmement importants à l'encontre de son compagnon. » Ces mots qui me transpercent comme autant de poignards : « personnalité écrasante », « écrasé », « rabaissé », « une crise de trop », « il n'a pas su *gérer* »...

Ce n'est pas ma fille ! Ce n'est pas Alexia ! Elle n'était pas violente ! Elle n'a jamais eu de crise. De quoi parle-t-il ?! Comment peut-il se permettre de la salir ? de l'insulter ? de la piétiner, alors qu'elle est morte et qu'elle n'est plus là pour répondre, pour se défendre ? J'ai envie de vomir. Il accuse Alexia d'être la responsable de sa propre mort, alors que le meurtrier vient d'être arrêté et qu'il a avoué. C'est insupportable, ignoble. N'y a-t-il pas d'autre moyen de le défendre que d'assassiner une seconde fois Alexia ?

J'aurais pu le tuer.

A-t-il pensé à ce qu'il disait ? A-t-il pensé à moi, la maman d'Alexia, quand il a tenu ses propos indignes ? A-t-il pensé à son père, à sa sœur, à toutes celles et à tous ceux qui l'on connue et qui l'ont aimée ? A-t-il pensé à notre détresse, à notre souffrance d'avoir perdu notre fille dans de telles conditions ? A-t-il pensé que je pouvais être seule devant ma télévision et que je ne pourrais pas le supporter ? Que je pourrais ne plus rien supporter ? Qu'aurait-il dit si après cette déclaration on m'avait retrouvée morte de douleur dans mon salon ?

Je crois que rien de tout cela ne l'a effleuré. Comme il le disait à Jonathann lors de son premier rendez-vous, il n'est pas là pour « faire de sentiments ». Le prix à payer par les autres lui importe peu.

Pour la première fois depuis ces deux derniers jours, je ressens le besoin de ne plus être seule. Il faut que Jean-Pierre rentre vite à la maison, qu'il soit à mes côtés pour que je n'aie plus peur. Il ne devrait plus tarder. À cette heure-là, le bar est normalement en train de fermer. Mais je n'imagine pas ce qu'il s'y passe, l'assaut des journalistes et l'impossibilité d'en sortir… C'est en découvrant les images à la télévision que je comprends pourquoi Jean-Pierre ne m'a pas encore téléphoné.

*

JEAN-PIERRE — Devant le bar, il y a un monde fou. Les journalistes, les caméras et les micros sont à touche-touche sur la terrasse. On ne voit plus rien d'autre. De l'intérieur, on ne distingue que ces corps serrés qui se pressent vers nous comme une mêlée. Je suis avec Stéphanie, la sœur d'Alexia, et son mari, Grégory, qui sont venus m'aider pour le service tout au long de cette journée si particulière. Il y a aussi Carlos, mon beau-frère, qui a toujours été là pour nous aider depuis le début du drame. C'est dans cette ambiance irréelle que nous avons appris quelques heures plus tôt que Jonathann était bien le meurtrier d'Alexia, mais avec les clients à l'intérieur et la foule à l'extérieur, nous n'avons pas vraiment eu la possibilité ni le temps d'en parler. Étonnamment, nous l'avons presque vécu comme si l'information ne nous concernait pas, ou peut-être comme si elle n'en était pas une. Dans le brouhaha et l'agitation, nous n'avons même pas entendu les propos de l'avocat. Rien. Nous nous affairions chacun de notre côté pour pouvoir fermer, et surtout pour parvenir à sortir. Les gendarmes sont venus nous prêter main-forte pour nous extraire de là comme si nous en étions les prisonniers. Ils ont décidé de nous faire sortir un à un par la porte de l'immeuble à côté de la vitrine pour essayer de tromper les journalistes et d'éviter les appareils photo et les caméras. Carlos emporte les tiroirs-caisses pendant que je tente de baisser le rideau métallique, difficilement tant il y a de personnes de l'autre côté, collées à la vitrine. Les premiers à sortir sont Grégory et Stéphanie, que les gendarmes ont pris le soin de dissimuler sous une couverture afin qu'elle ne soit pas photographiée. Carlos suit et manque même d'en venir aux mains pour réussir à me frayer un chemin jusqu'à la camionnette garée un peu plus loin. Quand je traverse la foule de journalistes, les flashs crépitent sans interruption et les questions fusent dans cette nuit glaciale : « Comment réagissez-vous aux aveux de Jonathann ? » ; « Aviez-vous un doute ? » ; « Votre fille Alexia était-elle violente ? »… Je baisse la tête et ne réponds rien. J'ai l'impression d'être l'accusé. Lorsque j'arrive enfin à la camionnette, je démarre en trombe sans même m'assurer que les portières sont bien fermées. Deux gendarmes nous escortent dans un hurlement de sirènes et la lumière bleue des gyrophares. On a l'impression d'être dans un film ; mais, malheureusement, il s'agit de notre vie. C'est irréel, bouleversant.

Lorsque j'arrive dans la maison, je prends Isabelle dans mes bras. Je la serre fort pendant de longues secondes. Stéphanie nous rejoint. Nous nous embrassons et nous pleurons. Nous sommes ensemble, nous sommes ce qu'il reste de notre famille, tous écrasés de chagrin.

*

ISABELLE — Le lendemain matin, quelques mots nous redonnent l'espoir et la force de nous battre. Alors que nous sommes tous les deux devant notre tasse de café, hébétés par les épreuves de la veille, le journaliste de RTL annonce l'interview politique du jour, dont l'invitée est Marlène Schiappa, la secrétaire d'État à l'Égalité entre les femmes et les hommes. L'information principale du matin est bien sûr les aveux de Jonathann, mais aussi son axe de défense et les accusations portées à l'encontre d'Alexia par son avocat.

De son ton assuré, la secrétaire d'État n'attend pas la question de la journaliste pour s'en offusquer et prendre notre défense. « L'idée, c'est de dire qu'à chaque fois qu'une femme est victime de violences sexistes ou sexuelles, et ici d'un féminicide, on trouve des raisons qui justifieraient le fait que cette femme ait été victime. On fait comme si la victime elle-même était coupable d'avoir été victime [...]. En disant ça, on légitime les féminicides, on légitime le fait que tous les trois jours, il y ait une femme qui soit tuée sous les coups de son conjoint [...]. Elle avait une personnalité écrasante, elle était trop exigeante, elle s'habillait de façon trop aguicheuse... il y a toujours une bonne excuse. Ça suffit ! »

Je regarde Jean-Pierre comme pour lui dire que nous ne sommes plus seuls. Ces mots sont d'une force extraordinaire et représentent pour moi un réconfort que je n'attendais plus. Par ses propos, Marlène Schiappa rappelle l'évidence et rétablit la vérité d'Alexia. Non, Alexia n'était pas une jeune femme violente. Non, Alexia ne « méritait » pas d'être tuée. Comme tant d'autres femmes, elle est morte sous les coups de son conjoint – douze coups de poing au visage avant d'être étranglée pendant plus de cinq minutes. Voilà la stricte vérité.

Sans le savoir, Marlène Schiappa nous a donné la force de nous battre pour défendre Alexia contre les attaques de cet avocat. Notre combat serait désormais d'obtenir la vérité sur ce qui est arrivé à notre fille. De montrer à la France entière le vrai visage de Jonathann. Notre combat serait aussi de montrer à son avocat, qui ne l'a manifestement pas compris, que le monde a changé depuis que le mouvement #MeToo, un an plus tôt, a fait des violences contre les femmes un débat mondial et a justement déclaré la guerre à des actes mais aussi à des mots inacceptables. J'aurais voulu lui dire les yeux dans les yeux qu'il ne pouvait tout simplement pas dire ce qu'il avait dit. Que c'était odieux.

Ce jour-là, la ministre a fait d'Alexia le visage de toutes ces femmes victimes de violences, et a transformé son drame en symbole. Nous étions tellement heureux de sentir son soutien, et tellement fiers pour notre fille d'avoir une telle porte-parole.

Nous nous sommes sentis tellement forts.

Pour tout cela, nous ne la remercierons jamais assez.

Jeudi 18 février 1988

ISABELLE — Alexia est née le 18 février 1988 à la maternité de Gray. J'ai senti que le travail commençait en fin d'après-midi, vers 17 heures. J'ai téléphoné à l'entreprise où travaillait Jean-Pierre pour le prévenir que j'avais mes premières contractions et qu'il devait passer me chercher dès qu'il sortirait du travail. Le plus tôt serait le mieux. Je me souvenais que Stéphanie n'avait pas mis longtemps à arriver, et je sentais bien qu'il n'y avait pas de raison pour qu'Alexia mette plus de temps. Nous savions que nous attendions une seconde petite fille, et nous en étions tellement heureux ! Jean-Pierre est venu sans tarder, le sourire jusqu'aux oreilles. Qu'il était fier ! Il m'a conduite à la maternité qui se situe à quelques centaines de mètres seulement de la maison. Puis les choses se sont faites très vite. Alexia est née à 20 heures.

Elle était magnifique. La sage-femme me l'a doucement déposée sur le ventre, sa petite tête sur ma poitrine. Je me rappelle encore son odeur et la chaleur de son petit corps au contact du mien. Quel souvenir ! C'était tellement beau que je voulais que sa grande sœur partage ce moment avec nous ; elle était gardée par sa grand-mère Simone, la mère de Jean-Pierre, et il s'est précipité pour aller la chercher. Elle est arrivée à temps pour voir Alexia allongée sur mon corps, avant qu'on ne nous reconduise dans la chambre. Stéphanie avait cinq ans, et la regarder découvrir sa petite sœur, observer ses premiers gestes et attendre qu'elle lui fasse un sourire était merveilleux.

Désormais, lorsque je pense à la naissance d'Alexia me revient immanquablement à l'esprit le procès de son meurtrier. Ce moment magnifique emporté par sa tragédie. C'est moi qui ai voulu convoquer à la barre de la cour d'assises de Vesoul le premier souffle de vie d'Alexia pour condamner les mains serrées de l'accusé provoquant les dernières suffocations de ma fille, son dernier râle. J'ai voulu marquer les esprits et je crois que j'y suis parvenue. Je me revois me lever à l'appel du président et m'avancer vers la barre, la saisir et lancer un regard appuyé à toutes ces personnes à qui mes paroles s'adressaient : le président de la cour, le procureur, les avocats, Jonathann – tête baissée dans le box –, et enfin les jurés, que je me devais de convaincre plus encore. Puis je m'entends raconter la naissance d'Alexia comme elle s'est déroulée, mais aussi comme je l'ai vécue en tant que mère. Ce n'est pas rien d'évoquer l'entrée dans la vie de sa fille dans une enceinte où tout renvoie à sa mort. Il y avait quelque chose de décalé, d'inattendu, mais je le souhaitais pour ma fille : par ces mots, je désirais la faire revivre quelques instants à l'ouverture du procès de celui qui l'a tuée. Je réaffirmais également qu'avant d'avoir été la victime de son mari, Alexia avait été un bébé qui ne demandait qu'à vivre. C'est par la volonté de cet homme qu'Alexia n'est plus. Mais pendant vingt-neuf ans, elle a été là, bien vivante, avec nous. C'est cela que je voulais dire à la barre de la cour d'assises. Car Alexia n'est pas qu'un prénom à la une des magazines, un symbole ou un cadavre que l'on autopsie, elle est ma fille. Et par ces quelques mots, je lui redonnais vie. Je lui rendais aussi sa dignité. Peut-être aussi ai-je voulu la faire revivre pour moi, pour la retrouver et la garder quelques instants à mes côtés. C'est le pouvoir des mots, la magie de la parole, que je ne connaissais pas avant le procès et qui m'incite certainement aujourd'hui à vouloir raconter son histoire.

Nous avons attendu cinq ans avant d'avoir Alexia. Nous avions toujours souhaité avoir un second enfant, mais l'appartement dans lequel nous vivions avec Stéphanie était trop petit pour accueillir une quatrième personne, même s'il s'agissait d'un bébé. Il manquait une chambre. Et nous refusions l'idée que nos enfants n'aient pas une vie confortable. Alors, nous nous sommes mis à la recherche d'un endroit plus grand ; nous avions envie d'une maison avec un petit jardin pour les enfants. Et c'est comme cela que nous sommes arrivés ici, où nous vivons encore aujourd'hui.

Un jour, Jean-Pierre est rentré du travail en m'annonçant qu'il restait un pavillon à vendre dans la nouvelle résidence qui venait de se construire sur les hauteurs de Gray, après la place des Tilleuls et le nouvel hôpital. Ce n'était pas extraordinaire, mais Jean-Pierre sentait qu'il y avait un bon coup à faire. Le programme de vente s'achevait quelques semaines plus tard, et le promoteur devait avoir tout vendu avant le terme, sans quoi il perdrait une grosse somme d'argent. Jean-Pierre, qui a toujours eu le sens des affaires, lui a proposé un prix bien plus bas que celui qu'il demandait, et le vendeur, qui n'avait pas le choix, a accepté. C'est comme cela que nous avons acheté cette maison située à moins d'un kilomètre de l'appartement dans lequel nous vivions auparavant. Ce quartier était aussi celui de l'enfance de Jean-Pierre, là où il venait jouer avec ses cinq frères et sa sœur Lydia, et dévaler avec leurs copains la colline juste en face lorsqu'elle était enneigée. De notre enfance à aujourd'hui, notre existence se loge entre ces quelques rues, un kilomètre carré tout au plus. J'ai toujours voulu vivre à Gray, Jean-Pierre aussi. C'est notre vie. Nous ne pensions pas rester longtemps dans la maison : Jean-Pierre ne l'aimait pas vraiment. Et pourtant cela fait aujourd'hui trente-cinq ans que nous sommes là, et nous ne la quitterons plus désormais. Elle est devenue notre refuge.

Jean-Pierre et mon frère ont fait les premiers travaux pour la rendre à notre goût et préparer la chambre pour accueillir notre deuxième fille. Lorsque nous sommes arrivés, l'intérieur était un peu chargé. Il y avait de grands rideaux de velours vert et marron qui passaient devant la double porte du salon, et qui cachaient un peu trop la vue sur la campagne. Nous les avons ensuite retirés, nous avons aussi éclairci les murs et remplacé au fil du temps notre mobilier un peu rustique par des canapés, une table basse en verre et une salle à manger plus contemporains. C'est dans ce cadre simple, rempli de tout notre amour, que nous avons donc reçu Alexia : une petite entrée, un escalier en bois qui monte vers les chambres et la salle de bains, une cuisine où l'on ne peut guère être plus de quatre et le salon qui ouvre sur la terrasse. Plus tard, Jean-Pierre construira une piscine devant cette plaine à perte de vue, la forêt que l'on aperçoit au fond, et la zone industrielle et commerciale qui se déploie sur le côté et qui n'existait pas à l'époque. C'est dans ce cadre-là qu'Alexia a fait ses premiers pas, qu'elle a prononcé ses premiers mots et que, année après année, elle a grandi. C'est également ici qu'elle a passé sa dernière soirée et pris son dernier repas. Comment ne pas y penser. Cette maison est la maison de sa vie, de toute sa vie.

*

JEAN-PIERRE — Lorsque Alexia est arrivée, j'avais trente et un ans. Je travaillais à « la Thomson » depuis plus d'une dizaine d'années déjà. J'étais tourneur-fraiseur dans un petit atelier de mécanique générale. On s'occupait de la maintenance des machines de production en atelier et on réparait les pièces cassées. Six ou sept personnes travaillaient avec moi. Au fil du temps, ce sont devenus des amis. J'ai passé tellement de temps avec eux. À l'époque, on avait l'impression d'être intouchables : la Thomson, c'était vraiment quelque chose, le premier employeur de la ville, avec pas loin de mille salariés. La suite était écrite, mais avant cela j'y ai travaillé avec plaisir. J'adorais mon travail, ma vie dans l'atelier, mes collègues. Je n'ai jamais changé d'entreprise jusqu'à mon licenciement. J'y ai passé trente et un ans ! La première année, Isabelle est restée à la maison pour s'occuper d'Alexia et de Stéphanie. Mais avec les remboursements du crédit de la maison et les deux enfants à élever, mon salaire ne suffisait plus. Elle a très vite dû reprendre son emploi. Elle travaillait depuis l'âge de vingt ans. Après quelques mois chez une fleuriste, elle s'est fait embaucher par le Casino de Gray comme caissière centrale. C'était un travail difficile, physique et qui lui prenait beaucoup de temps. Elle s'en voulait énormément de devoir travailler. Elle avait l'impression de ne pas faire ce qu'il fallait, de ne pas être assez présente pour les filles, alors qu'elle a été une maman exceptionnelle. Je crois qu'elle aurait préféré ne s'occuper que de nos enfants.

*

ISABELLE — Moi, c'est simple, j'ai passé le bac, et après je voulais me marier avec Jean-Pierre ! Je n'étais pas quelqu'un qui avait envie de partir. J'avais peur. On s'était rencontrés quelques années plus tôt, je devais avoir seize ans. C'était au Santa Maria, une discothèque où tous les jeunes de Gray se retrouvaient. Jean-Pierre était avec des amis et il me regardait danser à l'autre bout de la piste. Il était grand, mince et portait une moustache fournie qui lui donnait des faux airs de Magnum. C'était d'ailleurs le surnom que tout le monde lui donnait à l'époque. Je le trouvais beau. Il est venu me parler, m'a proposé un slow que je n'ai pas refusé et, à la fin de la soirée, il a suggéré de me raccompagner chez mes parents dans son coupé bleu R17. Je n'en revenais pas de sa voiture, elle était belle ! Alors, j'ai accepté, oubliant que ma mère m'avait toujours interdit de suivre un garçon que je ne connaissais pas. On a dû s'embrasser ce soir-là et on ne s'est plus jamais quittés.

C'est comme ça que notre vie a commencé, et plus tard je me suis mise à travailler. Mais j'aurais tellement aimé ne pas avoir à le faire. Pas que je sois feignante, mais parce que j'aurais voulu passer tout mon temps avec mon mari et mes enfants, leur consacrer ma vie. C'est comme cela que j'imaginais mon bonheur : un mari, une maison, des enfants, rien de plus. Je n'avais pas d'autres ambitions.

Mon modèle, c'était ma mère. Elle m'a donné tellement d'amour… Mon père était artisan menuisier, il avait son entreprise qui marchait très bien. Mais entre son travail, son engagement au Lions Club et ses copains, il n'était quasiment jamais là. C'était certainement le prix à payer pour le confort qu'il nous offrait. On ne manquait de rien, même si j'aurais certainement eu besoin de le voir plus souvent, qu'il me dise qu'il m'aimait et qu'il me regarde à l'égal de mon frère. Il a attendu la fin de sa vie pour me le faire savoir.

Ma mère faisait tout. Elle était la secrétaire de mon papa. Elle avait son bureau à la maison, elle gérait les factures, les devis, les salaires. Elle tenait l'entreprise et elle tenait la maison. Elle était tout pour moi. Je rentrais de l'école, et elle était là, elle était là tout le temps. Elle voulait me donner tout ce qu'elle n'avait pas reçu. Elle m'a surprotégée et m'a offert tout ce qu'elle pouvait. Je prenais des cours particuliers de piano, je faisais de la danse, ce qui impressionnait mes amis de l'école, qui n'en faisaient pas tant. Elle assurait aussi le catéchisme et m'a inculqué des valeurs que j'ai transmises ensuite à mes filles : on ne ment pas, on ne vole pas, on ne jalouse pas, on fait le bien. Chez nous, le mal n'existait pas : je ne savais pas qu'il y avait des gens jaloux, des gens méchants, des gens violents. Dans mon enfance, cela n'existait pas.

J'aurais voulu être avec Stéphanie et Alexia celle que ma mère avait été pour moi, mais je n'ai pas pu être aussi présente. Mon travail au supermarché m'occupait huit heures par jour, cinq jours par semaine, sans compter les trajets, les courses et tous les à-côtés. Alors bien sûr, je ne pouvais pas être aussi disponible que ma mère l'avait été avec moi. Je n'étais pas là à la sortie de l'école pour préparer à mes filles le pain perdu au cacao de mon enfance. Je n'étais pas là le mercredi pour la journée des enfants, des copines et des anniversaires. Je n'étais pas vraiment là non plus pour les vacances hormis les cinq semaines que l'on prenait chaque été. Alors le reste du temps, les filles allaient d'un coup de vélo déjeuner et passer leurs journées chez mamie Éliane, ma mère, ou chez mamie Simone, celle de Jean-Pierre. Les deux sœurs s'adoraient, elles ne passaient pas une minute l'une sans l'autre, et elles appréciaient de pouvoir se partager entre plusieurs maisons, plusieurs personnes, plusieurs éducations. Comme elle l'avait fait avec moi, ma mère les couvrait d'amour, leur donnait des cours d'instruction religieuse, a organisé leurs communions, et leur a transmis ces valeurs qui lui étaient si chères : l'amour, l'honnêteté, l'effort et la générosité.

Stéphanie et Alexia ont toujours été heureuses et n'ont jamais souffert du fait que je ne sois pas autant là que je l'aurais souhaité ou que, peut-être, elles l'auraient voulu. Elles ne s'en sont jamais plaintes, qui sait même si elles n'y trouvaient pas leur compte, si grâce à cela elles ne se sont pas par la suite senties plus libres, plus autonomes. Si c'est le cas, tant mieux, car c'est, je crois, ce que l'on peut transmettre de mieux à un enfant. Et pourtant, je m'en suis toujours voulu. Je me disais que je n'arriverais pas à donner autant d'amour que ce que j'avais reçu de ma maman. J'ai passé ma vie à culpabiliser. Je m'en voulais de ne pas être ma mère, de ne pas avoir sa disponibilité, son temps, et cet amour à revendre. Et plus tard, je m'en voudrais de ne pas avoir vu le vrai visage de Jonathann, de ne pas avoir su protéger Alexia et de ne pas avoir compris qu'il nous manipulait tous depuis le premier jour, au point de partager notre quotidien pendant trois mois de douleur alors qu'il était le tueur de notre fille.

Aujourd'hui encore, je continue à m'en vouloir de tout cela.

*

JEAN-PIERRE — Pourtant, je crois que nous avons fait au mieux. On a certainement commis des erreurs, mais on a donné à nos filles tout ce que l'on pouvait leur offrir. Et d'abord, notre amour. Stéphanie et Alexia ont été élevées avec cette idée essentielle pour nous que l'on s'aime et que cela nous protège. Chez nous, il y a plus de sentiments que d'éclats de voix. On n'est pas des grandes gueules. On aime bien se retrouver, être ensemble, prendre un petit verre, grignoter des monacos et passer la soirée en rigolant. On a toujours été comme ça, la maison est tout le temps ouverte aux amis et à la famille. On ne compte plus les mariages, les anniversaires auxquels nous avons participé ou les fêtes que l'on a improvisées pour rien, juste pour le plaisir d'être ensemble. Personne n'a besoin de s'annoncer pour venir, on vit presque comme une tribu. Les filles ont toujours vécu avec leurs oncles, leurs tantes, les cousins, les cousines, les grands-parents, les amis et leurs enfants.

Il n'y a pas longtemps, nous avons décidé avec Isabelle de faire du rangement dans la maison, et nous sommes tombés par hasard dans l'un de nos placards sur les dizaines de pochettes cartonnées qui renfermaient nos souvenirs, et que nous avions oubliées. Depuis la mort d'Alexia, nous évitions les images qui sont souvent trop difficiles à regarder. Mais ce jour-là, je ne saurais dire pourquoi, nous avons osé.

Isabelle est en face de moi dans le salon, nous sommes assis chacun sur un canapé, et elle décachette la première enveloppe pour en retirer les photographies. Elle les regarde une à une en silence et me les tend au fur et à mesure pour qu'à mon tour je revive sans un bruit ces moments de bonheur qu'elles nous racontent. Elle est certainement comme moi dans l'appréhension de tomber sur Alexia, et en même temps dans l'impatience de la retrouver, de la voir en vie, souriante, heureuse et entourée de tous ceux qui l'aimaient.

Les premières photos sont celles de la fête des cinquante ans d'Isabelle, qu'Alexia avait organisée en secret à l'hôtel du Mastroquet situé juste en face du bar que nous tenions, sur les bords de la Saône. Elle avait tout prévu, les invitations, les menus, la décoration, les bouquets de fleurs sur les tables, les petits sketchs pour s'amuser et la musique pour danser. Quelle fête ! Sur les photos, on voit Isabelle, magnifique, arriver dans sa petite veste en fourrure rouge et sa robe noire qui lui va si bien, et découvrir les dizaines d'invités qui l'attendaient. Sur une autre, on remarque qu'elle fait demi-tour pour sortir du restaurant, en larmes, tant elle est émue. La surprise avait été bien gardée. On aperçoit aussi Carlos, Lydia, Manu, mon meilleur ami, Thibault, l'un des cousins des filles, et puis Grégory et Stéphanie hilares, tellement heureux d'être là. Jonathann, lui aussi, semble s'amuser au milieu de cette famille dont on pourrait penser qu'elle est la sienne. Et un peu plus loin, il y a Alexia, si belle dans sa robe de soirée, courte et scintillante. Elle est souriante mais son regard semble absorbé par la fête qu'elle a organisée pour sa mère et elle paraît s'assurer que tout se déroule comme prévu. La voir m'emplit de joie et me griffe le cœur. J'ai l'impression qu'elle est là. Par cette succession de souvenirs mélangés, c'est notre vie qui défile sous nos yeux.

Sur la photo suivante, Alexia se détache des personnes qui l'entourent, légèrement floutées par l'effet de l'objectif du photographe. Alexia s'impose à moi. Elle se tient le bras gauche avec la main droite, sa robe aux manches courtes bleue et violette – sa couleur préférée – signale que ce doit être l'été, un mariage certainement. Avec sa mèche de cheveux blonds tirée sur le côté pour lisser son chignon un peu ébouriffé, elle est tellement belle que ce pourrait être elle la mariée.

Elle a la tête légèrement tournée vers l'objectif. Elle me regarde. Elle me sourit. Elle était si jolie. Parce que je ne veux pas lâcher la photo, je laisse couler une larme le long de ma joue. Je l'essuierai plus tard. Isabelle n'a rien vu.

Puis c'est la famille au complet, le même jour. Je tiens ma femme par la taille, elle s'accroche à mon épaule, je sautille sur une jambe, ma main sur ma cravate bleue, tout sourire. Isabelle se tient bien droite, moi en déséquilibre pour amuser la galerie, nous sommes tellement heureux et si fiers, entourés de nos deux filles et de nos gendres, Stéphanie et Grégory à gauche, Alexia et Jonathann à droite. L'image même de ce bonheur qu'on nous a volé.

Je sens maintenant qu'Isabelle accélère le mouvement. Les photos se succèdent plus rapidement, elle les jette même parfois sur la table basse comme si elle ne pouvait pas les tenir plus longtemps, comme si elles lui brûlaient les doigts. C'est d'abord Jonathann qui m'apparaît. Il est seul, sa montre plus grosse que son poignet et à la main un briquet argenté qui attend d'allumer l'énorme cigare qu'il a à la bouche. Comme à son habitude, il est parfaitement coiffé, gominé. Je me suis toujours demandé si ses sourcils étaient épilés, parce qu'ils sont parfaitement dessinés en pointes fines de chaque côté. Qui regarde-t-il avec cet air de vouloir en découdre, lui qui est habituellement si discret ? L'image suivante me glace le sang. Je la retourne. Elle date du 31 août 2014. Alexia et Jonathann sont en voyage de noces à l'île Maurice.

On les voit en haut d'une colline verdoyante, la mer au loin, le ciel bleu presque blanc et cette lumière qui témoigne d'une chaleur écrasante. Ils ne sont pas vraiment côte à côte. Alexia est légèrement en avant, le bras tendu pour déclencher l'appareil et conserver ce souvenir. Jonathann est en retrait, derrière son épaule. Au premier plan, notre fille n'a jamais été aussi naturelle sur une photo. Elle est lumineuse, les yeux bleus grands ouverts derrière ses lunettes rectangulaires, sa bouche esquisse un sourire, ses cheveux blonds légèrement plus courts et ondulés qu'à l'habitude flottent au vent, quelques mèches s'envolent sur le dessus. Elle est radieuse. Elle est en vie. Elle ne voit pas Jonathann derrière elle, toujours parfaitement coiffé, le visage fermé, le regard noir : aucune émotion ne transpire. Il fixe la caméra, mais il ne semble pas voir la même chose que sa jeune épouse. Alexia et Jonathann viennent de se marier, mais lui ne paraît déjà plus vivre avec elle. Cette photo me terrifie, mais je n'arrive pas à la lâcher : tout le drame de notre fille est ici réuni. Je sens mon cœur battre plus fort, plus vite. C'est la première fois que je me rends compte que le mari d'Alexia a le visage d'un tueur. Malgré l'envie de lui en parler, je m'interdis de partager cette impression avec Isabelle et préfère lui dire combien elle est belle sur cette autre photo où elle tient sur ses genoux Alexia, qui ne doit pas avoir plus de six ans. Il y a eu une vie avant le drame, il y a aussi eu une vie avant Jonathann. Celle de l'enfance de nos filles, celle de leurs grands-parents et de cette joie que l'on partageait. Je vois Alexia nouveau-née dans les bras de sa grande sœur, les embrassades du papy Albert qui aimait tant les garder, je revois aussi le canapé en cuir marron de son petit salon, cette vie d'avant qui paraissait ne pas pouvoir être bousculée.

*

ISABELLE — Dans ces années-là, comme dans les suivantes d'ailleurs, Alexia a pu compter sur son aînée. Pour Stéphanie, sa petite sœur était tout. C'était très fort ! Elle était plus grande, cinq ans, c'est beaucoup. On aurait dit une petite « grande personne » s'occupant de son bébé. Elle s'y est intéressée tout de suite. Lorsqu'on était à la maison, elle me demandait de lui apprendre à la changer, à lui faire prendre un bain, à l'habiller. Je le lui montrais, et ça lui donnait l'impression d'être encore plus grande. Elle jouait tout le temps avec sa petite sœur, et quand Alexia pleurait, elle posait tout ce qu'elle avait dans les mains et venait la consoler. Il n'y a jamais eu de jalousie entre elles. Stéphanie n'a jamais pensé que sa petite sœur pourrait lui prendre sa place. Au contraire, elle qui pendant cinq ans avait été enfant unique lui cédait la sienne, comme si elle avait conscience qu'elle en avait déjà eu plus que sa petite sœur. Très vite, les deux sont devenues inséparables, indissociables.

Alexia était en admiration devant Stéphanie, parce qu'elle était la plus grande bien sûr, mais surtout parce qu'elle savait ce qu'elle voulait. Enfant déjà,

Stéphanie semblait n'avoir peur de rien. Elle fonçait sans prendre le temps de s'inquiéter, de s'empêcher ou de s'interdire. Quand je la vois faire, elle me fait penser à Jean-Pierre, dont ma mère me disait : « Ne t'inquiète pas ! Avec lui, tu ne mourras jamais de faim. Il est bosseur et il sait ce qu'il veut. » Stéphanie, comme son père, a toujours fait ce qu'elle voulait sans vraiment nous demander notre avis. Très tôt, elle a su qu'elle deviendrait institutrice et qu'elle vivrait à Paris. Et c'est ce qu'elle a fait ; en prenant soin, en jeune femme organisée qu'elle est, de rencontrer avant le garçon qui deviendrait son mari, Grégory. Ils sont partis suivre leurs études à Besançon, avant de s'installer à Antony, en banlieue parisienne, où ils ont l'un comme l'autre décroché leur premier emploi. Un mari, un travail, une maison, un enfant : en cela, Stéphanie a suivi mon chemin comme j'avais avant suivi celui de mes parents. Mais avec plus de liberté, plus de légèreté, et peut-être aussi plus d'aventure. Les valeurs de ma mère ont posé le cadre, sa personnalité a fait le reste. Je pourrais dire : la différence.

Car des deux filles, c'est Alexia qui me ressemble le plus. Comme moi, elle ne voulait pas partir loin. Elle souhaitait vivre à Gray, comme moi. Elle avait plus besoin d'être protégée que sa sœur et était plus demandeuse de ma présence aussi. Quand Stéphanie s'impatientait de construire sa vie ailleurs sans la bénédiction de ses parents, Alexia, elle, ne prenait pas une décision sans nous demander notre avis. Quand l'une n'hésitait jamais, l'autre doutait plus facilement.

En en parlant, j'ai l'impression de me revoir. Est-ce parce qu'elle a été la seconde ? Je ne le sais pas, j'ai eu l'impression d'être la même mère pour mes deux filles. Avec Jean-Pierre, on a toujours fait très attention de leur offrir la même vie, les mêmes opportunités et les mêmes chances. Notre hantise était que l'une soit favorisée par rapport à l'autre. Nous voulions être le plus équitables possible. Ce serait le cas pour leurs études, leur appartement d'étudiante, leur communion, leur mariage, jusqu'au traiteur qui devait être le même – le meilleur ! –, et la maison de mes parents que j'ai vendue à Alexia et Jonathann qui venaient de se marier, tout en prenant le soin de partager le fruit de la vente en trois parts égales, entre Stéphanie, Alexia et moi.

Mais la même éducation ne fait pas les mêmes enfants, heureusement ! Comme le dit son père : « Alexia était une enfant sensible, elle savait analyser les gens, les comprendre. » Elle s'intéressait aux autres, parfois plus qu'à elle-même. Elle aimait faire plaisir, et adorait nous organiser des surprises. La dernière qu'elle m'ait faite, c'était quelques mois avant qu'elle ne meure. Avec la complicité de Jean-Pierre, elle a organisé en secret mes retrouvailles avec ma meilleure amie, que je n'avais pas vue depuis qu'elle s'était installée à Londres des années plus tôt. Elle a organisé le voyage, choisi l'hôtel, les restaurants, les spectacles, et sans que je m'en doute, elle a contacté mon amie pour lui proposer de nous rejoindre à l'hôtel, quelques heures seulement après notre arrivée. Quelle émotion ! Nous étions installés au bar en train de boire un verre, lorsque je l'ai vue s'avancer vers moi, les bras tendus pour m'embrasser. Je n'avais pas de mots, juste des larmes de joie, j'étais tellement heureuse de la retrouver. Ce week-end est certainement mon plus beau moment de bonheur avant le drame. Alexia adorait ces moments d'amour intense que nous partagions et qui créaient des souvenirs communs.

Mais pour son avenir, les choses étaient beaucoup moins claires. Alors, elle ne se posait pas trop de questions, et se disait qu'elle voulait faire comme sa sœur. Mais si elle a toujours été une élève sérieuse, sans accident, elle n'avait pas les mêmes capacités que Stéphanie. Il fallait qu'elle bûche beaucoup plus pour arriver au même résultat, ou pas : elle a échoué au concours d'entrée à l'institut universitaire de formation des maîtres, et refusé de le repasser, sans tristesse ni ressentiment. Elle en avait simplement, sans doute, moins envie que sa sœur. Peut-être aussi que son ambition était ailleurs. Elle cherchait une situation, mais sans vouloir monts et merveilles. Son rêve, c'était de trouver la bonne personne pour avoir une vie de couple comme la nôtre. Comme moi, elle était émotive, sensible, fleur bleue. Elle attendait le Prince charmant.

Le drame est que le mien s'appelait Jean-Pierre, et le sien Jonathann.

Le Prince charmant

ISABELLE — Alexia a tout juste seize ans. Un samedi en fin d'après-midi, aux alentours de 18 heures, alors que ses copains et copines, qui se réunissent chaque semaine à la maison pour jouer dans le jardin ou sur le parking de la résidence, viennent de partir, elle entre dans le salon. Jean-Pierre est là, il vient de rentrer du travail. Alexia veut nous parler. Derrière elle, j'aperçois un garçon qui la suit. Il est plus petit qu'elle, il fait plus jeune aussi. Je me disais bien depuis quelques semaines qu'il y avait un petit nouveau dans la bande qui collait à ma fille, mais je ne l'avais pas vraiment remarqué. Je n'y avais pas prêté plus attention que cela. Des enfants qui s'amusent, rien de plus. Mais lorsqu'elle entre dans la pièce, je sens Alexia un peu tendue, ses pommettes sont légèrement rosies par la crainte, et le ton de sa voix est moins assuré qu'à l'habitude. « J'ai quelque chose à vous dire… Je vous présente Jonathann, c'est mon petit ami. Euh, mon amour, quoi ! » Lui ne dit pas un mot et garde la tête baissée, comme s'il craignait de se faire gronder. C'est la première fois que notre fille nous présente un garçon, nous en sommes presque gênés. Avec Jean-Pierre, nous nous regardons et lui répondons quelque chose comme : « Bon, eh bien OK, d'accord ! Alors, bienvenue Jonathann ! »

Alexia a dû nous remercier, et lui a esquissé un sourire avant de nous dire de sa voix haut perchée, comme s'il n'avait pas encore mué, qu'il avait dix-neuf ans et qu'il était en BTS informatique en alternance à Dijon. Ses joues étaient écarlates. Il n'a rien dit de plus. Alexia lui a pris la main et l'a raccompagné vers le portail de la maison pour qu'il rentre chez lui. Cet instant n'a pas été pour nous un événement : ils étaient encore très jeunes et on ne s'est pas dit qu'ils allaient avoir des enfants ensemble. Ce que j'ai simplement remarqué, c'est sa taille. Je le trouvais petit ! Il était plus petit qu'elle, il faisait gamin. Il avait un visage un peu plus plein, un peu plus poupin que l'image que l'on a de lui aujourd'hui. Son corps était plus enveloppé aussi, comme le sont souvent les garçons qui entrent dans l'adolescence. Il avait les yeux grands ouverts, presque écarquillés, des cils longs et fins qui lui donnaient un regard un peu féminin, et déjà ses cheveux noir de jais étaient parfaitement coupés sur les côtés, laissant simplement une mèche un peu plus longue sur le dessus et soigneusement lissée par du gel. Je me souviens m'être dit qu'Alexia était une grande et jolie jeune fille, et qu'elle méritait peut-être mieux que lui. Mais je n'en étais pas inquiète, tout simplement parce que je me disais que ça n'allait pas durer, que c'était une amourette. Rien de plus !

On a malgré tout assez vite pris l'habitude de le voir à la maison. Lorsqu'il n'était pas à Dijon pour sa formation, Jonathann était avec Alexia, c'est-à-dire chez nous. Elle l'invitait souvent à rester pour le déjeuner ou le dîner, et nous avons ainsi appris à le découvrir. Il est arrivé dans notre vie sur la pointe des pieds, doucement, sans faire de bruit. Il était gentil, agréable au possible, mais toujours en retrait, réservé. Au début, il assistait à nos rendez-vous familiaux plus qu'il n'y participait. Sur leur histoire, Alexia a été très discrète. Elle ne nous en parlait pas, et pour une fois ne sollicitait pas notre avis. Tout juste nous a-t-elle raconté qu'elle l'avait rencontré un mois plus tôt lors des vacances de février qu'une de ses amies avait organisées à la montagne. De lui, elle ne nous disait rien. Ils étaient discrets, mais plus les jours avançaient, plus lui se montrait attentionné avec Alexia et n'économisait pas ses petits mots – « mon amour », « ma chérie » –, ni les attentions à son égard. C'est bien simple, il était à son service. Il se levait à la moindre demande, apportait les verres, ouvrait les bouteilles et la servait comme un professionnel. Plus tard, ce serait de la famille tout entière qu'il s'occuperait comme un majordome. Difficile avec ce comportement de ne pas le trouver sympathique, bien élevé et… amoureux. Car plus ça allait et moins il dissimulait ses gestes, ses caresses sur la main, les épaules ou à la taille d'Alexia, et ses baisers, qu'il posait délicatement sur son cou. Ils semblaient amoureux et nous finissions par nous dire que si Alexia l'avait choisi, c'est qu'il devait être bien.

Un soir, après le dîner qu'ils avaient pris l'habitude de partager avec nous plusieurs fois par semaine, Alexia a lâché comme une évidence : « Tiens, cette nuit, Jonathann dort à la maison », c'est-à-dire avec elle ! Je me souviens qu'avec Jean-Pierre, on n'a rien pu dire. On était estomaqués de la hardiesse de notre fille ce soir-là, qui ne lui ressemblait pas. Cette première nuit leur a certainement fait franchir une étape importante, comme elle a transformé notre regard sur eux. Nous devions bien nous rendre à l'évidence : cette amourette n'en était pas une, et même s'il n'en avait pas les atours, Jonathann était peut-être bien le Prince charmant qu'Alexia attendait.

À partir de là nous n'avons plus simplement parlé d'Alexia, mais de leur couple. Alexia et Jonathann sont devenus pour nous indissociables. Penser à l'un signifiait penser à l'autre, inviter l'un impliquait d'inviter l'autre, ils devenaient un tout que l'on croyait inséparable. Ensemble désormais, ils partaient pour franchir les haies de l'existence comme nous l'avions fait, Jean-Pierre et moi, avant eux. Des étapes de la vie comme autant de cases que l'on coche pour ne rien oublier.

*

JEAN-PIERRE — Ça a commencé par leur installation à Besançon, ce devait être à peu près deux ans après leur rencontre. À l'époque, Alexia s'était mis en tête de devenir institutrice comme sa sœur, et pour cela elle devait d'abord décrocher une maîtrise, quelle que soit la matière, pour pouvoir s'inscrire au concours de l'IUFM. Elle a choisi de s'inscrire en première année d'études de psychologie à l'université de Besançon. Moi, je n'étais pas du tout d'accord. Je ne savais pas où elle partait avec « psycho », je me disais qu'elle serait toujours en train de ramer. On disait que les licences de psycho, c'était pour ceux qui avaient envie de ne rien foutre ! Alors, je l'ai mise en garde, je lui ai dit : « Attention, il y a peut-être mieux à faire… » Mais, pour la première fois, Alexia a refusé de m'écouter et même d'en discuter. Elle m'a répondu que ce serait psycho ou rien. Elle était vraiment sûre d'elle. Et elle était impatiente de partir s'installer à Besançon, elle qui avait toujours été casanière et n'imaginait pas sa vie en dehors de Gray. Je ne sais pas si c'est la présence de Jonathann à ses côtés qui lui donnait cette assurance, mais elle semblait vouloir s'émanciper un peu. Elle quittait la ville de son enfance avec bonheur et s'impatientait de partir avec lui à Besançon pour y suivre ses études.

Comme on l'avait fait pour Stéphanie et Grégory quelques années plus tôt, on leur a donc trouvé un appartement en plein centre-ville. Il était bien, pour un logement d'étudiant, spacieux, lumineux. Comme toujours, toute la famille s'est mobilisée. Ç'a été une vraie fête. Moi, j'avais repeint une pièce. On a fait quelques travaux avec le papy Roger, qui était aussi venu, seul, lui faire deux ou trois bricoles de menuiserie dans la cuisine. Tout était nickel ! Elle était fine heureuse qu'il fasse ce qu'il lui a fait. Et puis, on les a installés dans l'appartement. C'était vraiment un bel appartement ! Quand on les a laissés et qu'on est rentrés en voiture à Gray, Isabelle et moi, on s'est dit : « Ma foi, là, ils sont en couple. Cette fois, c'est du sérieux ! »

*

ISABELLE — Alexia venait d'avoir dix-huit ans, et elle s'est vite habituée à sa nouvelle vie. Elle passait désormais ses semaines à Besançon avec son amoureux pour y suivre ses études, et tous les week-ends, elle venait chez nous avec lui. Cela ne me dérangeait pas du tout, mais j'étais un peu surprise de voir que Jonathann n'allait presque jamais chez ses parents, qui habitaient pourtant à quelques kilomètres de chez nous. Je ne savais pas grand-chose d'eux, simplement que sa mère avait cinq ou six enfants qu'elle élevait seule et que, depuis peu, elle était remariée à un monsieur qui était au chômage et avec lequel elle venait d'avoir une fille. Je n'ai jamais cherché à en savoir plus. Je ne suis pas curieuse. Je me disais simplement que ce n'était pas normal qu'il voie aussi peu sa famille. Je me mettais à la place de sa mère et me disais que moi, je ne le supporterais pas. Je n'aurais pas accepté qu'Alexia passe tout son temps chez Jonathann sans jamais venir nous voir. Je m'inquiétais aussi pour lui, je me disais qu'il avait besoin de ses parents. Un jour, j'en ai parlé à Alexia, qui, je le savais, les avait rencontrés quelquefois, et elle m'a aussitôt répondu ces quelques mots qui suffirent à clore la discussion : « Ne t'inquiète pas, tu ne comprendrais pas ! » Une réponse en forme d'énigme qui m'a incitée à ouvrir un peu plus encore les bras à ce jeune homme qui faisait désormais partie de notre vie. Je me suis dit qu'il avait certainement besoin de notre amour. Pour moi, la famille s'agrandissait et c'est ainsi que nous avons traversé notre première véritable épreuve avec lui à nos côtés.

Un soir, Jean-Pierre est rentré du travail. Il était effondré. Il venait d'apprendre que la Thomson, l'entreprise dans laquelle il travaillait depuis trente et un ans, avait décidé de mettre son plan social à exécution en commençant par supprimer le service de maintenance dans lequel il avait été nommé quelques années plus tôt. Du jour au lendemain, il perdait son travail, et, ensemble, notre stabilité. Je voyais notre monde s'effondrer. J'avais peur. Nous allions devoir réinventer notre vie.

*

JEAN-PIERRE — Ce jour-là, j'ai pris une claque gigantesque. Je ne m'y attendais pas du tout. Je ne pensais pas qu'on fermerait. À la Thomson, on fabriquait les télévisions à tube cathodique ; c'était l'une des marques les plus réputées. On ne pouvait pas imaginer que tout cela disparaîtrait un jour. Et pourtant, à la fin des années 1990, le vent a tourné. Avec l'arrivée des écrans plats, ils ont changé leur fusil d'épaule et ont décidé qu'il n'y aurait plus aucun site de production dans les dix ans. Ça s'est fait doucement. J'ai fait partie du premier wagon ; à la mécanique, on est tombés des nues : on pensait qu'on aurait toujours besoin de nous. J'étais dans l'atelier quand ils sont venus avec mon responsable de maintenance. À leurs visages, j'ai tout de suite compris. En cinq minutes, ils m'ont annoncé qu'ils n'avaient plus besoin de moi. Cinq minutes pour trente et un ans ! Je suis vraiment tombé de haut. Tout s'écroulait, j'avais la barre au ventre et j'ai senti mes poils se dresser sur mes bras. J'ai vraiment vécu cette décision comme une injustice, je ne la comprenais pas.

Je n'avais pas vraiment peur financièrement : l'emprunt de la maison était remboursé depuis déjà quelques années, et surtout je savais que je pourrais retrouver du travail facilement. J'avais déjà quelques chantiers « au noir » pour arrondir nos fins de mois. Ce que je n'ai pas supporté, c'est de croiser chaque matin les voitures de mes anciens collègues qui allaient travailler alors que moi je partais bricoler. J'ai vraiment eu l'impression d'avoir été laissé sur le bord de la route, de ne plus faire partie de la marche normale de la société. Je me sentais marginal.

Lorsque j'y pense aujourd'hui encore, les larmes ne sont jamais très loin. Ça m'a vraiment touché.

Pour Isabelle et les filles, ç'a aussi été un traumatisme. Elles avaient peur, mais elles ont tout fait pour ne pas me le montrer. Elles étaient là à me soutenir, à me dire qu'on allait s'en sortir, qu'elles avaient confiance en moi. Moi, ce que je savais, c'est que plus jamais je ne laisserais l'avenir de ma famille entre les mains d'un patron.

Alors, après une petite année pour faire le deuil de mon licenciement, je n'ai pas cherché du travail. J'ai voulu créer mon entreprise. Mais pour faire quoi ? On y a beaucoup réfléchi tous ensemble, avec Isabelle, Stéphanie, Alexia et les garçons. Nous avons évoqué toutes les possibilités, chacun a donné son avis, et entre nous il n'y a eu aucun secret. Ça a vraiment été une affaire de famille. J'aurais certainement pu me mettre à mon compte et proposer mes services pour faire des travaux. J'adore ça et j'en étais au deuxième appartement que je rénovais intégralement tout seul. Mais, c'est étonnant, je n'y ai jamais vraiment songé. J'avais envie d'un commerce. On a d'abord pensé à une boutique de lingerie pour Isabelle, il y en avait une à reprendre dans le centre-ville de Gray. Elle marchait bien, Isabelle aurait été parfaite pour cela, et moi, je me serais occupé de tout l'administratif et des finances. Mais les vendeurs en demandaient beaucoup trop cher. Ils ont refusé notre offre et, quelques années plus tard, ils s'en sont mordu les doigts.

Alors, on s'est dit qu'on allait reprendre un bar. On aimait bien le côté avenant, même si on ne se rendait pas compte que c'était autant de boulot. Un matin, alors que je prenais comme chaque jour mon petit café au bar-PMU du rond-point sur les bords de la Saône, j'ai entamé la discussion avec le propriétaire que je connaissais bien et dont je savais que la retraite approchait. Je lui ai expliqué que reprendre son affaire m'intéresserait – le jour où il serait vendeur. Il n'a fermé aucune porte, et m'a laissé patienter pendant plusieurs semaines. J'y passais tous les jours, je ne le lâchais pas, pour qu'il comprenne bien que ce n'était pas une proposition en l'air, que j'étais sérieux. Et puis un jour, il m'a dit que c'était bon et qu'il était d'accord pour me vendre son affaire.

Mais rien n'était gagné pour autant, il fallait maintenant convaincre les banquiers de nous prêter trois cent mille euros. Ce n'était pas rien ! Et cela n'a pas été facile. Je me souviens du premier qui nous a presque rigolé au nez quand on est allés le rencontrer ; il ne nous voyait pas dans un bar. Alors, on a pris un rendez-vous avec son concurrent et pour emporter la décision, on a mis tout ce que l'on avait en garantie : la maison, et les deux appartements que j'avais pu acheter avec l'argent du licenciement et que je venais de restaurer. Le risque était énorme. Si la boutique coulait, on était à la rue ! Isabelle en était malade. Elle savait l'enjeu que c'était pour nous, mais aussi pour elle. Car elle devait également quitter le travail qu'elle avait depuis ses vingt ans et se lancer dans la cuisine pour tout un restaurant. Ce n'était pas la même chose que de préparer notre repas du soir. Jusqu'au dernier moment, elle m'a dit qu'elle ne viendrait pas signer chez le notaire. Alors pour la convaincre, j'ai fait comme chaque fois, je l'ai rassurée. Je lui ai dit : « Ne t'inquiète pas. Tu vas voir, tu vas y arriver. » Finalement, elle a signé, mais elle avait quand même perdu cinq kilos. Elle me disait toujours : « J'ai vraiment l'impression de me jeter dans le vide… »

Et puis est arrivé le jour de l'ouverture, je m'en souviens comme si c'était hier. C'était le 5 octobre 2005 ! Je me revois levant le rideau pour la première fois, allumer les machines, ouvrir la caisse et me poster derrière le bar pour recevoir le premier client. J'avais un peu peur. Je me sentais pataud, pas complètement légitime : je n'avais jamais fait ça. Pour m'aider, j'avais pris un employé qui avait vingt ans d'ancienneté, il m'a appris le métier, la gestion des stocks, etc. En un mois, grâce à lui, j'étais au top ! Isabelle, en cuisine, était accompagnée par l'ancienne propriétaire, qui lui avait proposé de l'aider pendant trois mois à prendre ses marques et surtout à avoir confiance. Mais au bout d'un mois, elle lui a dit : « Tu n'as pas besoin de moi, tu es meilleure que moi. » Isabelle m'a impressionné. Elle a tout de suite été dans son élément. La patronne.

*

ISABELLE — Je ne m'y suis sentie chez moi que quand j'ai vraiment tout fait « à ma sauce ». Avant l'ouverture, on a refait un peu la décoration et surtout, j'ai élaboré une carte. Il n'y en avait pas jusque-là. Ce n'était pas une vraie brasserie, l'ancienne cuisinière proposait un croque-monsieur et une entrecôte-frites, c'était tout. On a donc mis en place un plat du jour, j'avais un jambon chaud avec des pommes de terre, du rosbif, on proposait des salades, une souris d'agneau, un poisson par semaine. Je cuisinais aussi une omelette copieuse, avec du jambon et des frites. Des clients venaient rien que pour mon omelette, j'en étais très fière.

Alexia m'a beaucoup aidée pour définir les menus, et dès l'ouverture elle est venue au bar pour faire le service et me donner un coup de main aux fourneaux. Elle aimait cuisiner à mes côtés. Stéphanie vivait déjà à Paris, mais Alexia, elle, venait les mercredis, les week-ends et pendant les vacances travailler avec nous et gagner un peu d'argent. Elle savait s'y prendre avec les clients, elle était gentille, souriante, et avait toujours le petit mot pour faire plaisir. Le résultat est qu'elle recevait plus de pourboires que personne n'en obtenait. Après qu'elle a eu raté son concours d'entrée à l'IUFM pour devenir enseignante, j'ai même pensé un moment lui proposer de nous rejoindre pour me seconder, mais je n'ai pas osé. Je ne voulais pas qu'elle se sente obligée. D'autant qu'elle venait de quitter Besançon, et qu'en attendant de trouver un logement à Gray, elle s'était installée chez nous avec Jonathann. Je ne voulais pas m'imposer dans leur vie. Elle a donc continué à venir m'aider jusqu'à ce qu'un ami lui dise que le Crédit mutuel de Gray cherchait un employé, de niveau bac + 5. Sans hésiter et alors même qu'elle n'avait jamais imaginé travailler dans une banque, Alexia a envoyé son CV. Je me souviens que Jean-Pierre lui disait : « Si tu veux trouver du travail, tu dois en envoyer dans toutes les banques. Tu es sur le marché du travail, un CV, ce n'est pas assez ! » En réalité, elle ne rêvait pas vraiment de travailler dans une banque, elle voulait simplement répondre à cette annonce qui avait comme principal mérite de tomber au bon moment, et, également, de se trouver à Gray. Elle n'a donc envoyé qu'un seul courrier et a reçu huit jours plus tard une convocation pour un entretien. La semaine suivante, elle était prise. J'ai été impressionnée, Jean-Pierre aussi. Ça a été tellement rapide et inattendu que les gens ont même pensé qu'elle avait été pistonnée, ce qui n'est pas vrai. Voilà comment Alexia est devenue « banquière », totalement par hasard. Et ça lui a plu ! Comme au bar, elle avait le contact au guichet avec la clientèle, elle a bientôt eu son petit bureau, des collègues avec lesquels elle s'entendait bien, et il fallait qu'elle soit bien habillée, ce qui lui plaisait beaucoup. Elle n'en demandait pas plus. Elle était ravie. Elle était bien avec Jonathann, et elle avait trouvé un travail. Tout se déroulait comme prévu. Mari, travail… et en attendant la maison, ils se sont donc installés chez nous pour un an.

On travaillait tellement que les semaines défilaient sans que, finalement, on les voie tant que cela. Le bar nous accaparait. Jean-Pierre se levait tous les matins à 5 heures, il se préparait, passait à la boulangerie acheter les viennoiseries pour le comptoir et ouvrait à 6 heures. Il n'était presque jamais en retard. Je le rejoignais deux heures plus tard après avoir pris mon petit déjeuner avec Alexia et Jonathann, et ensuite je ne touchais plus terre jusqu'au milieu de l'après-midi. Généralement, à ce moment-là, je gardais le bar seule, pour que Jean-Pierre puisse aller se reposer pendant une heure ou deux et puis il revenait. Je l'accompagnais jusqu'à 18 heures, puis je partais préparer le dîner. Souvent, Alexia avait fait les courses et m'aidait pour le repas. Jean-Pierre fermait aux alentours de 20 heures, et nous passions à table dès qu'il arrivait. Mais pour moi, la journée n'était pas encore terminée : il me restait une heure de travail pour faire les comptes de la journée avant de me coucher. Et le lendemain, cela recommençait.

Pendant quatorze ans, on a eu ce rythme. On a travaillé comme des forcenés. C'est certainement d'ailleurs ce qui nous a aveuglés. Avec le recul, j'essaie souvent de comprendre pourquoi nous n'avons rien vu, rien compris de la vie d'Alexia, du drame qui se nouait, de l'ambiguïté de Jonathann et de sa capacité à nous manipuler par la suite. Mais il me semble qu'une part de l'explication tient à notre absence. Nous ne pouvions, tout simplement, pas comprendre ce que nous ne voyions pas. Chaque jour de la semaine, dimanche compris, il ne nous restait que quelques heures à partager avec eux. Alors, si certains aspects du comportement de Jonathann nous ont surpris, ils ne nous ont pas vraiment dérangés. Nous n'avions surtout ni le temps ni le recul pour les interpréter, leur donner un sens. Et pourtant, quatre ans après le meurtre d'Alexia, je ne peux m'empêcher de penser qu'il y avait quelque chose de glaçant dans la prévenance de ce garçon.

*

JEAN-PIERRE — Jonathann adorait les cocktails. Il aimait les boire, mais il prenait surtout un plaisir fou à les préparer. Il connaissait toutes les recettes sur le bout des doigts. Il était incollable en la matière, bien meilleur que moi qui pourtant travaillais dans un bar.

La première fois que je m'en suis aperçu, c'était un samedi soir. Je venais de fermer. Les jeunes s'étaient installés chez nous depuis quelques jours seulement, et je savais que l'on dînerait tous les quatre comme chaque soir. En entrant dans le salon, j'ai tout de suite remarqué les bouteilles parfaitement alignées sur la table basse, les étiquettes faisant face à Jonathann assis sur le canapé. Il y avait à peu près tout ce que l'on pouvait imaginer : du rhum Havana Club, de la vodka, du curaçao bleu, du Cointreau, de la cachaça, du Bailey's, et même de la Kahlúa, de la liqueur de café. Sur un plateau, il y avait des verres de toutes tailles, des coupes, des verres à whisky et des tout petits verres transparents que l'on appelle des « shooters ». Une planche en bois, des citrons jaunes et verts, un couteau et un shaker flambant neuf les accompagnaient.

Lorsque je me suis approché, Jonathann s'est tourné vers moi et m'a dit : « Vous aimez les cocktails, Jean-Pierre ? Je vous fais ce que vous voulez ! » J'aimais bien qu'il me vouvoie ; moi, en trente-cinq ans, je n'ai jamais tutoyé le papy Roger. C'était pour moi une question de respect. Alexia a passé la tête : « Pour moi, ce sera un mojito ! » C'était sa boisson préférée, moi je l'ai trouvée trop sucrée. J'ai demandé un Blue Lagoon. Et Jonathann s'est exécuté, tout en commentant ses moindres faits et gestes : « Je mets quatre centilitres de vodka dans le shaker, je rajoute trois centilitres de curaçao bleu. Je coupe un citron jaune en deux, je le presse et j'en verse deux centilitres. Je ferme et… je shake ! » Et le voilà ensuite parti dans un mouvement de va-et-vient avec ses bras au-dessus de la tête, comme un vrai professionnel ou une star de cinéma. Il avait le sourire. On sentait qu'il aimait vraiment ça. Alexia le regardait, admirative, verser le mélange dans un verre à pied en forme de cône acheté le jour même, et glisser délicatement une rondelle de citron sur la tranche du verre avant de le poser sur un plateau et de me le servir. En me le tendant, il m'a dit : « Comme ça, pour une fois, ce n'est pas vous qui servez ! » Et c'est vrai que ça me faisait plaisir qu'il me serve, j'avais l'impression de souffler un peu.

C'était une jolie attention de sa part. Je ne sais pas si c'était pour me séduire plus encore, mais il a enchaîné les verres… et c'est l'une des rares fois de ma vie où j'ai été ivre. Je ne sais plus exactement ce que j'ai bu, mais je sais que j'ai fait rire tout le monde. Et c'est Isabelle qui m'a aidé à monter l'escalier pour aller me coucher. C'est une soirée qu'on n'a pas oubliée.

Jonathann était souvent comme cela : attentionné et prévenant. Depuis qu'il vivait à la maison, il savait se rendre utile auprès de nous. Pour l'informatique notamment : Isabelle comme moi, nous n'y connaissions pas grand-chose, et dès qu'il y avait le moindre problème de connexion, nous étions totalement dépassés. Chaque fois, lui qui était informaticien, s'en est occupé. Il avait déjà fait toute l'installation pour nous au bar comme à la maison, et il avait mis en place un système de caméras connectées qui nous permettait de voir depuis notre ordinateur ce qu'il se passait dans le bar. Il avait tous les codes d'accès de nos ordinateurs, de nos mails, on lui a très vite fait une confiance totale. On ne savait pas qu'il s'en servirait plus tard pour espionner l'intérieur du café, savoir qui s'y trouvait et s'il pouvait s'y rendre sans risque. Il a vraiment su y faire pour qu'on l'accepte auprès de nous, et, bien sûr, qu'il vive entre nos murs pendant une année a facilité les choses. Il faisait vraiment partie de notre vie. C'était comme notre fils ! Et lui qui n'était pas beaucoup plus disert qu'au début, était en revanche de plus en plus à son aise dans notre maison. On lui avait donné un double des clés, et il pouvait passer quand il le voulait, même quand on n'était pas là. S'il voulait prendre une douche, il le faisait, et pareil s'il voulait prendre un verre ou manger un petit bout : il se servait. Il n'y avait aucun interdit. Il était ici chez lui. C'était comme notre gamin, on l'aimait. Je me sentais plus proche de lui que de Grégory, le futur mari de Stéphanie, que je connaissais pourtant depuis plus longtemps. Ce n'était pas une question de personnalité, mais de proximité : on partageait notre quotidien avec lui. Ça nous a d'ailleurs permis d'être confrontés assez vite à sa personnalité, à son intimité et aussi à ses excès. En y repensant aujourd'hui, on a vraiment l'impression qu'il cherchait à totalement maîtriser les choses, de son apparence physique à, peut-être même, certains éléments de notre vie. Évidemment, à l'époque où tout cela s'est passé, on était incapables de le comprendre. C'est le drame qui permet aujourd'hui de mettre tous ces événements en perspective, de leur donner un sens après coup.

Cela a commencé avec la salle de bains. Je n'y ai pas été directement confronté, car je partais deux heures avant tout le monde. C'est Isabelle qui m'en a parlé dès les premiers jours. Elle en avait été surprise, et peut-être même un peu agacée. Elle m'a raconté que ce matin-là, elle s'était levée à 7 heures, avait préparé son café et partagé son petit déjeuner avec Alexia et Jonathann normalement, jusqu'à ce qu'il avale d'un trait le contenu de son bol et se précipite à l'étage sans dire un mot. Sur l'instant, ni ma femme ni ma fille n'ont prêté attention à son départ, et encore moins entendu le bruit du loquet de la serrure de la salle de bains se refermer derrière lui. Ce n'est que lorsqu'elles sont montées quelques minutes plus tard pour, à leur tour, se préparer qu'elles sont tombées sur une porte close.

Alexia tapote alors du bout des doigts, en l'appelant gentiment : « Jonathann, tu peux sortir, s'il te plaît ? Ma mère doit se doucher, et moi aussi. Il faut qu'on parte dans une demi-heure maximum ! » Aucune réponse, pas un mot. Elles tendent l'oreille : l'eau de la douche ne coule pas, le contraire aurait pu expliquer qu'il n'entende pas les appels d'Alexia. Pas un bruit. Rien. Alexia se dit qu'il est peut-être aux toilettes et qu'il ne souhaite pas être dérangé, elle fait demi-tour pour choisir les vêtements qu'elle va porter le temps qu'il sorte de la pièce. Isabelle fait de même. Mais l'heure tourne et Jonathann ne sort toujours pas. Cette fois-ci, c'est Isabelle qui frappe un peu plus fermement à la porte, avec son pied : « Jonathann, je dois partir. Tu peux sortir ? » Là encore, pas de réponse. Il y a presque de quoi s'inquiéter, cela fait maintenant près de quarante minutes qu'il est parti se doucher. Il a peut-être fait un malaise. Isabelle s'impatiente, mais Alexia, étonnamment, ne semble pas inquiète. Elle glisse juste à sa mère : « Tu sais, il peut mettre du temps… » Mais cette réponse ne satisfait pas Isabelle qui considère que quelles que soient ses habitudes, Jonathann est sous son toit et ne peut pas faire comme s'il était chez lui – comme s'il n'y avait que lui. Elle hausse donc le ton et prie Alexia d'intervenir. Ce qu'elle fait, mais là encore sans succès.

Pour Isabelle, il y a de quoi devenir folle. Elle sait désormais qu'elle sera en retard, pour la première fois depuis l'ouverture du bar. Elle me passe un rapide coup de fil pour me prévenir, le temps pour elle de voir enfin, au bout d'une heure, la porte s'entrouvrir et Jonathann s'avancer, sans un mot d'excuse ou d'explication, vers Alexia pour lui montrer un point rouge qu'il a sur le nez. Elle regarde en lui disant sèchement qu'elle ne voit rien, et en lui expliquant surtout qu'il ne peut pas se comporter comme cela chez nous. Isabelle ne veut pas en rajouter, et préfère lui faire passer le message sur le ton de la dérision, en espérant qu'il le comprendra : « Dis donc, Jonathann, tu es une vraie midinette ! Il faudra quand même que tu essayes d'aller un peu plus vite la prochaine fois. » Mais sa blague tombe à plat : une nouvelle fois, Jonathann ne répond pas. S'il n'avait pas été aussi gentil, on aurait vraiment pu se dire qu'il était mal élevé.

Le pire est que la scène s'est reproduite les jours suivants, comme s'il n'avait rien entendu – comme s'il n'avait pas compris que son attitude avait dérangé et qu'elle n'était pas adéquate. Elle était surtout incompréhensible, aux antipodes du personnage qu'il présentait depuis le premier jour. Que faisait-il donc dans cette salle de bains ? Aujourd'hui encore, nous n'avons toujours pas la réponse. Jonathann ne nous l'a jamais expliqué, et Alexia le justifiait de son côté par l'exigence de son compagnon, sa volonté de prendre soin de lui. Il faut dire qu'il possédait un nombre de produits impressionnant, une vraie pharmacie : des crèmes, des pommades, du gel pour les cheveux… Rien ne lui manquait, et je me souviens qu'il scrutait en permanence sa peau dans la glace. Il avait toujours peur d'avoir un bouton, un grain de beauté qui dégénère ou un poil qui pousse à l'envers. Et dès qu'il en voyait un, il partait chercher la crème spécialement prévue pour le problème qu'il venait de déceler. Et s'il n'avait pas ce qu'il fallait, c'était un drame ! Il était toujours parfaitement apprêté, une vraie poupée ! Je ne l'ai jamais vu décoiffé, par exemple. Que ce soit le dimanche, en vacances ou le matin de très bonne heure, il avait toujours les cheveux parfaitement mis et lourdement plaqués par du gel, jamais un seul ne dépassait. Même le jour de l'enterrement d'Alexia, il était parfaitement mis comme s'il s'agissait d'un jour comme un autre. Je me souviens que certaines personnes en ont été choquées et m'en ont fait la remarque quelques jours plus tard. Je leur ai répondu qu'il avait certainement fait ça pour rendre hommage à Alexia. Une fois encore, j'ai pris sa défense.

*

ISABELLE — Cette histoire de salle de bains a certainement été le seul reproche qu'on ait pu faire à Jonathann avant le drame. Et encore, je ne lui en ai jamais vraiment parlé. Je n'ai pas voulu le mettre mal à l'aise, et encore moins créer un conflit avec Alexia. Pour l'éviter, j'ai donc pris l'habitude de me lever un peu plus tôt pour me préparer avant que les jeunes ne soient debout et laisser ainsi à Jonathann le loisir de faire ses ablutions aussi longtemps qu'il le souhaitait. Je me souviens que Jean-Pierre s'interrogeait un peu sur son comportement, ça l'embêtait. Jamais il ne l'a interprété ou ne s'en est véritablement inquiété, mais un jour, l'idée lui a traversé l'esprit et il m'a dit : « J'espère qu'il n'est pas homosexuel... » L'idée ne lui posait moralement aucun problème, il avait juste peur qu'Alexia se soit trompée sur son compte et qu'elle ne soit malheureuse par la suite. Je me rappelle lui avoir répondu fermement qu'il disait n'importe quoi et que les hommes ont le droit de prendre soin d'eux sans pour autant être homosexuels. Il a opiné du chef en silence et ne m'en a jamais reparlé. Je crois qu'il s'en est un peu voulu d'avoir pensé cela. Il trouvait que c'était déplacé, un peu ringard.

Jonathann n'était pas simplement soucieux de son apparence, il tenait à ce que tout ce qui était autour de lui soit parfaitement rangé, à sa place. D'abord ses affaires, bien sûr, qu'il plaçait méticuleusement dans l'armoire de la chambre d'Alexia. Il l'avait séparée en deux, pour que leurs vêtements ne se mélangent pas. Dans le casier du haut, il plaçait ses pulls et ses sweat-shirts dont il faisait des piles magnifiques, en dessous ses tee-shirts, ses vêtements de sport et ses sous-vêtements, parfaitement compartimentés. Sur la tringle étaient d'abord alignés ses quelques pantalons par matière et par couleur, puis venaient les vestes et enfin son blouson. J'ai remarqué un jour en ouvrant le placard que les vêtements d'Alexia étaient disposés à l'identique dans un troublant effet de miroir. Il m'avait semblé qu'une telle méticulosité n'était pas le genre d'Alexia. Leur chambre était toujours parfaitement rangée. Le lit était fait de façon presque militaire, au carré, la couette tendue et bordée sous le matelas, les oreillers regonflés et posés côte à côte. Sur leurs tables de chevet, les livres posés suivaient l'angle du plateau, et les objets étaient harmonieusement disposés sur ces espaces miniatures. Les petits tapis de descente de lit étaient rigoureusement alignés, leurs franges parfaitement coiffées. On aurait dit un appartement-témoin. Je ne me souvenais pas d'avoir déjà vu la chambre de ma fille aussi propre ni aussi organisée. Un jour, j'ai surpris Jonathann à quatre pattes sous le lit en train de retirer à la main quelques moutons de poussière qui traînaient. Lorsqu'il a perçu ma présence, il s'est retourné et il m'a simplement dit dans un sourire : « Je fais un peu de ménage ! » Je lui ai répondu en m'amusant : « C'est très bien ! Et surtout, n'hésite pas. Il y a d'autres pièces dans la maison. » Je ne pensais pas qu'il suivrait ma boutade à la lettre.

Les jours suivants, il s'est mis à ranger la maison dans ses moindres recoins. Je ne m'en suis pas rendu compte immédiatement. En rentrant un jour du bar pour préparer le repas du soir, j'ai ouvert le réfrigérateur de la cuisine, que je me souvenais avoir laissé le matin même après le petit déjeuner comme à notre habitude : un peu en vrac. Avec Jean-Pierre, nous ne sommes pas vraiment du genre maniaque : on repose les aliments que l'on utilise où l'on peut et parfois dans un équilibre assez instable. Là, c'était tout l'inverse. D'abord, il y avait cette odeur puissante de produit d'entretien m'informant que l'intérieur avait été sérieusement nettoyé. Et puis, surtout, j'étais impressionnée par ce que je découvrais. Tout était parfaitement aligné. À l'étage supérieur, les bocaux de cornichons, d'oignons, de confitures étaient organisés par taille et par aliment. En dessous, il y avait les fromages, déposés les uns à côté des autres ; mais ce qui m'a le plus marquée, ç'a été les trois plaquettes de beurre entreposées dans le même sens, sur la tranche, les unes à côté des autres. En ouvrant le placard qui jouxte le réfrigérateur, j'ai constaté là encore qu'il avait été vidé, nettoyé et rangé, et que les verres étaient étincelants. C'est en définitive toute la cuisine qui avait été faite de fond en comble.

Lorsque Jonathann et Alexia sont arrivés quelques minutes plus tard, je leur ai demandé s'ils étaient passés dans la journée, et lui m'a répondu qu'il avait fait un saut rapide pour manger quelque chose à l'heure du déjeuner. Je n'ai pas pu faire autrement que de le remercier : j'avais l'impression d'avoir eu une femme de ménage le temps d'une journée. Il n'a pas relevé, comme si ce n'était pas à lui que je m'adressais. Je n'ai rien voulu y voir d'autre que de la discrétion et de la générosité.

Alexia, elle, a commencé à marquer son agacement. Pas sur les exploits ménagers de Jonathann ou concernant le rangement, qu'elle n'avait peut-être pas remarqués, mais sur le rôle qu'il se donnait dans la maison et sur son comportement avec nous. C'est surtout à l'occasion de nos apéritifs qu'elle s'est mise à le rabrouer en notre présence. Notre rendez-vous du dimanche soir autour d'une bouteille de champagne pour eux et d'un verre de macvin pour moi était devenu un point de rencontre obligé. Un rendez-vous que Jonathann n'a pas tardé à prendre totalement en main. Il allait chercher les verres, les déposait sur la table, apportait les bouteilles, les amuse-gueules, nous servait les uns après les autres avant de retourner dans la cuisine pour commencer à ranger. Puis, lorsque les verres étaient partiellement vidés, il les remplissait sans même nous le demander, comme si nous étions au restaurant. Nous aurions voulu nous servir nous-mêmes que cela aurait été impossible. Comme le dit Jean-Pierre : « Il nous empêchait de faire, il nous précédait. » À l'époque, Jean-Pierre et moi en étions ravis. Nous trouvions cela tellement gentil. En revanche, je me souviens d'Alexia lui lançant, alors qu'il se trouvait dans la cuisine : « Jonathann, assieds-toi ! Reste avec nous ! » Elle était énervée, cela se voyait. Lui revenait l'éponge à la main pour débarrasser en s'excusant : « Mais c'est pour rendre service ! », et elle finissait par le laisser faire en maugréant devant moi : « Ce n'est quand même pas à lui de servir, il n'est pas chez lui. Il ne peut pas s'asseoir ? »

En y repensant aujourd'hui, je ne sais ce qui m'interroge le plus, l'attitude de Jonathann ou l'agacement d'Alexia. Les deux n'en finissent pas de me troubler, car j'y vois maintenant des choses que je ne pouvais percevoir à l'époque. Par son comportement prévenant à l'extrême et que l'on pourrait qualifier d'excessif, voire, aujourd'hui, de maladif, que cherchait-il à obtenir ? Voulait-il nous séduire ? S'occuper pour ne pas avoir à nous parler ? Ou tenter d'ordonner une vie intérieure malmenée par ses traumatismes ? J'ai appris depuis que les TOC, les troubles obsessionnels compulsifs, sont la plupart du temps l'expression de souffrances cachées et d'abus, souvent sexuels, qui n'ont pas encore été révélés. Jonathann a-t-il été abusé dans son enfance ? La question a été posée tout au long de l'instruction, et au moment du procès. Tout le monde voulait y voir une explication au moins partielle de l'horreur dans laquelle il nous avait précipités. Mais Jonathann a toujours nié, et les enquêteurs n'ont jamais pu le prouver. Il ne nous reste donc que notre intuition, et pour ma part, je n'en serais pas surprise.

L'autre interrogation lancinante, qui m'obsède depuis la mort d'Alexia, est de savoir si elle aimait vraiment Jonathann. Si cet agacement qu'elle exprimait alors pour la première fois ne révélait pas une lassitude, un ennui ou tout simplement la prise de conscience que ce à quoi elle avait cru n'était peut-être déjà plus. Je ne le saurai jamais. Ce que je sais simplement, c'est que quelques semaines plus tard, elle a ressenti un « frisson » pour un autre garçon, comme une passion qu'elle n'avait pas connue jusque-là.

Pour Jonathann, cela a été l'occasion de tester pour la première fois sa capacité à nous manipuler.

Le Mont-Joly

ISABELLE — Le lundi était notre journée. Depuis qu'Alexia était revenue vivre à Gray, nous avions décidé de nous réserver un jour dans la semaine exclusivement pour nous deux, mère et fille. Un rendez-vous que nous n'aurions raté pour rien au monde, et qui a perduré jusqu'à la semaine de sa disparition. C'est ce que l'on appelle un rituel, nous en avions beaucoup dans la famille, mais celui-ci était pour moi le plus important. Nous l'avions instauré grâce aux cours de cuisine que je prenais avec une amie au Château Mont-Joly, un hôtel-restaurant étoilé de Sampans, petit village situé à une quarantaine de kilomètres de Gray. À ce moment-là, nous venions d'ouvrir le restaurant, et je ne sais si c'était pour me rassurer ou pour me faire plaisir, mais j'avais ressenti l'envie de voir travailler un chef renommé et d'apprendre quelques-unes de ses recettes, de ses astuces aussi.

J'avais découvert cet établissement à l'occasion d'un week-end auquel Jean-Pierre m'avait invitée avec les enfants, Stéphanie, Alexia, Grégory et Jonathann. Deux ou trois fois par an, Jean-Pierre aimait ainsi nous faire découvrir un nouveau restaurant, de préférence étoilé. Un autre rituel qui nous faisait tellement plaisir. On aimait tous ces journées où nous faisions l'effort d'être bien habillés pour faire honneur à un lieu et à un repas d'exception. Nous partagions tous ce bonheur d'être ensemble, et d'avoir cette impression si particulière d'être quelqu'un d'autre le temps d'un déjeuner, devant ces nappes amidonnées, les services en porcelaine de Limoges, l'argenterie et les verres en cristal qui se remplissent au fil du repas de breuvages aux couleurs différentes et souvent hors de prix. Je crois que nous connaissions tous ces restaurants dans un rayon de deux cents kilomètres autour de la maison, mais c'est dans celui-ci que j'ai choisi de suivre des cours de cuisine avec mon amie. Avant tout parce que Romuald Fassenet était un jeune chef dynamique et sympathique dont j'appréciais la cuisine, et parce que son établissement avait l'autre mérite d'être à trois quarts d'heure seulement de Gray en voiture.

Lorsque Alexia a appris que je suivais cette formation, elle m'a demandé si elle pouvait nous y accompagner. Elle adorait cuisiner et avait envie d'apprendre à réaliser des plats plus élaborés afin de les reproduire ensuite pour Jonathann et pour nous. Elle avait déjà pris l'habitude chaque dimanche de préparer des gâteaux qu'elle apportait le lendemain à ses collègues de la banque. Cuisiner était son plaisir, et j'étais heureuse de pouvoir partager cette passion avec elle. Je n'ai donc pas tardé à l'inscrire afin qu'elle puisse commencer avec nous dès la semaine suivante.

La première fois que nous nous y rendons, elle est rayonnante, tellement heureuse de commencer. Pendant le trajet, elle me questionne sur le déroulement de la journée et sur ce que nous allons faire. Elle veut aussi savoir quel est le profil des personnes qui composent le groupe. Elle est impatiente comme si sa vie en dépendait. À notre arrivée, nous traversons le parc et passons devant la large piscine bleu turquoise qui fait face au superbe manoir XVIIIe avec sa façade rose et ses colonnes à l'italienne ; à l'accueil, le groupe d'apprentis cuisiniers est rassemblé autour du chef, imposant et tout sourire. Alexia, qui connaissait pourtant les lieux, semble émerveillée.

Nous nous présentons, puis on nous dirige vers la cuisine, ce qui nous permet de parcourir l'intérieur du bâtiment. C'est magnifique ! L'office est immense et ultramoderne, les plans de travail en inox traversent la pièce et la découpent en fonction des activités : le rangement, le nettoyage, la préparation des aliments, la cuisson, la rôtisserie, le froid et le dressage des plats. Trois jeunes commis se tiennent debout autour du chef qui peut se targuer d'avoir obtenu une étoile au guide Michelin. Ils se tiennent bien droit, tête haute, le regard fixant un point imaginaire quelque part derrière nous, et tous portent un uniforme blanc brodé sur la poitrine « Romuald Fassenet – Château Mont-Joly ». Ils sont fiers et ressemblent à un petit bataillon culinaire prêt à l'attaque.

Le cuisinier commence par nous présenter les plats que nous allons réaliser au cours de la journée. Il s'agit, comme il dit, de ses plats « signatures », des mets qui ont fait la renommée de son établissement et qui lui valent d'être mentionné dans les guides les plus prestigieux : la sauce au vin jaune du Jura, le suprême de volaille de Bresse au vin jaune et aux morilles, la tourte de canard, et, pour le dessert, le soufflé chaud de saison. Alexia me regarde du coin de l'œil, ces intitulés gourmands réveillent déjà nos papilles. Puis, après nous avoir expliqué rapidement les ingrédients nécessaires à chacun de ces plats, il nous présente les commis qui vont nous accompagner par petits groupes tout au long de la journée. Je ne me souviens plus de leurs prénoms, mais il y a là une jolie jeune fille dont la spécialité est la réalisation des sauces, un garçon un peu rond qui semble exceller dans la rôtisserie, et puis, à la gauche de Romuald, un beau jeune homme, élancé et sportif. Il est apprenti pâtissier et il nous regarde. Ses grands yeux clairs et son sourire en coin le rendent charmant. La journée peut enfin commencer, et le hasard veut que nous commencions par la pâtisserie.

C'est donc ce joli garçon d'une vingtaine d'années qui nous rassemble pour nous annoncer que nous allons réaliser un soufflé au chocolat. Avec Alexia, on est ravies, on adore le chocolat ! Il nous explique rapidement la recette, les trois cents grammes de chocolat en morceaux dans le saladier, le lait à ébullition que l'on verse dessus, les jaunes d'œufs que l'on ajoute, la nécessité de mélanger doucement – il fait tourner sa main autour de son poignet lentement pour bien nous montrer le geste à reproduire –, les ramequins que l'on beurre et que l'on sucre un peu, la petite astuce du soufflé que l'on perce d'un coup de couteau dans la préparation pour la faire respirer, et le temps de cuisson, treize minutes maximum avant la dégustation. En bonne élève consciencieuse, Alexia prend tout en note dans son carnet de poche. Elle semble un peu impressionnée. Lui ne s'adresse qu'à elle, qui est la seule jeune femme de son âge. Les autres sont plutôt du mien. Il passe néanmoins nous conseiller dans un sourire, nous rassurer pour que nous réussissions tous notre soufflé.

Focalisée pendant toute la séance sur mon récipient pour ne pas rater ma préparation, je ne vois rien de ce qui se passe autour de moi. À la fin, je constate simplement que le soufflé d'Alexia est le mieux réussi, et remarque qu'elle reçoit les félicitations appuyées de notre professeur du jour. Elle affiche un grand sourire et me le fait goûter. Il est délicieux. Dans la voiture sur le chemin du retour, elle me remercie et s'impatiente déjà de pouvoir y retourner. Avec mon amie, que je raccompagne également, nous refaisons le film de la journée. Nous en sommes toutes les trois très heureuses. Alexia sourit, mais jusqu'à la maison elle ne dit pas un mot de plus. Le prochain rendez-vous est prévu dans un mois.

Pendant deux années, nous nous sommes ainsi rendues chaque mois au Château Mont-Joly pour suivre nos cours de cuisine. Nous y retrouvions notre petit groupe, notre chef Romuald Fassenet, et Alexia, son apprenti pâtissier. Elle ne m'en a jamais parlé.

*

JEAN-PIERRE — Quelques mois après ce premier cours de cuisine, Jonathann m'appelle au bar pour savoir s'il peut venir déjeuner avec Isabelle et moi après le service. Il passe manger de temps en temps, pas tous les jours mais deux à trois fois par semaine. Je ne suis donc pas surpris et je lui réponds comme d'habitude : « Bien sûr, tu viens quand tu veux ! » Mais juste avant de raccrocher, il me précise : « C'est important, j'ai quelque chose à vous dire. » Je ne relève pas et retourne travailler, le monde commence à affluer. Il doit être pas loin de 15 heures lorsqu'il pousse la porte vitrée, le visage fermé et la tête des mauvais jours. Je lui demande : « Ça va ? » Il me répond : « Non, pas vraiment ! » Et puis, je m'installe face à lui avant qu'Isabelle nous rejoigne avec trois plats du jour. Nous commençons à manger, à bavarder, mais très vite, il nous dit, la gorge nouée : « Alexia a rencontré quelqu'un, ça me fait peur. J'ai peur qu'elle ne me quitte. » Nous nous regardons avec Isabelle, interloqués. On n'en revient pas. Puis, il nous raconte : « J'ai vu des messages sur son portable. Elle a quelqu'un, il est pâtissier et ils se seraient vus au moins une fois à Besançon. » Et puis, il se met à pleurer. C'est la première fois que je le vois pleurer. Je ne suis pas loin de chialer aussi. Il est inquiet. Moi, je l'aime. Ça me retourne. Je me pose des questions, je me dis : « Qu'est-ce qu'elle fait, Alexia ? Elle déconne ! » On se demande ce qu'il se passe : ils avaient l'air bien, tous les deux... Je ne comprends rien. On n'avait jamais eu de problème, eh bien en voilà un !

Isabelle essaye alors d'en savoir plus, le questionne pour s'assurer qu'il ne s'invente pas une histoire. Mais il répète ce qu'il vient de nous dire et nous précise simplement que pour l'instant il n'a rien dit à Alexia. Il redoute d'aborder le sujet avec elle de peur d'envenimer la situation et de tout faire exploser. Avec Isabelle, nous essayons de le rassurer et lui promettons d'en parler à notre fille pour tenter d'arranger les choses. Il nous remercie, ne prend pas même le temps de terminer son plat et repart travailler. Il semble rassuré que l'on intervienne auprès d'Alexia.

C'est certainement cette aide qu'il est venu chercher ce jour-là. Une fois Jonathann parti, nous en avons parlé avec Isabelle. Elle se doutait bien que le pâtissier auquel Jonathann faisait allusion était l'apprenti qui leur donnait des cours à Mont-Joly, mais elle m'a assuré qu'elle n'avait rien remarqué d'anormal, si ce n'est qu'il était séduisant et qu'il regardait souvent Alexia. Mais notre fille ne lui en avait pas dit un mot.

Il n'y avait donc pas de secret. Cette histoire était pour nous deux une surprise. Isabelle a essayé malgré tout de dédramatiser : « Il y a sûrement eu un petit flash. Ils ont dû échanger leurs numéros de téléphone, et peut-être qu'ils se sont vus à Besançon. Mais, ça ne veut pas dire qu'il y a eu quelque chose ! » Puis, elle s'est étonnée que Jonathann ne s'en soit pas expliqué avec Alexia. Elle ne trouvait pas cela normal. Elle m'a demandé : « Mais toi, est-ce que tu serais allé trouver le papy et la mamie, si je t'avais quitté ? » Je me souviens lui avoir répondu d'un souffle, sans y réfléchir : « Jamais ! »

Jonathann avait besoin de nous, de notre aide. Et même si nous aurions certainement préféré ne pas être mêlés à leurs problèmes de couple, nous allions faire le nécessaire. Nous le lui avions promis. Et puis, nous craignions qu'Alexia ne fiche tout en l'air pour un garçon qu'elle ne connaissait pas. Lorsque je suis rentré à la maison le soir même, Jonathann n'était pas encore là et Isabelle m'a glissé dans la cuisine qu'elle en avait déjà parlé à Alexia pour gentiment la mettre en garde et l'inciter à la prudence. Elle m'a également avoué qu'elle lui avait quand même dit : « Jonathann est très bien ! Tu ne vas quand même pas nous en ramener cinq ou six autres à la maison… » Cette situation me déplaisait également. Ce n'était pas la rupture qui m'inquiétait, mais le comportement d'Alexia. Je redoutais qu'elle puisse avoir deux copains en même temps, c'était une situation qui n'était pas « nette ».

J'ai donc attendu qu'elle soit seule à l'étage pour la rejoindre dans sa chambre, et entamer la conversation. Je lui ai raconté ce que Jonathann nous avait confié au bar dans l'après-midi, et je lui ai tout simplement demandé si on devait le croire, si c'était vrai. Je ne sais si c'est parce qu'elle était face à moi, mais elle était gênée, la gamine. Il était très rare que l'on parle entre nous de choses aussi intimes. Elle ne m'a pas répondu directement, et m'a dit simplement : « Oui, oui, je sais, maman vient de m'en parler. » On discutait gentiment, le ton ne montait pas, mais je sentais qu'elle encaissait chacun des mots que je formulais. Je disais : « Alexia, c'est ta vie. Tu fais ce que tu veux, on respectera toujours ta décision, mais tu dois faire un choix. Tu ne peux pas rester comme ça avec deux garçons. » Elle ne s'est pas défendue et s'est simplement contentée de hocher la tête, comme lorsque, enfant, elle savait qu'elle avait fait une bêtise. J'ai terminé comme cela : « Réfléchis bien, Alexia, tu as une vie, un travail, Jonathann est quelqu'un de bien, et puis, le pâtissier, il est en stage. Dans trois mois, il sera où ? Il va aller à perpète ! Dans six mois, il sera encore ailleurs, et avec ton boulot, tu ne pourras pas le suivre. Réfléchis bien… Si on te dit ça, c'est qu'on t'aime ! » Puis je l'ai embrassée sur le front et je suis redescendu. Il restait encore quelques cours de cuisine, qu'Isabelle et Alexia ont continué à suivre chaque mois comme si de rien n'était. Mais nous n'avons plus jamais entendu parler du pâtissier. En quelques jours, la vie a naturellement retrouvé son cours, et Alexia, Jonathann. À nos yeux, tout semblait s'arranger, et nous en étions heureux.

Aujourd'hui, je me dis que si on avait laissé faire et qu'elle avait choisi l'aventure, notre fille serait encore là… Comment supporter cette idée ?

*

ISABELLE — Jonathann nous avait parlé comme un fils, pas comme un gendre. Alors, naturellement, nous avons réagi comme des parents, nous avons pris sa défense. Nous avons réagi comme si c'était Alexia qui était venue nous voir pour nous annoncer qu'elle avait rencontré un autre garçon et qu'elle avait besoin de notre conseil, comme elle le faisait si souvent. Pourquoi ne l'a-t-elle pas fait cette fois-ci ? Pourquoi ne m'en a-t-elle pas parlé ? Pourquoi a-t-elle laissé toute la place à Jonathann qui, j'en suis convaincue, nous a ce jour-là manipulés pour la première fois ?

Si elle nous avait confié ce qu'il se passait, la suite aurait été certainement bien différente. Car ma fille aurait pu me convaincre de ce qu'elle ressentait pour ce jeune homme, de cette sensation de manque, d'absence et aussi de celle de trop-plein qui nous envahit lorsque l'on est amoureuse. Peut-être lui fallait-il encore un peu de temps pour l'accepter et prendre le risque de renoncer à ce qu'elle avait construit avec Jonathann ? Il faut parfois savoir laisser les sentiments infuser pour s'assurer que l'on aime et que l'on est aimée. Je suis presque certaine qu'elle en était là, et que c'est pour cela qu'elle ne m'a rien dit. Tout était encore fragile, et Jonathann l'avait compris. Il ne fallait pas grand-chose pour tout casser. C'est ce qu'il a fait, et on l'y a aidé. Je m'en voudrais toute ma vie. Il savait l'importance de la caution parentale pour Alexia dans tous ses choix, alors il nous a demandé de la faire douter. C'est ce que l'on a fait. Pas pour la protéger elle, mais pour le sauver lui. Car si à ce moment-là Alexia le quittait, ce n'était pas simplement sa femme qu'il perdait, c'était aussi la vie qu'elle lui offrait – qu'on lui offrait ! –, la stabilité, l'amour et l'avenir. J'imagine que perdre tout cela était déjà inconcevable pour lui. Le renoncement de notre fille est à mes yeux la première victoire de Jonathann. Ce jour-là, il a sauvé son couple et sécurisé sa place dans notre vie. Il a aussi compris l'influence qu'il pouvait avoir sur nous et la puissance de ses larmes. Plus tard, il en abusera avec une maîtrise impressionnante. Terrifiante.

Ce jour-là, il a aussi pu mesurer qu'Alexia ne lui était pas attachée pour toujours. Qu'elle pouvait le quitter. Qu'elle en avait la fougue et pouvait en avoir le courage. En un mot, qu'elle ne lui appartenait pas. Je suis certaine que cette idée l'a fragilisé durant toutes ces années. Alexia était plus forte que lui, et il le savait. Quand, au milieu de cette terrible nuit du 27 octobre 2017, Alexia a pris sa clé de voiture pour s'enfuir, après certainement lui avoir dit que c'était fini, Jonathann a peut-être aussi compris que cette fois-ci elle le quittait et que personne ne pourrait l'en dissuader. Alors, il l'a tuée.

Au procès, je lui ai fait remarquer qu'à la fin de la vie d'Alexia, et alors qu'il justifiait son geste par l'étiolement de son couple dans la violence, pas une seule fois il n'est venu nous voir pour tirer la sonnette d'alarme et nous dire, comme il l'a prétendu ensuite, qu'Alexia lui faisait vivre l'enfer et que leur couple était en péril. Comme à son habitude, il n'a pas trouvé une seule explication pour justifier son silence à ce moment crucial, alors qu'il ne lui avait pas fallu vingt-quatre heures pour venir nous émouvoir après avoir simplement découvert un SMS dans le téléphone portable de sa femme. Rien dans tout cela n'est cohérent, sauf à penser que le mensonge est partout chez Jonathann. Pour obtenir ce qu'il voulait, je crois qu'il était capable de tout. Sa capacité à nous mentir se révélera sans limite.

*

JEAN-PIERRE — Je me souviens que quelques semaines après cet épisode, alors que tout venait de rentrer dans l'ordre et que nous nous félicitions d'y avoir pris notre part, Jonathann nous a raconté que la représentante du Lions Club de Gray lui avait téléphoné pour lui proposer de devenir membre de l'organisation caritative. Isabelle a été un peu surprise : son père en avait été le président pendant de longues années, et elle pensait que le recrutement était certainement trop sélectif pour que Jonathann puisse y adhérer. Il n'y avait que des chefs d'entreprise, des médecins et autres professions libérales, des commerçants, ce qui bien sûr n'était pas le cas de Jonathann qui était simplement salarié d'une entreprise informatique depuis quelques années. Mais il a poursuivi son histoire, et nous a expliqué que cette dame avait justifié son choix par le fait qu'il était jeune et qu'il fallait renouveler les générations, mais surtout par celui qu'il faisait partie de la famille de Roger Travelet, le père d'Isabelle, et qu'il en était en quelque sorte le descendant, l'héritier. Devant Isabelle, Alexia et moi, Jonathann prenait un réel plaisir à raconter cet entretien qui l'installait un peu plus encore au cœur de notre famille alors que, quelques jours plus tôt, il avait été menacé de devoir la quitter. Isabelle, qui n'avait jamais souhaité que l'on soit membres du Lions Clubs – après y avoir passé de longues soirées à tenir le vestiaire lorsqu'elle était enfant –, a pris cette proposition comme une forme d'hommage à son père, qu'elle a toujours admiré, et a incité notre gendre à l'accepter. Mais lorsque nous lui avons demandé ce qu'il avait répondu, il nous a annoncé qu'il avait refusé. Il n'en avait tout simplement pas envie. Nous en avons été un peu surpris. Sur l'instant, nous n'y avons pas prêté plus attention que cela. Mais aujourd'hui, je me demande pourquoi il n'a pas accepté. À moins que cette histoire n'ait été qu'une fable.

L'essentiel, au moment où il nous la racontait, était certainement que l'on retienne que même hors de notre cercle, il était perçu comme étant de la famille. Qu'il était presque aux yeux de tous un « Fouillot ».

Il ne restait plus dès lors qu'à officialiser cette évidence au bras d'Alexia.

Se marier

Isabelle — Depuis quelques mois, Alexia et Jonathann ne vivaient plus chez nous, mais à côté de nous. Juste à côté. La maison mitoyenne. C'est incroyable, mais cela s'est présenté ainsi lorsqu'en 2014, après une année à vivre « en communauté » avec nous, ils ont voulu de nouveau s'installer tous les deux, se recréer un univers à eux et retrouver certainement aussi leur intimité. Ils ne m'ont jamais vraiment dit ce qui avait motivé leur choix, mais j'imagine que la promiscuité a été décisive. Je l'ai naturellement compris et je dois dire que je ne m'en suis pas plainte. Pendant plusieurs semaines, Alexia a cherché un appartement ou une maison entre Gray et Besançon, mais elle n'a rien trouvé. Tout était trop cher ou pas à son goût. Et puis, elle a eu vent que la maison qui touchait la nôtre allait être de nouveau à louer. Je pense que l'idée lui plaisait, mais qu'elle en était un peu gênée : on disait tellement qu'elle ne voulait pas quitter sa maman ! Alors elle nous a demandé si leur installation, là, si près, nous dérangerait. Je me souviens qu'elle était intimidée de nous en parler, et qu'elle a été très soulagée lorsqu'on lui a dit que nous n'y voyions aucun inconvénient. Elle en était heureuse, et nous aussi : cela nous permettrait de continuer à les avoir à côté de nous, sans pour autant que nous nous marchions sur les pieds. C'était comme si la maison s'agrandissait, pas comme s'ils déménageaient. Parfois, je me demande si ce n'était pas la situation idéale pour Alexia. Elle s'est installée avec tellement d'entrain et de joie ! En moins d'une semaine, tout était à sa place, jusqu'au moindre bibelot. Elle passait régulièrement d'une maison à l'autre pour me faire partager ses choix ou me demander un conseil.

Jonathann paraissait également ravi. À l'époque, il commençait à courir intensément en forêt, mais aussi sur le tapis roulant qu'il avait installé au sous-sol devant un écran géant sur lequel il regardait des émissions consacrées aux voitures ou des séries télévisées. Il pouvait faire ainsi du surplace durant des heures, le visage écarlate et dégoulinant de sueur, l'eau trempant son tee-shirt et coulant à grosses gouttes le long de son corps. C'était impressionnant. Il courait avec tellement d'excès, comme s'il voulait se fondre en eau. Cette activité, il la devait à leur déménagement, comme s'il avait retrouvé sa liberté. Une liberté que nous souhaitions respecter malgré cette nouvelle proximité.

Avec Jean-Pierre, nous nous sommes donc imposé une forme de distance un peu artificielle. Nous avons par exemple progressivement renoncé au rendez-vous du dimanche soir que nous avions institué quand ils vivaient chez nous. Pendant deux ou trois week-ends, nous ne les avons pas appelés pour partager, comme nous en avions pris l'habitude, une bouteille de champagne, et c'est avec moi seule que Jean-Pierre faisait tinter sa coupe contre mon verre de macvin. C'était un peu moins festif, mais nous pensions ainsi rester « à notre place » et les laisser vivre leurs dimanches comme ils le souhaitaient. Un lundi matin pourtant, Alexia est arrivée en pleurs à la maison. Elle ne comprenait pas pourquoi nous ne les invitions plus, elle interprétait notre pudeur comme un éloignement, ce qui n'était pas le cas. Je le lui ai dit, et notre vie à quatre a ainsi repris son cours comme avant, comme si ces deux maisons n'en faisaient désormais plus qu'une. Mais au-delà de nos rendez-vous, que nous avons repris avec plaisir, nous ne savions pas comment se déroulait leur vie lorsqu'ils n'étaient que tous les deux. Nous les connaissions avec nous, c'est tout. Lorsque je retrouvais Alexia, elle ne me parlait que des choses du quotidien, rarement de leur couple. Et moi, je ne l'interrogeais jamais. Je considérais que cela ne me regardait pas et surtout, je ne me posais pas de questions à ce sujet.

Cependant, la cloison qui nous séparait n'était pas bien épaisse et il était parfois possible, si les fenêtres étaient ouvertes, d'entendre ce qui se passait d'un intérieur à l'autre. Stéphanie m'a confié bien plus tard que, lors d'une nuit d'été qu'il passait chez nous avec elle, Grégory ne parvenait pas à dormir. La chaleur l'en empêchait, malgré le courant d'air qu'il avait créé en ouvrant simultanément la fenêtre et la porte de la chambre. Une insomnie passagère aux côtés de Stéphanie qui, elle, dormait profondément. Il faisait noir et il n'y avait pas un bruit jusqu'à ce que, soudain, il entende un cri. Il a reconnu la voix d'Alexia, même si les mots eux-mêmes n'étaient pas distincts. Une dispute était en train d'éclater avec Jonathann. Il a aussi entendu sa voix à lui, étonnamment forte et grave, répondre avec une fermeté et une violence qu'il ne lui connaissait pas. Les murs estompant les sons, il était impossible de savoir ce qu'ils se reprochaient, mais il était en revanche facile de percevoir que l'agressivité entre les deux n'était pas feinte. Entre deux éclats de voix, il a même entendu le bruit sec d'un verre ou peut-être d'un vase qui se brisait. C'était la première fois qu'il était le témoin involontaire d'une telle altercation entre Alexia et Jonathann, la dernière aussi. Cela ne l'a pas aidé à retrouver facilement le sommeil. Le lendemain, il a rapporté à Stéphanie ce qu'il avait entendu au cours de la nuit. Lorsqu'il y repense aujourd'hui, Grégory se rappelle la voix de Jonathann et la façon dont elle s'imposait face à la colère d'Alexia : il semblait la dominer, la corriger et la commander. Pour la première fois, par les sons qui s'échappaient de leur intimité, Jonathann révélait un tout autre visage, qui n'était pas vraiment celui d'un « petit chose » qu'il fallait protéger. Mais cette impression s'effaça dès le lendemain matin à la vue d'Alexia et Jonathann arrivant dans la cuisine pour prendre avec nous quatre le petit déjeuner. Ils se tenaient la main, étaient souriants et ne laissaient transparaître aucun signe d'agacement ou de mésentente. J'imagine que Stéphanie et Grégory se sont dit que cet épisode nocturne ne méritait peut-être pas tant d'inquiétude.

Quelques jours plus tard, Alexia écrivait un poème à Jonathann pour la Saint-Valentin, qui était certainement pour elle, depuis leur rencontre, le rendez-vous le plus important de l'année. Elle aimait à cette occasion lui faire une surprise, quand lui l'invitait dans un bon restaurant. À l'intérieur de cette jolie carte, c'est un cri d'amour, qu'elle lui adressait de son écriture encore enfantine, ronde et dorée, caché derrière un cœur de papier rouge où l'on peut lire : « Un peu de moi… juste pour toi… » Un cri d'amour comme si elle le suppliait de l'aimer. Quelques phrases me reviennent en mémoire : « Pour t'avoir regardé un jour, le sens de ma vie a changé. Ce regard échangé ne m'avait pas prévenue que j'allais tomber amoureuse d'une personne comme la tienne. Un être atypique, aussi gentil que diablotin. […] Je sais, ô combien, tu es une personne de confiance, à quel point je peux compter sur toi. »

Puis il y avait ces quelques mots pour conclure, comme une supplique :

« J'ai juste besoin de toi
Si tu m'aimes,
Prends soin de moi,
Comble-moi…

Je t'aime »

En relisant cette carte aujourd'hui, ces mots d'amour me bouleversent.

*

JEAN-PIERRE — Quelques semaines plus tard – était-ce en réponse à cette carte ? –, Jonathann est venu me trouver au bar pour me demander s'il pouvait emprunter la Porsche pour emmener Alexia en week-end. Je lui ai répondu que je l'avais achetée autant pour moi que pour eux, et qu'il pouvait la prendre quand il le voulait. C'était du bonheur pour moi, ma participation à la surprise qu'il faisait à Alexia. Je la trouvais si belle quand je la voyais tout sourire monter dans la voiture avant qu'elle ne vrombisse et ne l'emporte au loin. Entendre le bruit de ce moteur rauque et puissant était pour moi synonyme de fête et de joie. Jonathann aimait bien ces sorties à deux où il invitait son amoureuse pour une nuit dans un hôtel de luxe, à quelques kilomètres du pavillon qu'il louait, comme s'il était un millionnaire. Les lieux qu'il sélectionnait étaient le plus souvent des découvertes que nous avions faites avec Isabelle quelques mois plus tôt. J'établissais une liste qu'il se contentait de suivre à la lettre. Il voulait vraiment tout faire comme nous. Cette fois-ci, il avait porté son dévolu sur La Chaumière, l'un des Relais et Châteaux les plus réputés de la région, ce qui laissait à penser qu'il voulait marquer les esprits. Alexia nous racontera à son retour, exaltée par ce qu'elle venait de vivre, que Jonathann avait déposé une bague dans sa coupe de champagne et que lorsqu'elle était parvenue à ses lèvres, elle l'avait prise, glissée à son doigt et qu'alors il l'avait demandée en mariage. En nous le racontant, Alexia en avait encore les larmes aux yeux. Elle venait de se fiancer, et elle allait se marier.

*

ISABELLE — C'est à cette occasion-là que nous avons rencontré pour la première fois la famille de Jonathann. Il fallait bien faire les présentations. Et c'est chez eux qu'elles se sont déroulées. Je crois que c'est la seule fois que nous y sommes allés. C'était un soir après la fermeture du bar, il faisait beau, et nous nous sommes rendus sans grande conviction devant leur petite maison orangée qui surplombe la vallée, et qui donne exactement sur l'entrée de la forêt où le corps d'Alexia sera retrouvé deux ans plus tard. On ne peut pas vraiment dire qu'ils avaient mis les petits plats dans les grands pour l'occasion. Ils nous attendaient dans la cour où était déposés sur une table rectangulaire en plastique vert foncé un bol de cacahuètes, six verres et une bouteille de pétillant un peu tiède. Ses cheveux roses sont la première image que j'ai eue de la mère de Jonathann. Ils m'ont tout de suite attiré l'œil, le reste allait avec le folklore de sa coiffure. Elle était bien en chair, moulée dans une robe tee-shirt bariolée, et portait aux pieds des sandales en plastique. À ses côtés se tenait son compagnon, au corps massif, le crâne dégarni et vêtu d'un simple ensemble de jogging informe et d'une couleur qui se confondait avec celle de la table de jardin. Ils se sont avancés vers nous, et elle m'a d'emblée appelée « Isabelle » comme si l'on se connaissait depuis toujours. Je ne pense pas qu'elle ait embrassé ma fille ou qu'elle ait eu un mot pour elle. « Madame Daval », comme je la nommais, s'est contentée de lui tendre un verre de mousseux après que nous ayons tous été servis. Nous avons fait mine de discuter, et c'est ainsi que nous avons appris qu'elle gardait des enfants le jour et lui le parking du foyer des jeunes travailleurs la nuit. Mais ce qui manifestement lui procurait un plaisir fou, c'était de parler d'elle-même et de son nouveau compagnon. On était bien loin du sujet qui devait nous réunir, et je ne suis d'ailleurs même pas certaine que l'on en ait parlé… Le mariage de son fils avec notre fille ne semblait pas l'intéresser plus que cela.

Alexia ne paraissait pas surprise par le comportement de celle qui allait devenir sa belle-mère. Elle semblait ne rien en attendre. Et si elle ne m'en parlait que très peu, elle m'a un jour glissé en préparant l'événement : « Tu sais, elle ne m'a jamais aimée. Je pense qu'elle est jalouse. Elle doit penser que je lui prends son fils. » Je n'ai volontairement pas renchéri pour ne pas en rajouter, mais je n'étais pas loin de penser la même chose que ma fille. Peut-être même qu'elle était aussi jalouse de nous. De son côté, Jonathann n'a rien dit, comme s'il était indifférent au comportement de sa mère.

Un jour, il nous a simplement annoncé que sa mère ne souhaitait pas venir au mariage. La date avait été fixée au 18 juillet 2015, et il nous a expliqué qu'elle ne voulait pas renoncer à ses vacances dans le Midi qu'elle avait prévu de passer dans le mobil-home de leur tante. Là, je leur ai dit : « Les enfants, vous avez un problème ! » En nous annonçant la nouvelle, il avait un air de chien battu et j'avais envie de le consoler. Je trouvais le comportement de sa mère incompréhensible, méchant, même si je dois reconnaître qu'elle ne nous a jamais elle-même annoncé qu'elle ne viendrait pas au mariage de son fils. Jonathann était, seul, l'oiseau de mauvais augure. Et nous n'avons pas un instant douté de ce qu'il nous annonçait. Mais était-ce vrai ? Il est facile aujourd'hui d'en douter, même si nous ne le saurons jamais. Ce qui est en revanche certain, c'est qu'Alexia, qui n'était pas très attachée à sa belle-famille, a semblé rompre définitivement avec elle ce jour-là. Et comme si elle n'y croyait pas, elle m'a pourtant dit : « Tu verras, elle viendra, par curiosité… »

Mais cette incertitude n'a rien remis en cause. Alexia a continué son chemin pour organiser dans le moindre détail ce jour magnifique, dont elle rêvait depuis l'enfance. Il n'était pas question pour elle de se laisser gâcher la fête, *sa fête*, qui commença six mois plus tôt avec les préparatifs que l'on a vécus tous les quatre, Alexia, Jean-Pierre, Stéphanie et moi. Ça a commencé avec la robe de mariée. Je me souviens de cette journée où nous sommes parties entre filles à Dijon trouver la robe qu'elle avait en tête. Nous sommes allées dans la plus belle boutique de mariage de la ville et nous y sommes restées des heures à assister aux essayages d'Alexia. Tout lui allait ! Elle était longue et fine, et elle s'imposait depuis peu un régime alimentaire strict pour ne pas prendre un gramme et pouvoir se glisser le jour J dans la robe bustier qu'elle allait choisir.

C'est elle qui a décidé de tout, elle avait une idée très précise de ce à quoi ressemblerait son mariage. Elle imaginait un château pour accueillir leurs invités, une grande salle de pierre où de jolies tables seraient décorées de fleurs et de violet, sa couleur préférée ; une pièce montée de choux à la crème et de nougatine avec, piqué au sommet, un couple miniature qui les représenterait ; un orchestre pour ouvrir le bal et, avant, le vin d'honneur dans le parc de la propriété. Jonathann n'était pas vraiment convié aux préparatifs, et ne s'y intéressait pas plus que cela. Il en était en quelque sorte spectateur et acquiesçait à toutes les suggestions de sa fiancée : le château, le traiteur, le menu, la musique… La seule chose qu'il a rechigné à accepter a été l'ouverture du bal, pour laquelle Alexia avait prévu une chorégraphie qui, malgré les cours de danse qu'elle lui avait imposés, ne l'emballait pas. Il savait qu'il n'avait pas vraiment le rythme dans la peau et n'osait pas se mettre ainsi en spectacle devant cent cinquante personnes. Et il avait peut-être raison.

De mon côté, je préparais la grosse surprise de la cérémonie, le moment fort qui devait rester gravé pour toujours dans l'esprit d'Alexia comme bien sûr dans les nôtres. Je venais d'être réélue sur la liste du maire sortant, Christophe Laurençot. Mon statut de conseillère municipale m'avait permis de marier Stéphanie quelques années plus tôt, et Alexia souhaitait que je puisse en faire de même pour son mariage. C'était très important pour elle, et j'ai voulu lui en faire la surprise. Alors, pour ménager mon effet, je lui ai fait croire que les élections venant de se dérouler, nous n'avions pas le temps d'obtenir l'autorisation préfectorale nécessaire à une telle exception. Elle en a été désolée, et a dû se faire à l'idée que ce serait notre amie Marie-Françoise, l'adjointe au maire, qui officierait. Cette dernière a joué le jeu parfaitement jusqu'à la dernière minute. C'est elle qui, alors que la foule des invités se pressait devant le perron de la mairie, a accueilli le couple arrivant sur la place au volant d'un bolide bleu et argenté prêté par un ami.

Le premier à en sortir est Jonathann qui, étonnamment – j'y pense aujourd'hui –, est habillé de noir. Son costume court qui le cintre à la taille a été choisi par Alexia. Il brille sous le soleil de cette journée magnifique, et elle l'admire lorsqu'il fait le tour de la petite voiture de sport pour l'aider à en sortir. Marie-Françoise les embrasse chaleureusement avant de les inviter à entrer dans la mairie, et à prendre le grand escalier pour rejoindre la salle des mariages. Des dizaines d'appareils photo ont figé le souvenir de cet instant inoubliable, ils sont beaux et ils semblent tellement heureux ! Lorsqu'Alexia monte l'escalier de son pas léger, la soie blanche de sa robe accompagnant doucement son mouvement autour d'elle, elle me fait penser à Cendrillon. Puis arrive le moment auquel je me prépare depuis si longtemps. Je ne suis pas certaine de pouvoir contenir mon émotion. Jean-Pierre me regarde, complice et fier de moi. Il craignait aussi que je n'y arrive pas. Alors que le couple, entouré de leurs témoins et de leurs amis, fait face à Marie-Françoise ceinte de son écharpe tricolore, j'entre en scène devant le regard d'Alexia, qui ne comprend pas bien ce qu'il se passe. Puis l'adjointe s'approche de moi, m'embrasse et annonce à ma fille et à mon gendre que je vais les marier. Et elle accompagne ses mots attentionnés d'un geste symbolique qui a impressionné l'assistance : elle retire son écharpe d'élue pour me la poser doucement sur l'épaule, me la passer sous l'autre bras, et me fait signe de prendre sa place. J'ai la gorge sèche et mon cœur s'emballe. Devant moi, il y a Alexia qui écarquille les yeux comme pour me signifier que je l'ai bien piégée, et Jonathann qui commence déjà à pleurer. Puis vient le moment où je dois prononcer le premier mot du discours que j'ai préparé et qui dit, en substance, qu'ils doivent désormais construire leur avenir ensemble. Ensuite, je me tourne vers Jonathann pour lui dire que je lui confie ma fille et qu'il devra en prendre soin, avant de lire comme l'exige la loi les articles du Code civil régissant les droits et devoirs des époux, et d'abord l'article 212 qui dispose : « Les époux se doivent mutuellement respect, fidélité, secours et assistance. »

Ces mots résonnent encore dans ma tête. Comment imaginer, lorsque je les ai prononcés, que Jonathann les piétinerait un à un de la pire des manières ? Ce jour-là, j'ai réussi à contenir mon émotion en les prononçant, mais aujourd'hui dès que je les entends je ne peux m'empêcher de m'effondrer. Depuis la mort d'Alexia, pour Jean-Pierre comme pour moi, chaque mariage est un supplice. Pouvoir marier ma fille avait été un si beau cadeau.

*

JEAN-PIERRE — On a été invités plusieurs fois à des célébrations de mariage, on a refusé souvent, mais quand cela concerne la famille proche, on ne peut pas l'éviter, alors on y va. Pourtant, on sait que ça va être difficile. Il y a un mariage où je n'ai pas pu, j'ai craqué. Il a fallu que je sorte, je suis parti… Je n'étais pas bien. Chaque fois, on pense au mariage d'Alexia. Quand on les entend se jurer fidélité, protection… Ce sont des choses qui font très mal. Le mariage d'Alexia et Jonathann, qui aurait dû être la consécration de leur amour, avec pour objectif de fonder une famille, aura en définitive été le début de leur drame.

Souvent, il m'arrive de repenser au pâtissier qu'Alexia avait rencontré. Je n'y ai jamais songé quand elle était en vie, encore moins le jour de son mariage. Mais aujourd'hui, je me rappelle notre discussion dans sa chambre et je songe : « Et moi qui lui ai dit qu'il fallait qu'elle choisisse entre le pâtissier, son amourette, et Jonathann… » Je m'en veux tellement. Il n'est pas facile de trier nos souvenirs, de conserver le beau et d'oublier le reste, Jonathann était partout dans la vie d'Alexia. Il m'est impossible de revivre ce mariage et de ne conserver que ces moments de bonheur comme s'il n'y avait pas eu la suite.

Bien sûr, je me rappelle que lorsque nous sommes arrivés devant l'église, il y avait un monde fou. Nous nous y sommes rendus à pied : seules quelques rues la séparent de la mairie. Les invités se sont installés pour la bénédiction du prêtre et l'échange des consentements. Je me revois avec Isabelle, une fois que tout a été en place, rejoindre le couple devant la porte majestueuse, prendre la main de ma fille et attendre les premières notes de l'orgue pour avancer vers l'autel. Le rêve de chaque père. Après avoir accompagné Stéphanie quelques années plus tôt, je conduisais Alexia, éblouissante de beauté, vers son destin que je ne pouvais à ce moment-là imaginer. Je l'ai regardée, elle m'a souri et nous avons marché doucement comme pour faire durer le temps. Je me revois aussi la tête baissée, serrer fort la main d'Isabelle, dans la même travée, me diriger vers le même curé qui une nouvelle fois nous tendait les bras, mais cette fois-ci pour recevoir le cercueil d'Alexia. Entre ces deux journées, que deux années seulement séparent, Jonathann, lui, n'a pas changé. Parfaitement coiffé et portant le même costume. Le jour de l'enterrement, il m'avait demandé si je voyais un inconvénient à ce qu'il revête sa tenue de marié pour accompagner une dernière fois sa femme et ainsi lui rendre hommage. J'en avais été touché et l'avais naturellement accepté. Le plus étrange est peut-être qu'il semblait aussi effondré pour suivre son cercueil qu'il l'avait été pour l'accompagner à l'autel. Ces deux jours-là, ses larmes lavaient son visage.

Puis il y a eu la parade dans le centre-ville, les klaxons pour informer de notre joie et l'arrivée au château pour le vin d'honneur et le repas de fête. Nous les avons attendus longtemps dans la cour de cette bâtisse du XVIIIe pendant qu'ils prenaient la pose devant le photographe. Je crois qu'il y a eu plus de mille deux cents photos réalisées dans le parc du château. Derrière les arbres, allongés dans l'herbe, s'embrassant devant l'objectif ; il y avait même ces étranges poses où, grâce à l'effet d'optique, l'un semble être la miniature de l'autre. Et notamment celle où Jonathann paraît tenir Alexia entre ses deux doigts, suspendue dans le vide. Quelle étrange idée.

Et puis enfin, ils sont arrivés devant leurs invités qui les attendaient, et je crois que c'est là que nous avons constaté, Isabelle et moi, que la mère de Jonathann était bien venue au mariage de son fils, entourée de son compagnon, de ses six enfants et des quelques membres de sa famille, oncles, tantes, cousins et cousines qu'elle avait invités et qu'elle ne nous a pas présentés. Tout au long de la fête, nos deux familles sont restées étrangères l'une à l'autre. Je me souviens qu'Isabelle a été choquée que le lendemain soir, alors que tout le monde nous aidait à débarrasser et à tout remettre en ordre avant de libérer les lieux, eux partent sans nous remercier ni même nous saluer. Seule Laurence, l'une des belles-sœurs de Jonathann, est restée avec nous, manifestement mal à l'aise de ne pas être accompagnée des siens, et je me rappelle lui avoir offert une bouteille de champagne pour la remercier tant son comportement dénotait. Nous ne voulions retenir que le mariage d'Alexia et de Jonathann, mais je sais qu'Isabelle aurait bien pris la mère de ce dernier entre quatre yeux pour lui dire ce qu'elle pensait de son comportement vis-à-vis de nous, et peut-être, surtout, vis-à-vis de son fils. Mme Daval jetait comme un voile sur le bonheur, une gêne, une tache. Son enfant nous a donné l'impression de partager notre émotion, voire notre colère, en nous laissant penser qu'il rompait ce jour-là avec sa mère. Ce que nous n'avions pas remarqué, et que des amis nous ont rapporté bien plus tard, c'est qu'à la fin du repas, ce n'est pas le couple qui, comme le veut la tradition, a fait le tour des tables pour saluer un à un les invités, recevoir leurs félicitations et les embrasser, mais Alexia seule.

Son mariage en était-il vraiment un ?

Deux années à vivre…

Isabelle — Avec le mariage d'Alexia, le compte à rebours venait de commencer. Il ne restait plus à notre fille que deux années et quelques mois à vivre. Aucun signe n'était pour nous perceptible, et pourtant je suis aujourd'hui convaincue que son agonie silencieuse a démarré une fois le faste de la cérémonie terminé. Seul le recul du temps nous permet aujourd'hui de comprendre que ce jour-là, quelque chose dans leur vie s'est déréglé. Je suis toujours incapable de l'expliquer, mais je suis persuadée que tout désormais la conduisait vers son funeste destin. Reprendre pour moi le fil des événements est une épreuve.

Quelques mois avant leur union, mon père est décédé, faisant de moi une orpheline après que ma mère, que j'aimais tant, nous eut quittés en 2012. La disparition de maman m'avait anéantie et j'avais mis un temps infini à remonter la pente, à apprendre à vivre sans elle. Pour papa, c'était différent. Je n'ai réellement commencé à le connaître et à vivre avec lui que pendant ces quelques années où il a vécu seul à nos côtés. Il venait chaque jour déjeuner au bar, je m'occupais de lui et nous discutions comme nous ne l'avions jamais fait avant, lorsque j'étais enfant. Le temps qu'il nous restait à vivre ensemble a été notre meilleur allié, nous avons ainsi appris à nous découvrir et à nous aimer. Je crois qu'il était fier de moi, et j'étais heureuse de le lire dans son regard. Avec son départ, je perdais pour toujours mon statut d'enfant et devenais à mon tour la « mamie ». James, mon premier petit-fils, celui de Stéphanie et de Grégory, est né seulement quelques mois plus tard. Cette naissance a été une joie. On dit souvent que quelqu'un doit céder la place lorsqu'un enfant arrive, que c'est le cycle de la vie. Ses parents avaient tellement attendu pour l'accueillir. Cinq années de combat qui se concluaient avec l'arrivée de ce si bel enfant blond comme les blés qui réussissait à ressembler en même temps à ses deux parents, comme pour les remercier. Alexia a été bouleversée par cette naissance. Il était son neveu, son filleul, mais, plus encore, sa promesse. L'espoir d'être un jour mère à son tour. C'était désormais son rêve, et bientôt son obsession.

Mais avant cela, les futurs parents devaient trouver la maison qui accueillerait la famille, comme nous l'avions fait avec Jean-Pierre vingt-sept ans plus tôt pour recevoir Alexia. Je me souviens qu'on leur disait depuis déjà quelque temps qu'ils n'allaient pas payer des loyers éternellement, que c'était de l'argent fichu en l'air. Après le mariage, acheter leur maison était donc, pour eux comme pour nous, l'étape suivante ! Et la mort du papy leur offrait une opportunité. La maison me revenait, mon frère Bruno héritant, lui, de l'atelier. C'était notre maison d'enfance, j'y avais tous mes souvenirs et nos filles y avaient beaucoup vécu aussi. Il était pour moi difficile de m'en séparer, et je crois que j'avais envie qu'elle reste dans la famille.

C'est une maison typique des constructions des années 1960 dans une rue tranquille où les pavillons légèrement désuets se succèdent et se ressemblent. Une façade rectangulaire crépie de rose, un petit jardin pour accueillir, une pente pavée qui accède au garage en demi-sous-sol, surmonté d'une terrasse carrelée sur laquelle ouvraient à l'époque le salon et la cuisine, et, à l'arrière, quelques mètres carrés de verdure. Elle était grande et, comme l'aurait dit une annonce immobilière : « vrai potentiel, travaux à prévoir ». Lorsque je l'ai proposée à Alexia et Jonathann, ils n'étaient pas emballés. Ils m'avaient pudiquement répondu qu'ils cherchaient autre chose. Je ne voulais surtout rien leur imposer et leur laisser le choix, naturellement, de faire comme bon leur semblait. Il n'y avait pas pour moi d'enjeu financier, je pouvais la louer ou la mettre officiellement en vente si elle ne leur convenait pas. L'idée était simplement de pouvoir les aider. Et lorsqu'ils ont mesuré que leurs envies étaient hors budget, ils sont revenus, quelques semaines plus tard, nous annoncer qu'après réflexion, ils allaient en définitive prendre la maison. Leur enthousiasme, ils le mettraient dans sa rénovation. C'est ce que m'a dit Alexia, qui avait déjà une idée très précise de ce qu'elle voulait en faire. Je dois dire que j'en étais heureuse. Savoir que ma fille allait s'installer et construire sa vie dans la maison de mon enfance m'emplissait de joie. Cette maison, j'y étais entrée à l'âge de cinq ans et j'y avais été tellement heureuse. Elle était la maison du bonheur, il n'y avait aucune raison que cela change. J'y voyais aussi une forme d'hommage à mes parents qui étaient partis avant de pouvoir participer au mariage d'Alexia et Jonathann, mais qui aidaient ainsi les jeunes époux à s'installer. Il y avait là encore cette continuité entre les générations, nos vies mêlées, qui me plaisait, et qui certainement aussi me rassurait. Nous restions une seule et même famille qui, malgré le temps, perdurait. Pour les enfants, c'était aussi une bonne affaire. Je leur ai vendu la maison cent cinquante mille euros à tous les deux, montant dont j'ai reversé cinquante mille euros à Alexia et autant à sa sœur. Un joli cadeau qui allégeait le prix pour Alexia et lui permettait d'envisager plus librement les travaux qu'elle rêvait d'y faire. Elle était ravie, et je me souviens qu'elle m'a longuement enlacée pour me remercier. Jonathann, lui, était plus discret. Lorsque l'on parlait tous ensemble de ce projet, il ne disait jamais un mot et semblait s'en désintéresser.

La signature de la vente a été organisée par le notaire chez mon frère qui ne pouvait pas se déplacer, car nous souhaitions en profiter pour régler au même moment la succession de nos parents. C'était un jour important pour nous tous, et le fait de vendre la maison à Alexia et à Jonathann constituait un symbole qui devait accroître un peu plus encore notre émotion. Mais lorsque nous nous sommes retrouvés, Alexia est arrivée seule, expliquant que Jonathann avait trop de travail et qu'il essayerait de passer à la fin de la matinée pour malgré tout pouvoir apposer sa signature au bas de l'acte de vente. Elle ne s'en est pas formalisée, mais je sais que nous en avons été étonnés à l'époque. Acheter *sa* maison est tout de même un acte important dans la vie d'un jeune couple, qui mérite certainement que l'on y participe et que l'on s'en fasse une fête. Ce n'est pas rien de devenir propriétaire ! Et pourtant, Jonathann n'est jamais venu signer. Après avoir remercié seule les invités de son mariage, Alexia a acheté sans son mari la maison dans laquelle elle aurait ses enfants.

*

JEAN-PIERRE — Et pour les travaux, c'est Alexia qui s'est occupée de tout. Elle savait exactement ce qu'elle voulait, dans le moindre détail. Et ce n'était pas de petits aménagements. Elle avait décidé d'inverser complètement l'organisation de la maison, en remplaçant la cuisine et le salon des parents d'Isabelle, qui donnaient sur la rue, par leur chambre et celle qu'elle prévoyait pour leurs enfants. À l'autre bout du bâtiment, elle voulait installer un grand salon ouvert par une large baie vitrée sur une terrasse qu'elle imaginait sur le toit de l'extension de quarante mètres carrés qu'elle voulait faire construire pour agrandir le sous-sol et y organiser un dressing ainsi qu'une salle de sport dans laquelle elle pourrait faire ses séances de gymnastique et courir en intérieur sur son tapis roulant. Et puis surtout, elle rêvait d'avoir sa piscine dans le prolongement de la maison pour y faire ses longueurs et assouvir sa passion pour la natation. Alexia était plus une nageuse qu'une joggeuse. Elle courait de temps en temps avec Jonathann, mais rarement dans la forêt et jamais seule. Elle préférait vraiment nager.

Je me souviens que cette frénésie de travaux m'inquiétait un peu, et je l'ai mise en garde en lui disant : « Attends Alexia, tu as le temps pour la piscine ! » Mais elle m'a rétorqué qu'elle ne voulait pas attendre, à peu près en ces termes-là : « Il vaut mieux faire tout ça maintenant, si on le fait plus tard, le terrain va encore être bousculé. Autant tout faire d'un coup ! » Je n'ai rien dit de plus, c'est elle qui gérait son budget, moi, je me contentais de la mettre en relation avec d'anciens collègues devenus artisans, et elle faisait son choix avant de diriger son chantier, corps de métier par corps de métier. Elle était hyper organisée. On pouvait lui demander n'importe quoi à n'importe quel moment, elle ouvrait son classeur et elle avait tout. Toutes les factures.

Tout était classé… C'était bluffant ! Je n'avais pas le temps, avec le bar, d'être là aussi souvent que je l'aurais souhaité, mais je venais quand même certains soirs et les week-ends pour donner un coup de main, faire une peinture ou poser un carrelage. Je me souviens de chaque coup de marteau, de chaque couche d'enduit que j'ai lissée sur ses murs et de chaque mouvement de pinceau pour lui faire ce plaisir de s'offrir la maison de ses rêves. Elle voulait un intérieur très moderne. Elle avait choisi des murs blancs, de grandes dalles sombres au sol, un grand canapé en forme de « L » beige, une table de salle à manger noire avec les chaises assorties et puis un grand buffet de la même finition qui n'était pas posé au sol, mais fixé au mur. C'est moi qui l'ai installé : c'était un sacré truc à poser !

Jonathann, lui, ne s'y intéressait pas ou peu. Je savais depuis longtemps déjà que le bricolage n'était pas son truc, mais là il semblait avoir entièrement délégué cette mission à notre fille. Il venait de temps en temps à la demande d'Alexia pour jeter un œil, pas plus. Il ne proposait pas son aide. Il ne m'a aidé qu'une seule fois, un après-midi, pour remblayer tout autour de la piscine. On a passé quelques heures ensemble les mains dans la terre, il était exténué. Et Alexia était fière qu'il participe. Je sentais qu'elle souffrait un peu du fait qu'il ne s'intéresse pas plus à leur installation, et surtout qu'il ne sache pas faire grand-chose de ses dix doigts. Elle le lui reprochait souvent. Il s'agissait tout de même d'un gros investissement pour eux. Ils avaient emprunté deux cent cinquante mille euros sur vingt ans, et il y avait encore cent mille euros de travaux entre l'extension, la terrasse, la piscine et toute la réorganisation de l'intérieur. Je ne sais pas comment nous en sommes venus à parler de cela, mais un jour elle m'a dit, un peu énervée, concernant le règlement de certaines factures, qu'elle ne savait pas ce qu'il faisait de son argent, qu'il ne lui donnait rien et qu'il dépensait ses sous ! J'en ai été un peu surpris. Était-elle seule à payer les travaux ? Je n'en savais rien et me disais : « Tiens, ça, c'est bizarre ! Leur argent est séparé, et ils ne partagent rien. » Cela tranchait avec le fonctionnement que l'on a, Isabelle et moi, depuis que l'on vit ensemble. Elle a toujours eu son compte personnel, mais c'est notre compte joint qui est alimenté, et que l'on utilise. Le couple d'Alexia ne fonctionnait manifestement pas comme le nôtre. Je me dis parfois que Jonathann ne voulait peut-être pas entrer dans le système des emprunts, des remboursements et des obligations, qu'il ne souhaitait peut-être pas être lié plus que cela, oubliant au passage qu'il venait de se marier.

Alexia et Jonathann avançaient et continuaient malgré tout à cocher les cases les unes après les autres : la maison après le mariage, et avant l'enfant. Mais peut-être y avait-il déjà moins d'entrain ? Avec Isabelle, nous ne nous en sommes pas rendu compte. Nos quinze heures quotidiennes de travail nous ont empêchés de voir que leur couple n'en était possiblement déjà plus un. De ce que l'on sait aujourd'hui, Alexia était seule. Plus seule qu'elle ne l'a jamais été.

*

Isabelle — Je me souviens d'un de ces lundis où nous nous retrouvions, Alexia et moi, pour passer la journée toutes les deux, entre mère et fille. Son mariage n'avait pas remis en cause notre rituel, bien au contraire. Elle aimait ce moment que nous passions ensemble, et se plaignait que ce ne puisse être toutes les semaines. Certaines fois, il m'était impossible de me libérer et je devais donc reporter notre rendez-vous à la semaine suivante, ce qu'elle me reprochait gentiment. Elle adorait faire les boutiques avec moi à Besançon, et me proposer pour le déjeuner une nouvelle adresse qu'elle avait découverte avec des amis ou ses collègues. Je lui faisais toujours un petit cadeau comme si elle était encore ma petite fille. C'était notre moment à nous, mais depuis quelque temps il devenait l'occasion pour moi de m'assurer qu'elle allait bien, et surtout qu'elle mangeait bien. Je trouvais qu'Alexia était trop maigre. Ce jour-là, ce devait être le printemps suivant le mariage, il faisait très beau et elle portait une petite robe légère et fleurie, les épaules dénudées sur lesquelles se posaient deux fines bretelles. Lorsqu'elle s'est approchée de moi et qu'elle s'est légèrement baissée pour m'embrasser, le haut de sa robe s'est entrouvert me laissant remarquer ses clavicules saillantes. Une étrange sensation a parcouru mon corps.

Il me semblait que ma fille maigrissait à vue d'œil. Derrière la toile légère de son vêtement, on pouvait apercevoir ses côtes qui tendaient sa peau et donnaient l'impression de la faire gondoler. Sa magnifique poitrine d'adolescente avait disparu, laissant la place à un torse aplati et fragile. Et ses bras, comme ses jambes, s'affinaient également pour laisser apparaître la forme de leurs muscles que l'exercice régulier du sport dessinait à présent. Car depuis leur mariage, Jonathann et Alexia s'étaient jetés à corps perdu dans l'exercice physique. Lui s'était fixé comme objectif de courir dans les mois suivants un marathon, et pour cela il s'imposait un entraînement intensif à base de footing quotidien et de musculation. Il s'était découvert cette nouvelle passion qui transformait son corps à l'inverse de celui d'Alexia : le sien se développait à mesure qu'il s'entraînait et qu'il ingurgitait ces boissons hyperprotéinées censées développer la masse musculaire et faire fondre la graisse. Nous ne savions pas à l'époque qu'il s'était embarqué dans une pente aussi radicale, mais nous avions remarqué que son corps gonflait en même temps que celui de notre fille s'asséchait. Une photo prise dans leur jardin quelques semaines avant le drame laisse apparaître un Jonathann physiquement transformé. Le « petit chose » au corps légèrement adipeux était devenu un homme sec, tonique, le torse moulé dans un tee-shirt noir en tissu technique qui laissait apparaître le dessin de ses abdominaux et dont les manches courtes ceinturaient les biceps qu'il avait exagérément tendus devant l'objectif. Pour ceux qui s'interrogeront plus tard sur sa capacité à transporter un corps inerte, cette image peut avoir la valeur d'une réponse. Alexia l'accompagnait dans cette aliénation sportive. Elle le suivait tout le temps dans ses courses à pied du week-end, lui apportant matériel et ravitaillement, courant à ses côtés ou partageant simplement un moment avec lui. Le suivre à la trace était certainement aussi pour elle un moyen de le voir, de partager des choses avec son mari, ce qui semblait de plus en plus rare.

Lorsqu'elle était seule, elle privilégiait la natation. Pratiquement une fois par jour, elle se rendait à la piscine municipale de Gray pour y faire ses longueurs, avant que ce ne soit, lorsque le temps le permettait, dans celle de son jardin. À ce régime sportif qu'elle s'imposait désormais et qu'on ne lui connaissait pas avant, Alexia ajoutait une exigence supplémentaire concernant son alimentation. Elle faisait attention à tout ce qu'elle avalait. Depuis quelque temps, elle ne mangeait plus vraiment de viande, des blancs de poulet à la rigueur mais surtout des légumes et du poisson, alors qu'avant, une entrecôte, elle ne la mangeait pas, elle la dévorait. Désormais, elle n'était pas loin de peser ses aliments. C'était d'autant plus surprenant qu'Alexia n'avait jamais eu de problème de poids. Elle s'était imposé une discipline très stricte avant le mariage pour s'assurer de rentrer dans sa robe le jour de la cérémonie, et elle donnait désormais l'impression d'être une « junkie » de la diète, qui ne pouvait plus décrocher et dépérissait physiquement.

Je ne reconnaissais pas ma fille, et cela commençait à m'inquiéter. Lors de notre déjeuner en tête à tête, je n'ai pas pu m'empêcher de lui en faire la remarque : « Alexia, je te trouve quand même très, très mince ! » J'ai immédiatement senti que ces mots l'énervaient et qu'ils n'étaient pas loin de la mettre hors d'elle. Elle m'a répondu sèchement qu'elle mangeait « comme il le fallait », avant de préciser, pour que ce soit très clair : « Je mange beaucoup de légumes, de salades, de poisson, je n'ai simplement pas envie de viande ! Où est le problème ? » Le sujet est devenu ultrasensible, et dès que quelqu'un osait l'aborder, parce que tout le monde remarquait bien qu'elle avait changé, le ton montait et elle dissuadait, d'un mot, d'un geste ou d'un regard, chacun d'entre nous de poursuivre. Cela a notamment été le cas un week-end où nous étions tous réunis à la maison ; nos « Parisiens » étaient là avec James et Lydia, la sœur de Jean-Pierre, était passée quelques heures à la maison avec son mari Carlos. Nous étions en maillot de bain à nous faire bronzer sur la terrasse ou à patauger dans la piscine, et il était impossible de ne pas remarquer le corps anguleux d'Alexia à peine dissimulé par son bikini noir. Je ne sais plus qui – il me semble que c'est Grégory – a osé lui dire : « Tu devrais manger un peu Alexia, on ne va bientôt plus te voir ! » Il n'y avait aucune agressivité, encore moins de méchanceté, mais l'inquiétude enrobée de ce ton badin a suffi pour qu'elle s'emporte un peu et n'incite personne à rebondir.

Le poids d'Alexia devenait tabou. Nous n'osions plus aborder le sujet de peur de nous fâcher. Avec Jean-Pierre en revanche, nous en parlions souvent tous les deux à la maison. On se demandait si elle n'était pas en train de devenir anorexique. Mais on ne tombe pas malade comme ça, il faut une raison, un mal-être. Alors, j'ai demandé à Alexia si tout allait bien au travail. Et j'ai vite vu qu'il n'y avait aucun problème de ce côté-là. Elle adorait son équipe qui était presque devenue une bande de copains qu'elle retrouvait souvent pour aller dîner, avec Jonathann qui les rejoignait. Une place s'est libérée à l'agence bancaire de Gray, mais elle n'a pas voulu y aller. Elle préférait faire les allers-retours chaque jour entre la maison et Besançon plutôt que de quitter sa « famille du travail ». Mais alors, comment expliquer son état ? Alexia m'assurait que c'était les effets du sport, et moi je n'ai jamais pensé que ce puisse être Jonathann, qu'il puisse y avoir un problème dans leur couple. Ils ne nous ont rien montré, et elle ne s'est jamais plainte. D'ailleurs, de sa vie personnelle et de son intimité, elle ne me disait presque rien. Si seulement elle avait pu me confier que cela n'allait pas avec lui !

Ce qui m'interroge aujourd'hui, c'est de savoir pourquoi moi je ne lui ai rien demandé. C'est vrai que j'aurais pu lui poser la question, mais je ne l'ai pas fait. Pourquoi ? La pudeur n'explique pas tout. Certes, je n'ai jamais questionné mes filles, je ne leur ai jamais trop parlé non plus de leur intimité. La sexualité n'était pas taboue, mais ce n'était pas un sujet à la maison. Je me suis contentée de les préparer à l'arrivée des règles à leur entrée dans l'adolescence et leur ai donné la pilule pour lutter contre l'acné. Je me disais qu'au moins, comme cela, s'il y avait un souci un jour, elles seraient protégées. Je ne suis pas certaine qu'elles aient eu besoin de moi pour savoir comment faire un enfant. C'était un peu, j'en conviens, le service minimum, mais je me disais que cela suffisait. Et je crois que je n'étais pas vraiment capable de faire autrement. Mon éducation catholique, certainement… Alors forcément, pour les filles, j'imagine que ce n'était pas facile non plus de se confier sur ces sujets qui touchaient à leur couple. Elles n'avaient pas été formées pour cela. Et moi, tant qu'on ne me disait rien, le problème n'existait pas. La boucle se bouclait ainsi en silence, et de bonne foi. C'est pour cela que je n'ai jamais pensé qu'il y ait eu un problème entre eux. Avec tout ce qu'elle avait vécu ces dernières années, Alexia ne pouvait qu'être heureuse. Elle continuait d'espérer et s'apprêtait d'ailleurs à réaliser avec Jonathann le plus beau des projets.

*

JEAN-PIERRE — Le samedi 10 septembre 2016, James fêtait son premier anniversaire. Nous ne pouvions pas nous y rendre à cause du bar, et Stéphanie et Grégory ne souhaitaient pas faire tant de route avec leur enfant aussi jeune pour une période si courte. Nous en étions un peu déçus, mais nous savions que nous nous rattraperions à l'occasion des vacances de la Toussaint le mois suivant. Alexia, elle, était très impatiente de revoir son filleul et n'imaginait pas ne pas être là pour souffler avec lui sa première bougie. Elle m'a donc demandé si elle pouvait m'emprunter la voiture pour aller à Paris avec Jonathann, et passer le week-end avec sa sœur, Grégory et leur fils. Ils ont ainsi fait l'aller-retour pour embrasser James et le couvrir de cadeaux. Elle adorait cet enfant, et se comportait avec lui comme une mère. Je me souviens d'une photo du mariage où Alexia, en robe de mariée, embrasse tendrement le ventre rond de sa sœur, deux mois seulement avant la naissance de James. Cet enfant, elle l'a attendu autant que sa maman. Elle n'avait aucune hésitation dans les gestes, elle savait le prendre et lui donnait son biberon comme si elle avait fait cela toute sa vie. On sentait qu'elle avait elle aussi envie d'être mère. J'imagine que pendant ces deux jours, elle en a parlé à sa sœur, d'autant qu'elle semblait rencontrer les mêmes difficultés qu'elle pour tomber enceinte. Depuis plusieurs mois, elle s'inquiétait en effet de ne pas y arriver. Rien ne se passait. Alors, connaissant les problèmes d'infertilité de Stéphanie et les contraintes importantes qu'elle avait dû endurer pendant de longues années pour pouvoir devenir maman, Alexia a pris les devants en allant voir son gynécologue au début de l'année 2017. Il a diagnostiqué la présence de kystes aux ovaires qui l'empêchaient de tomber enceinte, comme sa sœur six ans plus tôt. Elle savait ce que cette pathologie impliquait, avec un traitement médicamenteux contraignant et surtout une petite intervention chirurgicale pour retirer les kystes. Elle connaissait aussi le processus à suivre et l'espoir de son efficacité. James en était la plus belle preuve. L'expérience de sa sœur lui a fait gagner un temps précieux. Pour Stéphanie, les investigations ont duré cinq ans, pour Alexia, cela s'est réglé en six mois. Je me souviens qu'elle n'était pas inquiète, mais plutôt soulagée de savoir qu'elle pourrait donc avoir un enfant avec Jonathann, comme elle le souhaitait depuis toujours.

*

ISABELLE — Pour le premier rendez-vous chez le gynécologue, je l'ai accompagnée. Et lorsque nous sommes entrées dans son cabinet, il nous a regardées et il nous a dit : « C'est fou ce que vous vous ressemblez ! » J'en étais hyper fière, je la trouvais tellement belle. Je n'ai pas le souvenir de quelque chose d'angoissant, au contraire, on était soulagées : on savait ce que c'était, ce qu'il fallait faire et surtout qu'au final, il n'y avait pas beaucoup d'inquiétude sur le fait qu'Alexia puisse avoir un bébé. Il nous a expliqué les différentes étapes qu'elle aurait à suivre, les rendez-vous chez lui, les ovules de citrate de clomifène à s'introduire dans le vagin à heure fixe pour stimuler l'ovulation, la fréquence des rapports sexuels dans les deux jours suivants la stimulation, et, avant cela, la petite opération, qu'il a programmée dans le courant du printemps. Je me rappelle avoir dit à ma fille que je ne pourrais pas l'accompagner pour l'opération à cause du travail, mais j'étais alors persuadée que Jonathann l'y conduirait et serait là pour la rassurer et partager ce moment qui, même si l'on savait qu'il était sans risque, demeurait déstabilisant pour elle comme pour chaque femme obligée de recourir à un tel accompagnement. Pendant cinq ans, Grégory n'avait pas raté un seul rendez-vous médical de Stéphanie pour avoir leur enfant. Jonathann n'en a assuré aucun. Je ne l'ai su que bien plus tard, en ouvrant le dossier judiciaire du meurtre d'Alexia. Ma fille ne m'en a jamais rien dit. Je pense qu'elle n'a pas osé. Elle n'a certainement pas voulu entacher son bonheur de devenir maman, et a préféré ménager les effets de son annonce.

Un soir, elle nous a invités chez eux pour l'apéritif à la fermeture du bar sans m'en donner la raison. Elle me disait depuis quelques jours qu'elle voulait me montrer la maison, les travaux du salon venaient d'être terminés. Elle avait l'air impatiente.

Lorsqu'elle nous a ouvert, j'ai senti une petite excitation, son œil pétillait. Elle nous a fait entrer et, très vite, elle nous a conduits à l'autre bout du couloir, où elle avait installé son salon et la salle à manger. Jonathann s'affairait dans la cuisine, et nous a salués derrière la porte. Elle a oublié de nous faire visiter et de s'extasier sur sa décoration. Je crois que nous n'avons rien dit non plus et l'avons suivie. Sur la table basse étaient posées une bouteille de champagne et quatre flûtes à côté d'une composition florale étonnante, constituée d'une rose et d'un chou. Rien ne me semblait différent de nos rendez-vous habituels. Pourtant, elle trépignait. Et très vite, elle nous a dit : « Vous n'avez rien remarqué ? » On tournait la tête dans tous les sens, on ne comprenait pas ce qu'elle voulait nous montrer, ce qu'elle cherchait à nous dire. Elle était désolée d'avoir un peu raté son effet. Elle m'a dit : « On boit toujours à quelque chose !… Vous ne voyez rien ? », en nous désignant la table basse et la décoration. On lui a répondu le plus sincèrement du monde qu'on ne remarquait rien. Alors, elle a pris dans ses mains la rose et le chou du bouquet, dont la symbolique m'avait totalement échappé, et les a tendu vers nous en disant : « Et ça, ça ne vous dit rien ? Un garçon ou une fille ?… Je suis enceinte ! Je vais avoir un bébé ! » Elle a explosé de joie. Jonathann, lui, a assisté à la scène presque en spectateur, il s'est contenté de servir nos verres mais n'a pas vraiment pris part à la discussion, encore moins à l'annonce. Je ne crois pas l'avoir entendu dire qu'il allait être papa. Ce soir-là, nous n'avons vu que le bonheur de notre fille.

Avec Jean-Pierre, nous nous sommes approchés et nous l'avons prise dans nos bras. Nous l'avons serrée fort pour lui dire qu'on l'aimait. Nous étions tellement heureux d'accueillir son enfant et de devenir une deuxième fois grands-parents. Je crois que nous avons pleuré. Nous étions tout à notre plaisir, et ne pensions pas un instant que nous ne verrions jamais cet enfant. Elle n'était pas encore à trois mois, mais le médecin n'avait montré aucune inquiétude ni formulé aucune mise en garde. C'est nous qui, en la regardant, nous soucions de sa maigreur, et je me souviens lui avoir dit juste après avoir trinqué : « Alexia, fini les régimes ! Il va falloir manger si tu veux que ça tienne ! » Elle n'a pas relevé, et notre médecin de famille, que j'ai interrogé quelques jours plus tard, m'a assuré que le poids de la mère n'avait rien à voir avec le développement de l'enfant. Il ne fallait donc pas se tracasser. Alors nous nous projetions déjà avec Alexia devenant maman dans quelques mois.

Mais quelques semaines plus tard, alors qu'elle approchait de la date censée sécuriser les annonces, Alexia m'a appelée au bar pour me dire qu'elle venait de faire une fausse couche. Elle ne pleurait pas, mais je sentais bien qu'elle était très triste. Je la laissais parler, et ne trouvais pas vraiment les mots, alors je lui ai proposé d'aller voir notre médecin pour avoir son conseil. Il connaissait Alexia depuis sa naissance et savait comment l'aborder. Sa parole était bien plus que celle d'un professionnel, il était devenu, au fil du temps, un ami de la famille. Nous l'écoutions et je savais que son épouse avait fait plusieurs fausses couches avant d'avoir leurs enfants. Je me disais qu'il pourrait peut-être la réconforter. Alexia est allée le voir et, comme je le pensais, il l'a rassurée. Il a dédramatisé la situation en lui expliquant qu'il n'y avait aucune fatalité, que cela allait revenir et qu'une fois le choc passé, il fallait simplement recommencer. Il en était persuadé : Alexia aurait un bébé, et elle nous annonça rapidement qu'elle était prête à se battre à nouveau.

Mais pour faire un enfant, il faut être deux. Or je suis persuadée avec le recul que Jonathann n'en voulait pas. C'était lui, l'enfant ! Depuis leur mariage, il pouvait donner l'impression de fuir toutes ses responsabilités d'adulte, de mari. Qu'il s'agisse de la maison, des travaux, de l'enfant ou de la fausse couche d'Alexia, il n'a jamais été là. Tout juste marié, le Prince charmant a disparu… Pourquoi ? Que souhaitait-il en se mariant avec notre fille ? Voulait-il devenir son mari ou être notre enfant ? La question semble un peu déplacée, et pourtant, elle a été posée après le drame. Entre nous d'abord, puis au moment du procès, parce qu'il faut bien essayer de comprendre l'incompréhensible, de donner du sens à ce qui semble ne pas en avoir.

Devant la cour d'assises qui jugeait Jonathann, j'ai suggéré deux hypothèses pour expliquer son geste, les deux seules qui me semblent crédibles. Soit Alexia, le soir du drame, avait décidé de le quitter et, parce que c'était insupportable pour lui de la perdre et de tout perdre, il l'a tuée. Soit Alexia n'a été pour lui qu'un moyen, celui d'entrer dans notre famille, de s'y faire une place, d'être protégé, de se choisir des parents qui l'aimaient, d'avoir une maison, une voiture, une vie qu'il n'aurait jamais eues sans nous, et, ayant tout obtenu, il s'est débarrassé d'elle. Elle était devenue inutile et, surtout, elle lui prenait sa place. Je suis persuadée qu'il n'y a pas que de la colère dans l'acte de Jonathann, il y a aussi de la folie. Ma terreur était d'ailleurs que la justice le déclare fou, et donc irresponsable. Heureusement, cela n'a pas été le cas, et le procureur a même reconnu que ces hypothèses étaient les deux seules valables. Il les a reprises dans son réquisitoire. La difficulté aujourd'hui est qu'aucune n'a été formellement validée par les juges et les jurés. Nous savons que Jonathann a tué notre fille, mais nous ne savons toujours pas pourquoi et nous ne le saurons certainement jamais. Nous devons vivre sans vérité. C'est insupportable. Car l'une chasse l'autre. Elles se superposent, s'accumulent, s'additionnent et s'annulent. Souvent, j'ai l'impression d'être perdue. De ne plus rien savoir, de ne plus rien comprendre. Alors, je me rattache à mes souvenirs qui parfois s'embrouillent et se mélangent, pour tenter une nouvelle fois de tirer le fil de la vérité. Nous en avons tellement besoin.

Je me rappelle les dernières semaines de ma fille, ses derniers jours. Elle les a vécus dans sa nouvelle maison. La piscine était terminée et elle venait de la mettre en eau. C'était un événement pour elle, elle était tellement fière d'avoir sa piscine à elle. L'été arrivait, il faisait beau, et elle m'a invitée à venir m'y baigner. C'est la seule fois que j'y suis allée. Il y avait Stéphanie et Grégory qui faisaient glisser le petit corps de James à la surface de l'eau bleu turquoise, le bébé riait aux éclats, et Alexia les regardait tendrement, accoudée au bord de son bassin. J'imagine qu'elle se voyait à leur place, s'amusant elle aussi avec son enfant dans l'eau. Elle se remettait doucement de la fausse couche et avait repris le traitement qui devait lui permettre de tomber enceinte de nouveau. Depuis la visite chez le médecin, elle ne m'en avait pas vraiment reparlé. Elle restait très discrète, comme si elle redoutait de se porter la poisse. C'est en tout cas comme cela que je l'ai interprété. Elle ne me disait pas grand-chose de ce qu'elle ressentait, et encore moins de la façon dont Jonathann abordait cette seconde phase. Il semblait totalement absent du processus, et plus encore de la vie d'Alexia. Je le voyais de moins en moins. Et d'ailleurs, ce jour-là, au bord de la piscine, il n'était pas là. Une fois encore. Lui qui ne la quittait jamais auparavant. Alexia a parfois lâché quelques mots qui pouvaient laisser penser qu'elle en souffrait, comme un soir où elle nous a dit avec Jean-Pierre : « Jonathann, il peut faire ce qu'il veut. S'il veut aller passer la soirée avec des copains, il le peut. Il n'y a aucun problème. » Cela ne lui ressemblait pas. Ils étaient tellement toujours collés l'un à l'autre jusque-là. Mais elle n'est jamais allée plus loin, ne nous a jamais rien dit de plus qui aurait pu nous inquiéter.

La seule personne à laquelle elle se confiait était sa meilleure amie, Mélanie. On ne l'apprendra que bien plus tard, mais elles se téléphonaient souvent et échangeaient beaucoup par textos, l'une pour exprimer ses inquiétudes, l'autre pour lui apporter un peu de réconfort. C'est ainsi que Mélanie, qui vivait à Paris, a appris que le couple d'Alexia n'était pas aussi épanoui qu'on aurait pu l'imaginer. Elle se plaignait de son mari qui ne la désirait pas autant qu'elle l'aurait souhaité. Dans un des derniers messages qu'elle lui a adressés, Alexia se plaint qu'il lui a une nouvelle fois refusé de lui faire l'amour, et demande à Mélanie ce qu'elle ferait à sa place. Elle évoque également des problèmes d'érection depuis plusieurs mois et le fait que même le traitement qu'il s'est fait prescrire pour y remédier ne change rien. Il se montrait impuissant à lui faire cet enfant. C'est peut-être aussi pour cela qu'il était de moins en moins là. Nous n'avons jamais été témoins de tensions entre eux, encore moins de conflits, mais il y a de fortes raisons de penser que cette situation les minait et rongeait leur couple de l'intérieur. Dans un de ses derniers messages à son amie, Alexia lui envoie ces quelques mots qui en disent long sur son intimité, et sur sa détresse : « J'apprends à vivre seule. »

Devant les gendarmes qui l'interrogeront après la mort d'Alexia, Mélanie fera cette déclaration glaçante : « Jonathann avait pris du poil de la bête. Avec le temps, il avait changé physiquement. Il avait pris beaucoup d'assurance. Il lui tenait tête. »

Jonathann cherchait-il à la dominer à défaut de la satisfaire ? Grâce à sa transformation physique, imaginait-il pouvoir compenser son impuissance sexuelle par la force de son corps ? A-t-il eu ainsi le sentiment de pouvoir s'imposer « comme un homme » ? La suite peut évidemment le laisser imaginer.

Grégory, lui, se souvient aujourd'hui de la dérive verbale de Jonathann quelques semaines avant le drame. Alors que Jean-Pierre s'amuse souvent à nous raconter des blagues potaches qui peuvent parfois se situer en dessous de la ceinture, Jonathann tombait dans une surenchère graveleuse qui mettait Grégory mal à l'aise. Ainsi de ce soir où il a relaté en public et devant Alexia un acte sexuel fantasmé dont elle était la partenaire manifestement non consentante. Elle lui a demandé de se taire, mais il a continué. La violence et la précision de la description n'avaient évidemment rien de drôle et interrogent aujourd'hui sur le regard qu'il portait sur notre fille, quelques jours avant de la tuer. Je suis sa mère et il avait tout de même bien pris soin de ne pas la bafouer ainsi devant moi. Je ne l'aurais tout simplement pas supporté. Il ne la respectait plus. Elle n'était déjà plus sa femme, mais était devenue à ses yeux une chose qu'il pouvait écraser.

Un soir, moins d'un mois avant le drame, j'appelle Alexia pour discuter, je ne sais plus vraiment de quoi, ce devait être pour une broutille comme je le faisais souvent, organiser l'un de nos lundis ou les vacances des « Parisiens », quelque chose comme cela. Le téléphone sonne un peu plus longtemps que d'habitude, et Alexia décroche enfin. J'entends quelques mots que je ne comprends pas vraiment : « Allô maman, c'est toi ? » Les mots collent les uns aux autres, son débit est anormalement lent et elle semble vouloir détacher chacune des lettres pour les rendre plus compréhensibles. Le ton de sa voix est lointain. Je ne reconnais pas ma fille. Je me souviens avoir eu un peu peur. Je lui dis : « Ça va, tu m'entends ? Qu'est-ce que tu as ? Je ne comprends rien... » J'ai l'impression qu'elle est saoule, complètement à l'ouest. Elle n'a d'ailleurs pas pu tenir la conversation jusqu'au bout. Je n'ai pas compris ce qu'il se passait. Je me suis dit qu'ils avaient dû fêter quelque chose tous les deux, et qu'ils avaient un peu trop bu. Ils aimaient bien boire un petit verre, mais de là à être ivre morte... Ce qui m'a rassurée, c'est d'entendre la présence de Jonathann à ses côtés. Pourtant, il n'a pas pris le téléphone pour me parler, m'expliquer ce qu'il se passait ou tout simplement me rassurer. Certainement l'aurait-il fait s'il n'avait rien eu à cacher. Mais à cet instant-là, le savoir dans la maison me tranquillisait. Il ne pouvait rien se passer de grave, d'anormal. Évidemment, aujourd'hui, je me dis que j'aurais dû y aller, faire quelque chose. Mais comment imaginer ce qui était en train de se passer ?

Le lendemain, après une courte nuit, j'ai rappelé Alexia pour prendre de ses nouvelles. Elle ne se souvenait de rien. Elle était incapable de me dire ce qu'il s'était passé, comme elle ne pouvait pas non plus me raconter ce qu'ils avaient fait lors de cette soirée. Elle semblait sortir d'un trou noir. Quelques jours plus tard, elle est venue me voir. Elle était inquiète. Quelque chose n'allait pas dans son comportement.

Elle m'a expliqué que depuis quelque temps, elle avait l'impression d'avoir des pertes de connaissance sans aucune explication. Elle s'évanouissait quelques instants, puis se réveillait sans pouvoir conserver un seul souvenir de ce qui venait de se passer. Elle se sentait vivre maintenant sous la menace permanente d'un tel malaise. Cela l'angoissait. Jonathann lui en avait parlé. Elle m'a raconté qu'il était lui aussi inquiet. C'est lui qui avait été le premier témoin de cette situation, avant même qu'elle n'en ait conscience. Il lui disait : « Alexia, tu as un problème. Tu fais des "black-out", je ne comprends pas ce qu'il t'arrive, mais ça m'inquiète. Tu devrais faire quelque chose. » Et il l'a convaincue de prendre rendez-vous chez un neurologue, qui n'a pas vraiment su diagnostiquer la cause de cet état qu'elle n'avait jamais connu jusque-là. Des crises d'épilepsie ont été évoquées, mais sans grande certitude. Tout le monde était dans le flou. Alexia, elle, était certaine d'avoir un problème et cela lui faisait peur. Nous n'en avons jamais été témoins. Jamais Alexia n'a perdu connaissance chez nous ou chez Stéphanie. Pas plus qu'à son bureau ou chez ses amis. Alexia ne faisait ses malaises que chez elle. Et exclusivement lorsqu'elle était avec Jonathann.

L'une des questions qui nous hantent est de savoir si à ce moment-là Alexia était déjà condamnée. Jonathann avait-il planifié sa mort ? Avait-il préparé les choses et connaissait-il déjà la suite ? Ce que l'on sait, c'est que pendant des mois, elle a absorbé, certainement à son insu, des produits dangereux et parfois interdits, des neuroleptiques puissants qui, pris de façon anarchique ou excessive, peuvent favoriser ce genre de syncopes. Des traces ont été retrouvées dans son sang, mais aussi dans ses cheveux, qui témoignent d'une prise régulière pendant des semaines, voire pendant des mois. Aujourd'hui encore, même si la cour d'assises n'a pas pu retenir cette hypothèse faute de preuves, Jean-Pierre comme moi sommes convaincus que Jonathann a drogué notre fille plusieurs semaines, voire plusieurs mois avant de la tuer. Nous sommes persuadés qu'Alexia n'aurait jamais pris le risque d'ingurgiter de tels médicaments sans qu'ils lui aient été prescrits par un médecin et alors qu'ils sont absolument interdits pour les femmes enceintes ou celles qui veulent avoir un enfant. Les risques de fausses couches sont trop importants !

Or, la veille de sa mort, Alexia rêvait encore de devenir maman.

Le dernier jour

ISABELLE — En me levant ce matin du vendredi 27 octobre 2017, je ne pensais pas vivre ma dernière journée avec ma fille, Alexia. Je me faisais une joie de ce week-end de la Toussaint. Stéphanie et Grégory devaient arriver de Paris dans l'après-midi, avec James qui avait eu deux ans quelques semaines plus tôt. Nous avions prévu de lui fêter son anniversaire avec un peu de retard le soir même. Pour Jean-Pierre, Alexia et moi, ces deux jours s'annonçaient comme une fête. Ma fille avait prévu de nombreux cadeaux pour son filleul et je n'étais pas en reste. Ce deuxième anniversaire allait prendre des allures de Noël. Il y avait pour nous trois cette même attente, nous n'avions pas vu notre petit-fils ni ses parents depuis l'été, et nous étions impatients de les embrasser. La seule annonce de leur venue avait comblé Alexia de bonheur.

Le bar était ouvert toute la journée et je n'avais pas vraiment le temps d'organiser un grand repas pour le soir, nous avions donc opté toutes les deux pour une raclette, un plat qui a le mérite de ne demander aucune préparation et que tout le monde adorait. Il ne restait que le dessert à choisir, et Alexia devait m'appeler dans la matinée pour que l'on se décide. Mais j'ai attendu son appel. Mon téléphone n'a sonné que vers midi. Et j'ai tout de suite perçu au son de sa voix qu'elle n'était pas dans son assiette. Elle m'a tout de suite confié qu'elle avait eu un malaise juste après avoir pris son petit déjeuner. Elle ne se sentait pas dans son état normal et suspectait les baies de Goji qu'elle avait mangées le matin même avec un peu de fromage blanc et du muesli. Certainement prêtait-elle trop de pouvoir à ces petits fruits rouges riches en calcium et réputés pour leurs effets contre le cholestérol et la tension artérielle. Elle ne m'a pas dit, comme à Mélanie, à qui elle a adressé par message ce matin-là ces mots inquiétants : « J'ai peur ! » On ne saura jamais à quoi elle faisait référence en écrivant cela, mais certainement évoquait-elle ses pertes de connaissance qui se répétaient et depuis quelques mois déjà la terrifiaient. Me concernant, elle s'est contentée de me dire qu'elle avait prévenu Jonathann de son état et qu'il lui avait répondu par SMS qu'il n'avait pas le temps de passer et qu'elle devait se reposer. Elle voulait surtout me rassurer. Elle se sentait beaucoup mieux. Et pour preuve, elle se proposait de cuisiner nos deux desserts préférés : la salade de fruits pour son père, et le riz au cacao de mon enfance pour moi. Je ne devais m'occuper de rien, et nous nous sommes donné rendez-vous à la maison en fin d'après-midi. Les « Parisiens » sont arrivés vers 17 heures et, le temps qu'ils se posent, changent James et le fassent manger, Alexia est arrivée. Elle était en tenue de sport et nous a annoncé qu'elle sortait de la piscine de Gray où elle avait fait ses longueurs habituelles. Ses cheveux étaient encore mouillés et formaient une natte enroulée dans son dos. Elle était détendue et semblait en forme. Les péripéties du matin s'éloignaient et cela me rassurait. Immédiatement, elle est tombée dans les bras de sa sœur comme chaque fois qu'elles se retrouvaient après une période trop longue à leurs yeux, elle a embrassé Grégory et a tout de suite pris James dans ses bras. Elle le trouvait magnifique et ne cessait de le dire, puis elle a déposé délicatement ses lèvres sur son front. Elle ne voulait pas le rendre à sa sœur et aurait pu le porter toute la soirée. Toutes les trois, nous avions déjà décidé que la journée du lendemain serait consacrée à faire du shopping après un déjeuner avec Jean-Pierre et Jonathann au bar, une fois le service terminé. Grégory, lui, devait se rendre avec James chez ses parents qui habitent dans le centre historique de la ville.

Nous avons lancé la cuisson des pommes de terre à l'eau, mis la table, installé au centre la machine à raclette et Jean-Pierre est arrivé. Il avait eu un peu de mal à faire partir les derniers clients, qui le vendredi soir aiment bien s'éterniser. Il était fatigué, mais heureux d'avoir toute la famille, son petit-fils et ses deux filles réunies. Mais c'est vrai qu'il les a embrassés longuement avant de nous demander : « Jonathann n'est pas là ? » Alexia lui a répondu qu'il devait passer à la maison prendre les desserts. Mais c'est vrai qu'il n'était jamais arrivé aussi tard. Je m'en suis fait la remarque. Vers 20 h 15, on l'a même appelé pour lui dire que tout le monde était là et qu'on l'attendait. Il n'a pas décroché, on a laissé un message sur son répondeur. Je ne me disais pas qu'il ne voulait pas être là, je pensais qu'il était encore chez un client. Alexia nous avait dit comme pour l'excuser qu'il n'arrêtait pas et qu'il s'était en plus rajouté quelques missions « au noir » pour faire rentrer de l'argent. Elle en parlait avec satisfaction, comme s'il ne s'agissait que de bonnes nouvelles. Alors nous avons patienté, commencé à discuter entre nous, et, pour le faire arriver, Jean-Pierre a préparé l'apéritif, ouvert une bouteille de champagne et nous a servis.

On commençait à trinquer quand Jonathann est entré dans le salon en trombe, presque en courant, la démarche et les mouvements saccadés de l'homme affairé. Il a joué sa partition à merveille. Il a salué tout le monde et s'est précipité vers Alexia pour l'embrasser et lui demander si tout allait bien. Elle l'a rassuré, et lui l'a embrassée à nouveau. Et très vite, il a pris le relais du service comme à son habitude. La bouteille de champagne à la main, il a doucement rempli chacun des verres sans que personne ne lui demande quoi que soit. Même en retard, même débordé, même à quelques heures de tuer sa femme, Jonathann a été Jonathann, prévenant, serviable et attentionné avec Alexia qu'il n'a pas cessé ce soir-là d'appeler « ma chérie ».

On est passés à table rapidement parce que, même si nous étions très heureux d'être tous ensemble, je ne voulais pas que l'on s'éternise : je savais que Jean-Pierre se levait à 5 heures le lendemain, comme chaque matin, et j'avais, pour ma part, encore une heure de comptabilité après le dîner. Alors j'ai un peu pressé le pas de toute la tablée. On a branché la machine et chacun s'est fait sa petite préparation dans son poêlon avant de la verser sur sa pomme de terre. Ç'a été une soirée normale, en famille, comme on en a fait des dizaines. Il ne s'est rien dit d'extraordinaire mais on était bien ensemble. L'ambiance était agréable, peut-être même plus détendue que celle de l'été, quelques mois plus tôt, lorsque nous nous étions tous retrouvés chez Alexia et Jonathann autour de la piscine. Là où nous avions à cette occasion pu entendre quelques piques lancées entre les deux, ce soir-là nous n'avons rien remarqué qui aurait permis de déceler une quelconque tension. Ils avaient un comportement parfaitement ordinaire et semblaient même bien ensemble, alors que nous savions tous que la période qu'ils traversaient n'était pas la plus facile, entre l'attente de l'enfant et les malaises d'Alexia.

Jean-Pierre a comme à son habitude ouvert une bonne bouteille de vin rouge, et on a servi les deux desserts qu'avait préparés Alexia. Jonathann s'est précipité sur la salade de fruits sur laquelle il a versé une rasade de rhum. Il aimait de plus en plus l'alcool, et pouvait même être parfois un peu dans l'excès. Stéphanie m'a raconté plus tard que, lorsqu'ils étaient venus avec Alexia le mois précédent pour l'anniversaire de James, Jonathann avait bu au-delà du raisonnable, des cocktails à l'apéritif, du vin pendant le repas et un alcool fort en digestif, jusqu'à être totalement ivre et à en vomir. Elle n'en revenait pas et se souvenait que sa sœur avait été vraiment gênée qu'il se montre devant eux dans un tel état. Cet épisode était certainement exceptionnel, mais il témoignait tout de même d'un goût immodéré pour les alcools et peut-être aussi pour l'ivresse. Jamais Jonathann ne refusait par exemple un verre ou ne renonçait à finir une bouteille de vin à la fin d'un repas. Souvent, à la maison, Jean-Pierre terminait le dîner en tendant la bouteille et en demandant : « Qui termine ? » Et systématiquement, Jonathann tendait son verre pour la vider, avant de prendre un café et de partir. Systématiquement, sauf ce soir-là. Pour le dernier repas de la vie d'Alexia, Jean-Pierre a tendu comme à son habitude le fond de la bouteille en direction du verre de Jonathann, et celui-ci a pour la première fois posé sa main dessus et refusé de se laisser servir. Je me souviens que Jean-Pierre s'en est amusé en lui disant : « Qu'est-ce que tu as ce soir ? Tu es malade ? » Grégory qui était en face de lui l'a également remarqué. Il nous le dira plus tard.

Pourquoi, ce soir-là, a-t-il renoncé à ce dernier verre ? A-t-il souhaité garder le contrôle alors que quelques heures plus tard, il allait tuer notre fille ?

Jean-Pierre s'est ensuite éclipsé pour aller se coucher, et nous avons encore discuté jusqu'à 23 heures ou minuit. Puis nous nous sommes tous levés de table. Stéphanie et Grégory, qui dormaient chez nous, ont fait un signe de la main avant de monter se coucher à l'étage. Nous nous sommes redit que nous nous retrouvions le lendemain vers 15 heures pour déjeuner au bar après le service. Alexia et Jonathann ont enfilé leurs manteaux et se sont dirigés vers la porte. Nous nous sommes embrassés. En partant, ma fille s'est retournée et m'a envoyé un baiser de la main. C'est la dernière fois que je lui ai souhaité bonne nuit.

*

JEAN-PIERRE — Tous les matins, je me levais à cinq heures, automatiquement – l'habitude. Mais je ne sais pas pourquoi, ce matin-là, j'ai loupé le réveil. Cela m'arrivait deux ou trois fois par an, et c'est tombé ce jour-là. Trente minutes de retard. Je ne supportais pas de faire attendre les clients, certains arrivaient pile pour l'ouverture. Alors, j'ai accéléré. Une bise sur le front d'Isabelle qui ne s'est rendu compte de rien, un pantalon, une chemise et un pull que j'ai enfilés, et puis j'ai sauté dans ma fourgonnette blanche sans avoir pris mon café. Il attendrait le comptoir. Comme chaque matin, je suis passé chez mon boulanger, j'ai pris le pain et les croissants, et dix minutes plus tard j'étais dans le bar. J'ai levé le rideau, je suis passé par la porte de service, j'ai préparé mes quatre caisses, celles de la Française des jeux, du PMU, du bar et de la brasserie. Ça a pris un bon quart d'heure, puis j'ai ouvert avec bien quarante minutes de retard. J'avais mes quatre ou cinq habitués qui patientaient devant l'entrée, je me suis excusé auprès d'eux et la journée a commencé comme toutes celles qui l'avaient précédée. J'aimais bien l'ambiance du samedi, ce n'était pas le même rythme. Les clients ne travaillaient pas et prenaient plus de temps pour jouer et discuter. Certains passaient la matinée à lire leurs journaux et à enchaîner les cafés. C'était calme, je me sentais bien, et j'étais impatient de retrouver les filles qui devaient me rejoindre avec Jonathann pour déjeuner sur place. Mais vers 10 heures, je l'ai vu pousser la porte du bar. Il venait prendre un café avec moi et, comme il le faisait à chaque fois, il est passé derrière le comptoir et s'est fait son expresso. Il était ici comme chez lui. Je m'en suis fait couler un aussi et on a commencé à bavarder et tout de suite, il m'a dit : « Je suis inquiet. Alexia est partie courir, mais je ne voulais pas qu'elle y aille. Je l'ai trouvée fatiguée ce matin. Elle ne m'a pas écouté, et elle y est allée quand même. » Que voulait-il me dire ? Qu'Alexia était fragile, et qu'elle pouvait faire un malaise ou peut-être même se suicider. C'est certainement cela qu'il souhaitait que je retienne pour que je puisse le moment venu orienter les gendarmes dans cette direction. C'est d'ailleurs ces deux pistes qu'ils ont privilégiées dans les toutes premières heures. Évidemment, je n'y ai pas du tout pensé au moment où il m'en a parlé. C'était pour moi totalement inconcevable : Alexia venait à peine de partir. Je n'étais pas du tout inquiet. Je n'ai d'ailleurs pas bien compris de quoi il avait peur. Je lui ai répondu : « Si elle a voulu aller courir, c'est qu'elle s'en sentait capable ! Tu n'as pas de raison de t'en faire ! » Il n'a rien ajouté, mais je l'ai senti vraiment stressé. Avant de partir, il m'a simplement dit qu'il allait chez son patron déposer un ordinateur ou une imprimante. Je ne pouvais imaginer qu'en passant me voir ce matin-là, après s'être rendu chez sa mère et avant d'aller chez son employeur, puis à la maison, Jonathann posait une à une les briques de son mensonge. Il érigeait un mur derrière lequel se cacher.

*

ISABELLE — Je venais de préparer le biberon de James, Grégory prenait son petit déjeuner avec moi dans la cuisine. Stéphanie, elle, n'était pas encore levée. Lorsqu'elle venait en week-end à la maison, elle retrouvait son rythme d'adolescente. Elle pouvait dormir jusqu'à midi, parfois même 13 heures. Elle en profitait. Elle savait que je m'occuperais de son fils et qu'elle pouvait être tranquille. Il était un peu moins de 11 heures lorsque la sonnette a retenti.

Je n'ai pas eu le temps de me lever que Jonathann est déjà dans l'entrée. Il est en larmes devant la porte. Je lui demande pourquoi il pleure. Il me répond en hoquetant qu'Alexia est partie courir à 9 h 30 et qu'elle n'est toujours pas rentrée. Il répète : « J'ai peur ! J'ai peur ! Je sens qu'il est arrivé quelque chose de grave… » Je ne comprends pas pourquoi il est aussi mal alors qu'il n'y a rien de concret qui puisse l'inquiéter. Je lui dis : « Pourquoi tu te mets dans un état pareil ? Elle vient de partir courir ! Elle a peut-être rencontré une copine avec laquelle elle est en train de discuter. Il n'y a vraiment rien d'alarmant. » Mais, il ne parvient pas à se calmer. Ce sont certainement nos discussions et les pleurs de Jonathann qui réveillent prématurément Stéphanie. Elle nous rejoint dans la cuisine. Elle est un peu au radar et ne comprend pas bien ce qu'il se passe. Pendant qu'elle prépare son petit déjeuner à côté de nous, son téléphone, qu'elle vient de poser sur le plan de travail après l'avoir allumé, se met à vibrer. C'est un texto de sa sœur : « Je suis partie courir, je passerai peut-être vous voir si j'en ai la force. À tout à l'heure. » Il a été envoyé juste avant 9 h 30.

C'est impressionnant de savoir aujourd'hui que Jonathann a été témoin de la lecture par Stéphanie de ce faux message qu'il lui a lui-même envoyé pour nous laisser croire que sa femme était encore en vie, alors qu'il avait trois heures plus tôt déposé son corps dans la forêt d'Esmoulins. Comment a-t-il pu faire cela ? Comment a-t-il pu en avoir le cran ? Où a-t-il trouvé la force pour inventer cette histoire et nous la raconter, comme s'il y était étranger ? C'est fou ! Je suis certaine qu'il n'a pas pu l'improviser. Tout a été pensé, réfléchi, anticipé. Il avait un plan et il était en train de nous embarquer dedans.

Comme moi, Stéphanie dit donc à Jonathann de ne pas s'inquiéter, mais rien n'y fait. Il nous répète : « Je suis sûr qu'il est arrivé quelque chose de pas normal… » Alors Grégory, qui commence à s'agacer de ses atermoiements, lui a dit : « Écoute, on ne va pas réfléchir cent sept ans ! On y va ! » Et il l'a pris par le bras et l'a fait entrer dans sa voiture pour aller chercher Alexia.

Nous avons vécu leurs recherches quasiment en direct, Grégory était régulièrement en ligne avec Stéphanie pour lui expliquer comment cela se passait. Il a d'abord demandé à Jonathann de lui indiquer la route qu'elle aurait pu prendre, sachant qu'on apprendra plus tard qu'elle n'avait aucune habitude. Elle ne courait jamais seule dans la forêt. Jonathann a conseillé à Grégory d'emprunter la rue des Quatre-Chalets, qui bien sûr mène à l'opposé de l'endroit où se trouvait Alexia, puis une autre rue, qui descend vers la Saône. Grégory l'incitait à regarder dans les fossés s'il voyait une basket, ou n'importe quel élément qui permettrait de laisser penser qu'elle ait été enlevée. Ils ont fait le tour du quartier puis se sont arrêtés chez Alexia, devant le garage, et Jonathann est entré. Grégory nous a expliqué plus tard que devant la maison, il a eu une sensation bizarre. Il n'a pas osé suivre Jonathann. Il a attendu devant les marches de béton sur lesquelles ce dernier avait pendant la nuit laissé tomber le corps d'Alexia, après l'avoir rouée de coups et étranglée. Grégory ne sait toujours pas aujourd'hui pourquoi, mais il s'est stoppé net, incapable de le suivre ; il n'a pu qu'entendre à l'étage la voix de Jonathann appelant sa femme comme si elle pouvait être là : « Alexia, tu es là ?... Alexia, tu es rentrée ? » Tandis qu'il patientait à l'extérieur, il a vu la mère de Jonathann et son frère Cédric arriver à leur tour, eux qu'il ne voyait pas si souvent. Que faisaient-ils là ? Puis Grégory et Jonathann sont allés aux urgences, où on leur a indiqué que personne d'inconnu n'était arrivé au cours des dernières vingt-quatre heures. Grégory a alors décidé de conduire Jonathann à la gendarmerie pour lancer une première alerte, même s'il y avait peu de chance qu'il y ait une mobilisation rapide deux heures seulement après la disparition d'une jeune femme de trente ans. La règle est assez simple : un adulte a le droit de disparaître un moment pour faire ce qu'il lui plaît, sans avoir à se justifier. C'est donc avec l'envie d'informer et peut-être plus encore de se rassurer qu'ils sont entrés tous les deux dans le hall de la gendarmerie. Ils ont patienté quelques instants avant que l'on vienne les chercher. Lorsqu'ils ont été appelés, Jonathann a demandé à Grégory de l'accompagner. « Tu veux que je te laisse ? – Non, non, tu viens ! » Grégory l'a donc suivi, mais il l'a laissé parler. Et contre toute attente, alors qu'il venait simplement de raconter qu'Alexia n'était pas revenue de son footing, la gendarme qui l'interrogeait a pris tout de suite l'affaire très au sérieux, et leur a dit qu'elle envoyait une patrouille et appelait le maître-chien. Grégory a été rassuré que l'affaire soit tout de suite prise en main.

Moi, à l'inverse, toute cette agitation a commencé à m'inquiéter. Alexia n'était toujours pas là. Jean-Pierre a fermé le bar à 13 heures et nous nous sommes tous retrouvés devant la maison d'Alexia et de Jonathann. Nous avons appelé tous les neveux et les nièces, tous les frères et les sœurs de Jean-Pierre pour qu'ils nous y rejoignent. Nous devions être une bonne trentaine, sans compter la famille de Jonathann qui elle aussi commençait à se presser à ses côtés. Là, il y avait déjà une armada de gendarmes, les chiens venaient d'arriver et la maison était bouclée. C'était la panique ! Ce sont les gendarmes qui m'ont fait peur. Leur présence m'a fait brutalement réaliser que quelque chose se passait, que c'était la réalité. Jusque-là, tout était un peu lointain. Théorique. Maintenant, cela devenait horriblement concret. En cinq minutes, toute notre vie a basculé.

*

JEAN-PIERRE — Isabelle commençait à sérieusement s'inquiéter. Alors, avant de me rendre à la maison où nous nous étions tous donné rendez-vous, je suis monté dans ma voiture et j'ai fait le tour de Gray. Je suis allé dans tous les bois que je connaissais et où Alexia aurait pu se rendre, je suis entré dans tous les chemins qui y accédaient. J'étais seul, je courais entre les arbres et je criais : « Alexia, Alexia ! » Je hurlais le plus fort que je pouvais jusqu'à en perdre la voix. J'ai croisé un cycliste qui faisait du VTT, je l'ai arrêté pour lui demander s'il avait vu ma fille, une joggeuse en tenue de sport rose, mais il n'avait rien vu… J'ai passé peut-être une heure à hurler tout seul, comme un fou. La gamine était partie depuis 9 h 30 et il était déjà midi, les idées se bousculaient dans ma tête. Si elle avait été chez une copine, elle aurait forcément passé un coup de fil. La situation était inquiétante, mais je ne pensais pas encore au drame. Je le refusais. Je me disais qu'on allait la retrouver, mais où ? quand ? Il fallait aller vite ! Un avis de recherche d'une jeune joggeuse venait d'être diffusé sur le site de *L'Est républicain*, et dans la foulée sur celui de BFM TV. Juste après, j'ai dû recevoir dix appels de la famille, affolée : « Qu'est-ce qu'il se passe Jean-Pierre ?… C'est Alexia, la joggeuse ? Ce n'est pas possible. On vous rejoint et on va la chercher ! » Depuis la première minute de notre drame, ils ont été tous là, à nos côtés. Au moins, on sait ce que cela veut dire, la famille ! Avec Isabelle, on ne les remerciera jamais assez. Ils nous ont tellement aidés.

Lorsque je suis arrivé chez Alexia, tout le monde était déjà là, assis sur le muret de la maison d'en face. J'ai tout de suite été impressionné par le monde. Je me disais qu'à nous tous, on allait la retrouver. C'était obligé ! Les moyens de la gendarmerie étaient déjà importants, les hommes, les chiens, les véhicules et leurs gyrophares… On entendait même le bruit de l'hélicoptère qui survolait nos têtes. Je trouvais presque tout cela disproportionné. Je me disais : si elle est chez une copine et qu'elle n'a pas pu téléphoner, on va passer pour des rigolos… On imagine tout, on mélange tout. Mais c'est l'angoisse qui revient le plus souvent. Je me suis approché d'Isabelle qui déjà se recroquevillait sur place. Elle était tétanisée, incapable de bouger. Elle me disait qu'elle avait froid, qu'elle était glacée. Je l'entourais de mes bras, mais je savais que rien ne pouvait la réchauffer. Il fallait retrouver Alexia, c'était tout ce qu'elle voulait. Elle me le répétait sans cesse. Alors avec Carlos, Thibault, Grégory et tous les autres, on a formé des petits groupes et on a fouillé dans plusieurs directions. Partir chercher Alexia a été une évidence, personne n'a hésité une seconde. Je les ai accompagnés une partie de la journée, mais ensuite je suis resté avec Isabelle pour la protéger et éviter qu'elle ne craque. Les heures avançaient doucement. On parlait, on pleurait, on s'inquiétait, et on attendait. À quelques mètres de nous, il y avait Jonathann, entouré par sa mère qui l'avait enveloppé dans une couverture. Elle semblait le couver. Pas un instant il ne s'est levé pour rechercher Alexia. Il est le seul à ne pas avoir bougé d'un mètre. Il offrait une mine effondrée. Il pleurait sans cesse, la tête entre ses mains, regardant vers le sol. Sur le moment, rien de son comportement ne nous a choqués. Nous étions ensemble face au drame qui se profilait. Il aimait sa femme, il était inquiet, il pleurait, il était tétanisé, quoi de plus normal ? Il était comme nous. La mise en scène était invisible de là où nous étions. Et je pense qu'elle l'était pour tout le monde. À partir de là, Jonathann allait être, pour trois mois, à côté de nous, l'autre victime de ce drame. Il méritait autant d'amour, autant d'attention, autant de précautions que nous. Nous n'allions faire aucune différence.

Jonathann n'avait quasiment pas fait un mouvement jusqu'à ce que deux gendarmes s'approchent et lui demandent de bien vouloir les suivre. Ils l'ont conduit vers la voiture de la gendarmerie pour l'emmener à Besançon. On a simplement appris qu'il allait passer un examen médical. On n'était pas inquiets, on souhaitait juste qu'ils le ramènent le plus vite possible pour qu'il soit avec nous. Avec le stress et la fatigue, on espérait aussi qu'il pourrait tenir le coup. Il avait l'air épuisé. Lorsqu'il s'est éloigné, encadré par les deux gendarmes, on lui a fait un petit signe pour lui dire « À tout à l'heure » et lui souhaiter bon courage. Il s'est retourné pour esquisser un sourire, puis il est parti. De leur côté, les maîtres-chiens travaillaient depuis près de deux heures à rechercher l'odeur d'Alexia et à tenter de retracer son parcours depuis son départ de la maison, quand déjà un premier résultat nous est parvenu. Je ne sais plus qui m'a appelé pour me prévenir et me dire de venir au croisement du virage avec les bords de la Saône. J'y suis allé aussitôt, c'était à moins de cinq minutes en voiture. À l'entrée du chemin de randonnée qui longeait le fleuve, il y avait les gendarmes, les maîtres-chiens et quelques amis ou cousins qui attendaient de savoir ce qu'ils avaient trouvé. L'un des membres de la brigade cynophile s'est adressé à moi, et m'a simplement dit que les chiens, auxquels on avait fait sentir un vêtement d'Alexia, avaient reniflé le bitume pendant un ou deux kilomètres, emmenant les gendarmes dans les rues au-dessus de chez Alexia avant de tourner à droite et de redescendre vers la rive pour s'arrêter net, là, juste au bord de l'eau dont le courant à cette saison commence à être puissant. Je leur ai demandé ce que cela voulait dire et comment ils interprétaient le comportement des chiens, mais ils ne m'ont rien expliqué de plus. Ils se sont contentés de me répéter que les deux chiens s'étaient arrêtés tous les deux à cet endroit. Face à leur discrétion et à leur prudence, que je comprenais parfaitement, la discussion s'est lancée et chacun autour de moi y allait de son interprétation. Alexia avait-elle été enlevée ici ou s'était-elle jetée à l'eau pour se donner la mort ? Le lendemain, des plongeurs sont venus sur place pour sonder le fleuve et chercher le corps. Mais ils n'ont, bien sûr, rien trouvé.

La thèse du suicide était pour moi totalement inenvisageable. Je n'y croyais pas. Alexia n'aurait jamais fait ça. Je l'ai d'ailleurs dit aux gendarmes au moment où ils cherchaient à côté de nous. J'ai simplement noté que l'itinéraire reconstitué par les chiens suivait parfaitement les indications que nous avait données Jonathann le matin même sur le parcours qu'avait dû emprunter Alexia en courant. Je me suis souvenu aussi de son inquiétude au bar, et du scénario qu'il laissait entrevoir. Aujourd'hui, je ne peux m'empêcher de penser qu'il a pu créer artificiellement ce trajet en laissant traîner un vêtement d'Alexia sur l'asphalte, afin de tromper les chiens qui ne manqueraient pas d'être mobilisés et d'orienter les enquêteurs vers une mauvaise piste : celle de l'enlèvement ou du suicide. Ce qu'ils ont fait. Puis, nous sommes tous retournés devant la maison. La nuit commençait à tomber, et les gendarmes quittaient les lieux les bras chargés de cartons et de sacs en plastique remplis d'effets personnels du couple. Il était impossible de savoir ce qu'ils emportaient, mais ils ont fait pas mal d'allées et venues, et ils ont pris beaucoup de choses. Ensuite, nous avons pu entrer dans la maison. C'était étrange d'y entrer sans y être invité. Alexia avait disparu et Jonathann n'était pas encore rentré. J'avais l'impression de violer leur intimité.

*

ISABELLE — La première soirée sans Alexia, nous l'avons passée chez elle, dans sa maison. C'était un peu comme si on l'attendait, et qu'elle pouvait rentrer à tout moment. Mais on savait bien que ce ne serait pas le cas. Nous étions tellement nombreux à nous tenir dans le salon, et à déambuler dans les pièces, un peu hagards, sans trop savoir où nous allions et ce que nous cherchions. Nous étions, vingt, trente, peut-être plus. Il y avait bien sûr Stéphanie et Grégory, tous les frères de Jean-Pierre avec leurs épouses, sa sœur Lydia accompagnée de Carlos qui n'avait pas arrêté de la journée, tous les cousins et cousines et puis quelques amis venus prêter main-forte et nous soutenir. Il y avait également la famille de Jonathann, que nous rencontrions pour la deuxième fois. Sa mère, son beau-père, sa sœur et deux de ses frères, dont Cédric, qui a eu, ce soir là, un comportement inimaginable. Nous n'avions aucune nouvelle d'Alexia depuis douze heures, et lui fanfaronnait au milieu de ce public qui n'était pas là pour lui, bombant le torse et parlant fort pour expliquer à qui voulait l'entendre que cette soirée improvisée lui faisait « rater un coup ». Il montrait l'écran de son téléphone portable sur lequel des photos de jeunes femmes défilaient. Il draguait sur un site de rencontres et nous expliquait qu'il avait un rendez-vous auquel il ne pourrait pas se rendre. J'étais tellement enfermée dans mon attente et mon angoisse que je n'ai pas prêté plus d'intérêt que cela à ce qu'il disait. Mais en y repensant, je suis horrifiée. Sa mère aussi prenait beaucoup de place, elle allait et venait, remuait et parlait fort, mangeait, buvait, mais je ne me souviens pas qu'elle soit venue nous voir, Jean-Pierre et moi, pour nous faire part de son émotion et nous donner un peu de réconfort. Comme au mariage des jeunes, les deux familles se croisaient mais ne se parlaient pas.

Afin de me dégourdir un peu, je me suis levée de mon siège pour aller dans la cuisine. Jean-Pierre me tenait par l'épaule dans le long couloir blanc et carrelé qui y conduisait. J'allais me servir un verre d'eau quand j'ai vu sur la table un petit mot écrit de la main de Jonathann, comme s'il venait de l'y déposer. Il écrivait à Alexia : « Je t'aime ! Tu es mon amour. Je reviens... » Un peu plus loin, il y avait une photo de leur couple amoureux. Je crois qu'ils s'embrassaient. Ce qui est sûr, c'est qu'ils avaient l'air heureux. Les voir m'a transpercé le cœur, j'étais bien sûr à mille lieues d'imaginer que ces quelques souvenirs ainsi déposés étaient une mise en scène savamment organisée le matin même par celui qui l'avait tuée.

Il était presque 20 heures et Jonathann n'était toujours pas rentré. Dans l'un des petits cercles formés par quelques membres de notre famille, certains ont commencé à trouver que son audition s'éternisait et des questions ont affleuré. L'inquiétude aussi. Mais était-il si illogique que le mari de la disparue soit entendu longuement alors qu'il était le dernier à l'avoir vue ? D'autres tempêtaient contre les gendarmes : « Ces salauds de gendarmes, ils sont en train de le presser comme un citron ! Qu'ils lui foutent la paix ! On a autre chose à faire ! » Puis la porte d'entrée s'est ouverte et Jonathann est apparu, toujours enveloppé dans une couverture, avec sa mère à ses côtés qui lui tenait le bras. Elle était allée le chercher à la gendarmerie une fois son audition terminée. Il ne disait pas un mot, il semblait exténué et donnait presque l'impression d'être drogué. Il a fait quelques pas et s'est affalé sur un fauteuil. Nous nous sommes avancés vers lui pour le recevoir et savoir comment il allait. Mais avant de pouvoir l'embrasser, nous avons entendu la voix de sa mère l'interpeller : « Vas-y Jonathann, montre-leur… Montre-leur la morsure que tu as sur le bras ! » En même temps qu'elle criait, elle tirait sur la manche du pull de son fils pour nous montrer quelque chose que nous ne pouvions voir. De quoi parlait-elle ? Nous recherchions notre fille depuis le matin, et, plutôt que de s'en inquiéter, Mme Daval voulait nous montrer que son fils avait été mordu ! Tout le monde était maintenant autour de lui, la tête penchée à l'intérieur du cercle pour regarder le bras de Jonathann et tenter d'apercevoir la rougeur sur le haut de son avant-bras. Les questions fusaient. Tout ceci était incompréhensible pour moi, comme pour Jean-Pierre. Nous ne comprenions pas ce qu'elle voulait démontrer, et elle ne s'arrêtait pas : « Dis-leur, Jonathann, ce qu'elle te faisait subir, raconte ce qu'Alexia te faisait ! » Et puis comme s'il poursuivait l'interrogatoire devant nous, il a pris la parole et balbutié quelques mots qui nous ont retournés : « Oui, Alexia, elle pouvait être violente avec moi, ça a déjà été des violences physiques et puis verbales. Elle faisait des crises depuis qu'elle prenait ses médicaments ! » Mais on n'avait jamais entendu parler de ces crises ! On ne comprenait plus rien. Pourquoi nous disait-il cela maintenant ? Quel était le lien avec la disparition d'Alexia ? Il racontait qu'il devait la maintenir pour la calmer tellement ses crises étaient fortes. Puis, il s'est levé, s'est dirigé vers leur chambre et nous a fait signe de le suivre. Il est entré dans le dressing et a ouvert un tiroir. À l'intérieur, il y avait des dizaines de boîtes de médicaments, des choses habituelles, du Doliprane, du Smecta, du Spasfon… mais aussi, d'autres marques que je ne connaissais pas. Désignant d'un mouvement du bras toute cette pharmacie, il a lancé : « Regardez ce qu'elle prenait ! Regardez tous les médicaments qu'elle avalait chaque jour ! Regardez ce qu'elle se faisait subir ! » Je me disais : « Mais pourquoi il nous montre tout ça ? » Je n'ai pas du tout saisi le sens de ce qu'il faisait. Il jalonnait la suite et rodait sa défense pendant que nous, nous pensions à notre fille.

Il faisait nuit noire, le froid l'accompagnait et j'imaginais ma fille perdue, seule dans la forêt à grelotter et à crier. Tout ce vacarme autour de moi m'importait peu.

Je pensais encore que ma fille était vivante.

Alexia est morte

JEAN-PIERRE — Il est insupportable de savoir que l'on a pu dormir alors que sa fille a disparu. Se reposer alors qu'elle avait besoin de nous. J'ai compris que c'était le corps qui nous l'imposait. À un moment donné, il s'arrête. Et on tombe d'épuisement. Ce mécanisme de survie nous a permis de reprendre des forces et de tenir. Le dimanche matin, je me suis réveillé normalement, à 5 heures, je me suis levé et j'ai commencé ma journée presque comme d'habitude. Alexia avait passé sa première nuit dehors, sans nous, et je partais pour ouvrir le bar presque comme si de rien n'était. J'en avais besoin. Cela paraît incroyable, mais mon corps me le commandait. Je me sentais aussi redevable envers mes clients. Je crois qu'avant le drame je n'ai fermé le bar qu'une seule fois, à l'occasion un deuil. Nous n'en étions pas encore là.

Devant la vitrine, un journaliste attendait. En me voyant, il s'est approché de moi, m'a salué et m'a tendu son micro en m'interpellant : « Comment arrivez-vous à ouvrir votre bar alors que votre fille a disparu ? » Je sentais bien qu'il y avait de l'incompréhension dans son ton, et peut-être même un peu de suspicion. Je lui ai simplement répondu que c'était notre tempérament, qu'on était là pour la clientèle et qu'il y avait encore de l'espoir. Y avait-il autre chose à faire ? À l'intérieur, les employés m'attendaient, un peu mal à l'aise. Ils savaient bien qu'il n'y avait pas grand-chose à dire. On était tous au ralenti. L'ambiance était lourde, pesante. Quelques habitués sont passés prendre un café, il y avait toujours un petit signe de la tête, un geste d'encouragement, mais jamais la moindre question. Ce premier jour au comptoir, il y avait encore de la discrétion et du respect. À la télévision, on parlait déjà en boucle de la disparition d'une joggeuse à Gray, et une première battue était annoncée pour l'après-midi. Elle était organisée par la mairie et la gendarmerie. Il fallait s'inscrire à l'hôtel de ville et c'était ensuite les gendarmes qui répartissaient les participants en petits groupes pour couvrir la zone la plus large possible. Nous y sommes bien sûr allés, avec Isabelle, Stéphanie et Grégory. Jonathann aussi nous accompagnait. On attendait une quinzaine de personnes, il y en a eu une bonne centaine, en dépit du temps. Il faisait mauvais ce jour-là, froid et humide. Le ciel était gris foncé. Inquiétant. Je regardais autour de moi et il y avait tous ces hommes et ces femmes venus nous aider. Ils cherchaient notre fille, même si c'était déjà plus un corps que l'on redoutait de trouver. J'ai découvert ce qu'est une battue. Fouiller sous les taillis. L'angoisse de les lever sans savoir sur quoi on va tomber. Quand, aujourd'hui, on se promène dans les bois, et qu'on voit des petits bosquets, on ne peut pas s'empêcher d'y penser. On revit cette journée. Dans l'après-midi, les plongeurs sont venus sur les bords de Saône, là où les chiens avaient marqué l'arrêt la veille. Nous nous y sommes rendus pour voir s'il y avait quelque chose et, alors que nous venions d'arriver sur place avec Isabelle, un homme s'est dirigé vers nous. Il voulait nous dire que sa fille s'était fait importuner quelques jours plus tôt par le conducteur d'une camionnette blanche. Ce n'était pas loin d'ici. La voiture avait ralenti, l'homme portait une chemise à carreaux et avait baissé sa vitre à hauteur de la jeune fille. Il l'avait incitée à monter, lui avait lancé des insanités et même, je crois, lui avait montré son sexe. Heureusement, elle avait eu le réflexe de ne pas lui répondre et de se mettre à courir jusqu'à lui fausser compagnie. Mais l'affaire était suffisamment inquiétante pour que le père qui nous racontait son histoire ait pris la décision de porter plainte à la gendarmerie. Il était content d'avoir pu nous en parler, il pensait sincèrement que cela pourrait faire avancer les recherches. Isabelle a été fortement impressionnée par ce que ce monsieur venait de nous confier. Il y avait le scénario, qui était probable, mais, surtout, la coïncidence du lieu que le comportement des chiens venait conforter. Isabelle a semblé presque soulagée : elle était convaincue qu'il venait de nous mettre sur la bonne piste. Selon elle, Alexia s'était fait enlever par un rôdeur qui l'avait peut-être séquestrée. Elle en était certaine. Et elle l'a dit au journaliste de la télévision qui pointait sa caméra devant nous, alors que nous faisions les cent pas à l'entrée du chemin qui longe le fleuve. C'était la première fois que nous prenions la parole à la télévision. Je me souviens de nos sanglots, de nos corps écrasés et de la voix mal assurée d'Isabelle qui suppliait le ravisseur de notre fille de la libérer. Le temps devenait vraiment trop long pour nous. L'attente insupportable.

*

ISABELLE — Le lendemain a été la journée la plus éprouvante. Cela faisait maintenant deux jours et deux nuits qu'Alexia avait disparu. Et il n'y avait plus beaucoup d'espoir de la retrouver vivante. Au fond de moi, une petite lumière semblait malgré tout vouloir me dire que tout était encore possible. Mais il fallait aller vite. C'était aujourd'hui ou jamais. Comme la veille, nous nous sommes tous retrouvés à la mairie. Nous savions que la ville organisait une nouvelle battue, mais l'ampleur n'avait rien à voir. Lorsque nous sommes arrivés sur le parvis de l'hôtel de ville, nous avons eu du mal à accéder à l'entrée du bâtiment tant il y avait de monde. Il devait y avoir plus de quatre cents personnes. C'était impressionnant.

Le maire, Christophe Laurençot, que je tutoie, nous a accueillis pour nous dire que tous les habitants de Gray étaient à nos côtés et qu'ils nous soutenaient. Il nous a aussi indiqué que plusieurs patrons d'entreprise de la ville avaient même dit à leurs salariés : « Vous y allez, vous êtes payés. Je vous paye votre journée, mais vous allez chercher la petite. » Ça nous a vraiment fait chaud au cœur. C'était magnifique ! Je pensais à Alexia et je voyais tout ce monde qui était là pour elle. Je me disais que, aussi nombreux, on allait être forts. On allait y arriver.

Les gendarmes ont pris la parole pour bien expliquer à tout le monde comment les choses allaient se dérouler, et puis nous sommes partis comme la veille arpenter les champs, les sous-bois et les forêts. Le dispositif de la gendarmerie était impressionnant, et cette fois-ci il y avait des journalistes partout. Une équipe de BFM TV nous suivait à la trace. C'étaient une jeune journaliste et un caméraman, ils étaient adorables et semblaient vraiment vouloir nous aider. J'étais tellement heureuse qu'il y ait autant de monde, et qu'il y ait aussi autant de caméras, de micros et de journalistes. Je me disais qu'avec un tel déploiement médiatique, on allait pouvoir toucher celui qui retenait Alexia peut-être bien au-delà de notre ville ou de notre région. Il ne pourrait pas s'enfuir. Étonnamment, l'espoir revenait comme le soleil qui brillait à nouveau.

Avec nous, il y avait Jonathann que nous prenions, Jean-Pierre et moi, par l'épaule ; Stéphanie et

Grégory étaient dans un autre groupe un peu plus loin vers le terrain de football, avec Lydia, Carlos et des cousins qui les accompagnaient. On a parcouru des kilomètres sur un immense champ avant de se rapprocher des fossés et des buissons sur le côté. Je n'imaginais pas que ce puisse être là que nous retrouverions Alexia. À cet instant, tout semblait lointain, flottant. On avançait sans trop savoir vers où. Le mouvement nous tenait debout.

Au bout de quelques heures de marche, mon téléphone s'est mis à sonner. C'était notre serveuse au bar. Elle m'annonçait que quelqu'un cherchait à me joindre, que cela concernait les recherches et que cette personne avait quelque chose d'important à me dire. Elle m'a donné son nom et son numéro de portable, que j'ai composé immédiatement. L'homme n'a pas mis longtemps à répondre. Il s'est présenté comme médium, il vivait dans le Midi, ne connaissait pas du tout notre région et m'assurait pourtant qu'il savait où était Alexia. Il m'a dit : « Je vois votre fille dans un secteur boisé, et le village à côté s'appelle Esmoulins. Je la vois dans une cabane. » Je lui ai répondu : « Mais, c'est justement où on est ! » Et il a indiqué un endroit précis, mais moi, je n'arrivais plus à réfléchir. J'ai tendu mon portable pour que quelqu'un le prenne. J'étais incapable de continuer à lui parler. Jean-Pierre me disait que c'était n'importe quoi et qu'il ne fallait pas le croire. Mais j'ai quand même voulu savoir, alors j'ai appelé les jeunes pour leur dire d'y aller, pour voir… Ils se sont précipités, ont arpenté les bois autour d'Esmoulins. Et lorsqu'ils se sont approchés du dernier bout de forêt, ils ont été arrêtés par les militaires qui gardaient une entrée. Ces derniers leur ont expliqué : « Il y a une battue en cours, la zone est interdite. » Les jeunes ont bien essayé de leur expliquer qu'ils étaient justement en train d'y participer et qu'ils faisaient partie de la famille d'Alexia, mais les gendarmes n'ont rien voulu entendre et leur ont dit de circuler.

À peu près au même moment, alors que nous continuions à marcher, nous avons entendu une voix puissante qui hurlait tout autour : « On arrête ! » Nous n'en étions pas vraiment surpris, nous arrivions au bout du champ, presque sur la route de Dijon, et nous allions rebrousser chemin. Nous nous sommes simplement dit qu'ils arrêtaient de bonne heure. Mais très vite, nous avons appris qu'un corps venait d'être retrouvé. Je pense que ce sont les journalistes autour de nous qui ont eu l'information les premiers. Lorsqu'ils me l'ont annoncée, je me suis sentie vidée. Je n'avais pas de mots. L'histoire du rôdeur se confirmait… Et évidemment, on s'attendait au pire. Cela aurait été un énorme hasard de retrouver un autre corps que celui d'Alexia.

À 19 heures, nous sommes convoqués à la gendarmerie où le procureur nous confirme qu'un corps a bien été retrouvé, mais qu'à ce stade il est impossible de dire s'il s'agit d'un homme ou d'une femme car il est dégradé. Face à notre incompréhension, il finit par nous préciser qu'il a été brûlé. L'horreur absolue. Et le supplice ne fait que commencer, car il faut attendre le résultat des analyses ADN pour savoir à qui appartient ce corps. Nous apprenons seulement le lendemain à la même heure qu'il s'agissait bien d'Alexia. Nous sommes tous les trois, Jean-Pierre, Jonathann et moi, assis côte à côte dans cette petite pièce de la gendarmerie dans laquelle le procureur entre, le visage fermé, pour nous dire que le corps retrouvé la veille est bien celui de notre fille. L'annonce tient en quelques mots. Jean-Pierre est à côté de moi. Il enlace Jonathann en pleurs, et moi je me sens disparaître. Si j'avais été debout, je me serais effondrée. Je n'ai pas hurlé, je me suis contenue, mais si j'avais pu, je l'aurais fait. Je savais que je ne reverrais jamais Alexia.

À ce moment-là, je suis dans mon monde, inaccessible… Tout s'éteint.

Avant de nous laisser repartir, le procureur, Emmanuel Dupic, nous demande de faire deux choses : fermer le bar au moins une quinzaine de jours et prendre un avocat. Comme je commence à dire que je ne comprends pas pourquoi il faut prendre un avocat, il me reprend tout de suite pour me dire que c'est important et qu'il faut se décider vite, quarante-huit heures au maximum ! Il nous annonce également qu'il va falloir procéder à une autopsie du corps d'Alexia. Cette annonce est une autre douleur qui me frappe le ventre. Notre fille va être une nouvelle fois malmenée. Quand nous quittons le procureur, il nous dit de garder le silence et de ne surtout rien dire aux médias. Mais à la sortie de la gendarmerie, nous nous retrouvons face à une nuée de journalistes et de flashs qui crépitent.

Ils nous ont suivis jusqu'au bar où nous avions donné rendez-vous à tout le monde. Des gendarmes nous ont accompagnés. En arrivant, ils ont fait vider l'intérieur de la brasserie pour n'y laisser que les proches des deux familles. Puis ils nous ont escortés tous les trois pour nous faire entrer. Les mines sont graves, la télévision tourne en silence, et j'annonce timidement à l'assistance : « Nous avons quelque chose à vous dire. » Mais face à nous, chaque personne sait déjà que le corps retrouvé la veille est bien celui d'Alexia. Toutes les chaînes d'information venaient d'annoncer la nouvelle. Je me souviens du visage des gendarmes déconfits de ne pas avoir pu garder le secret. À partir de là, les journalistes nous devanceront tout le temps.

*

JEAN-PIERRE — Comment allions-nous vivre désormais ? Nous savons alors que nous ne verrons plus jamais Alexia, mais nous n'avons aucune idée de ce qui lui est arrivé. Aucune. Nous savons simplement que des élèves gendarmes l'ont retrouvée à quelques dizaines de mètres de l'entrée du bois d'Esmoulins, le corps enveloppé dans un drap et dissimulé sous des branchages. Nous venons également d'apprendre qu'elle a été incendiée. C'est pour nous le plus insupportable. Les images qui m'assaillent sont impossibles à regarder, mais elles s'imposent à moi, comme une torture supplémentaire que l'on m'infligerait. Qui a bien pu commettre une telle horreur ? Je me dis que si son meurtrier a voulu la brûler, c'est pour faire disparaître ses traces. Comme un voleur de voiture le fait quand il décide de la carboniser après l'avoir utilisée. Impossible ensuite de remonter jusqu'au propriétaire, et encore moins jusqu'à lui. L'idée m'effleure à ce moment-là l'esprit que le meurtrier peut être quelqu'un que l'on connaît. Je me dis au fond de moi que si ça avait été un rôdeur, il n'aurait pas pris la peine de faire tout cela. Il l'aurait attaquée, violée, tuée et il l'aurait abandonnée sur un chemin, comme on le voit malheureusement trop souvent. Cette mise en scène m'intrigue, sans que j'imagine pour autant que ce puisse être quelqu'un de proche et encore moins de la famille. Je pense plutôt à un client jaloux, un amoureux éconduit ou pourquoi pas un voisin. Tout tourne dans ma tête, car je ne suis pas en mesure de construire une histoire avec les rares éléments dont nous disposons.

À partir de ce jour-là, notre maison devient notre refuge et le camp de base des deux familles, et de nos amis. Tout le monde passe nous voir pour être à nos côtés, nous soutenir, mais aussi pour nous aider à toutes les tâches que nécessite le quotidien, et que nous nous sentons incapables d'affronter. Il y a aussi tellement de choses à gérer, d'événements qui vont se présenter et que nous ne pourrons pas éviter. Alors chaque beau-frère, belle-sœur, cousin, cousine prend en charge quelque chose – les courses, la cuisine, le nettoyage, etc., pour nous en retirer le poids. Nos voisins turcs nous apportent des plats magnifiques de couscous pour trente personnes pour nous témoigner leur amitié, et nous montrer qu'ils partagent notre peine. C'est leur tradition, et ce geste nous bouleverse. Nous sommes, Isabelle, Jonathann et moi, incapables de faire quoi que soit, écrasés pas la douleur, emportés par notre peine et par ce flot de personnes, de mouvement et de bruit qui nous entoure. Nous nous laissons guider, bringuebaler, on nous aurait posés à un endroit de la pièce comme un objet, nous ne nous en serions pas rendu compte. Nous sommes tous les trois ensemble, ne formant bientôt plus qu'un corps, qu'une douleur et qu'une victime. Nous parlons ensemble, nous nous taisons ensemble, nous pleurons ensemble. Nous avons besoin de nous sentir, de nous toucher, nous vivons le même drame et personne d'autre ne peut comprendre ce que nous ressentons. Stéphanie aussi est accablée de chagrin, on vient de lui arracher sa sœur qu'elle adorait, mais elle a Grégory qui l'aime et la seconde à chaque instant, et puis James qui lui impose de vivre, de se lever, d'être sa maman.

Je ne sais plus si c'est le jour de l'annonce de la découverte du corps d'Alexia ou le lendemain, mais Jonathann a trouvé la force de parler. L'annonce du procureur était dans toutes les têtes, et beaucoup dans le groupe commençaient à émettre des hypothèses et cherchaient à comprendre qui pouvait bien être le meurtrier. Bien sûr, par respect, aucune question ne s'adressait à nous ou à Jonathann, personne ne nous demandait de participer à la discussion, mais lui a malgré tout pris la parole pour rappeler qu'Alexia avait été harcelée par leur voisin quelques mois plus tôt, pendant l'été. Cela avait commencé lorsqu'elle avait accepté de le conduire en voiture à Besançon. Pendant le trajet, il n'avait pas arrêté de lui faire des avances un peu lourdes. Puis il avait continué au téléphone. Il l'appelait en permanence et lui envoyait des messages ambigus en quantité astronomique. Un véritable harcèlement téléphonique qui les avait inquiétés au point qu'Alexia nous en avait parlé quelques semaines plus tard. Elle s'en méfiait d'autant plus qu'ils avaient appris que le jeune homme avait connu quelques problèmes du même genre avec d'autres filles, et Jonathann nous a même précisé ce soir-là qu'il l'avait vu rôder plusieurs fois le soir autour de la maison. Cette histoire avait retenu l'attention de tous. Grégory considérait même que c'était la piste principale et qu'elle ne devait pas être négligée. Il voulait en parler aux gendarmes, et je crois bien qu'il l'a fait. Il apprendrait plus tard que, du fait de son passé, ce garçon avait été entre-temps interdit de séjour à Gray, ce qui à coup sûr le disculpait. Mais pendant quelques jours au moins, il était devenu le suspect n° 1 au sein de notre famille.

Le lendemain, nous nous sommes mis en quête d'un avocat comme nous le demandait le procureur. Mais, nous n'avions aucune idée de celui que nous devions prendre, nous n'en connaissions aucun. Jamais de ma vie, je n'avais eu affaire à la justice. Je me disais qu'on n'était pas à la hauteur. Alors, on a demandé conseil à deux ou trois personnes, et je crois que c'est Grégory qui a rapidement eu une petite liste de noms recommandés. Nous avons choisi la proximité. Des avocats d'assises à Gray, il n'y en avait pas… Alors, on a pris un peu plus loin, à une heure de route, à Vesoul. Il s'appelait Me Florand et avait acquis sa réputation dans les années 2000 en rendant la liberté à Patrick Dills, condamné à tort pour le meurtre de deux garçons à Montigny-lès-Metz en 1989. Ce qu'on nous en avait dit nous avait séduits, je me disais au moins qu'il ne défendait pas des criminels. Nous avons donc pris rendez-vous, et nous sommes partis tous les cinq en voiture, Isabelle, Stéphanie, Grégory, Jonathann et moi. Nous étions bien habillés, et je m'attendais à arriver dans un immeuble cossu, mais c'est à une simple maison de ville que nous avons sonné. La porte s'est ouverte, et l'homme qui nous a fait signe d'entrer avait une apparence incroyable. Il était chauve d'un côté de la tête et chevelu de l'autre, et, inversement, il conservait une barbe assez longue du côté où il n'avait pas de cheveux et était rasé de près de l'autre. On aurait dit le « Joker ». Sa tenue était très colorée et lorsque je l'ai vu, j'ai eu un mouvement de recul. Je me suis dit que nous nous étions trompés d'adresse. Il était très loin de l'image que je me faisais d'un avocat. Le jeune homme s'est présenté comme l'assistant de Me Florand et nous a fait signe de le suivre vers son bureau. J'avais l'impression d'avancer dans une demeure du siècle dernier, des cadres anciens étaient accrochés aux murs, le canapé dans la pièce était effondré, le bureau bringuebalant, et il y avait des piles de dossiers roses posées partout sur le sol. L'avocat s'est levé pour nous accueillir. Il n'était pas très grand, légèrement dégarni et avais un petit bouc roux qui le rendait sympathique. Il portait un costume sombre légèrement trop grand et tombant sur les épaules, avec une cravate rouge au nœud très large. Derrière son bureau, il nous regardait en joignant ses mains du bout de chacun de ses doigts pour former un triangle : il appuyait sur les extrémités pour rapprocher ses paumes puis les éloigner, ce qui lui donnait un air sérieux, concentré. Il pouvait faire penser à un ministre de la IIIe République. Mais au-delà de cette image sérieuse, protocolaire, il était avenant, bien élevé, en un quart d'heure il nous a mis à l'aise. Il est allé chercher le nombre de chaises suffisantes, a eu quelques mots de compassion et très vite, il a voulu nous rassurer. Il nous a dit : « Une affaire comme ça, dans un mois elle est bouclée. On aura le coupable, ça ne peut pas être autrement. »

Et il a ajouté : « Il n'y a qu'une chose qui peut tout bloquer, c'est que l'assassin se suicide, et qu'on ne sache pas que c'est lui. » Je n'ai pas gardé le souvenir de tout, mais cette phrase, je m'en souviendrai toujours… On sentait qu'il connaissait son métier, et qu'il n'avait plus grand-chose à prouver. Notre drame ne ferait pas sa carrière, elle était faite depuis longtemps. Nous nous sommes présentés, et immédiatement il nous a expliqué que déontologiquement il ne pouvait pas défendre le mari d'Alexia en même temps que ses parents. Au cours de la procédure, les intérêts pouvaient évoluer. Il pensait à la succession, à la maison, à l'argent… Il s'est ensuite adressé à Jonathann pour s'assurer qu'il comprenait bien son point de vue, et lui a demandé au cours de la discussion : « Vous n'avez rien à vous reprocher ? » Et notre gendre, sans être déstabilisé le moins du monde, lui a répondu que non. L'avocat a donc poursuivi : « Il n'y a donc pas de problème, j'ai des confrères, je peux vous trouver quelqu'un tout de suite. » Ce serait donc Randall Schwerdorffer l'avocat de Jonathann. Le plus incroyable est que nous allions accompagner le tueur de notre fille à ses premiers rendez-vous chez lui.

La première fois, nous étions tous les deux avec Isabelle. Le lieu n'avait rien à voir, l'immeuble était ultramoderne, la salle d'attente immense et son large bureau très soigné séparé par de grandes parois de verre. On sentait vraiment qu'on était chez le jeune avocat qui réussit. C'est lui qui est venu nous chercher, il était impressionnant. Cheveux longs, bruns, le regard sombre et un physique de rugbyman. Il devait faire pas loin de deux mètres et avait des faux airs de Gérard Depardieu. Il aurait pu être comédien. Et tout de suite, alors qu'il n'était pas parti pour défendre un criminel mais le mari de la victime, il s'est montré très sûr de lui et très rentre-dedans. Il a dit plusieurs fois à Jonathann qu'il n'était pas là pour faire des sentiments, mais pour le défendre. Jonathann n'a pas dit grand-chose, nous non plus, et nous sommes repartis en nous disant qu'il avait l'air bien, qu'il était rassurant. Nous ne pensions pas que nous l'aurions un jour bataillant face à nous.

Nous venions de verser un acompte de douze mille euros à Me Florand. C'était une somme énorme, d'autant que le bar allait être fermé pendant au moins deux semaines. Et lorsque les gendarmes nous ont convoqués pour notre première audition par la cellule d'enquête de Gray, ils nous ont conseillé de venir avec notre avocat. Isabelle l'a appelé pour l'informer du rendez-vous. Elle a eu beaucoup de mal à le joindre. Et lorsqu'elle a réussi, elle lui a dit que nous étions convoqués tel jour à telle heure, et qu'elle souhaitait qu'il nous accompagne. Il lui a répondu sans réfléchir : « Vous n'avez pas besoin de moi ! Nous sommes partie civile, ça ne sert à rien que je sois là ! » Pas une seconde, il ne s'est demandé ce que cela représentait pour nous d'être entendus par des gendarmes alors que nous venions de retrouver quelques jours plus tôt le corps de notre fille dans un sous-bois. Il n'a pas eu un mot. Il a simplement raccroché. Et nous sommes donc allés à tour de rôle, Isabelle puis moi, chez les gendarmes sans être accompagnés. Sans être soutenus. Nous en aurions pourtant eu besoin. Les gendarmes étaient impressionnés de nous voir devant eux seuls, et nous ont fait comprendre sans nous le dire que nous devrions changer de conseil. Cette première déception donnait le ton de ce que serait la relation avec notre avocat. Décevante. Mais nous avions payé d'avance, et il était désormais impossible pour nous de reculer.

*

ISABELLE — À côté du drame intime, familial, que nous devions affronter, et le cortège d'obligations qui se succédaient, il y a eu aussi la pression de l'extérieur, des médias, des autorités locales et de la population, à laquelle il a fallu répondre. Depuis le jour de la découverte du corps d'Alexia, la ville était envahie de journalistes et de curieux, les hôtels affichaient tous complet, et il était important pour la mairie de ne pas se laisser déborder. Qu'il n'y ait pas trop de monde, trop longtemps. Le maire et le directeur général de la ville ont cherché le moyen d'apaiser les esprits et de marquer la fin de quelque chose pour libérer un peu les lieux. Ils souhaitaient aussi trouver le meilleur moyen pour rendre hommage à Alexia. Nous le voulions aussi. Ils sont donc très vite passés nous voir à la maison. On a pris un verre ensemble et ils nous ont demandé ce que l'on voulait faire. J'ai répondu : « Une marche blanche ! » Je le voulais pour Alexia. Ce que l'on vivait depuis trois jours était tellement irréel. On n'arrivait pas à réaliser ce qui nous arrivait, qu'elle était partie et que c'était fini. On était toujours en mouvement, on parlait tout le temps d'elle. J'avais l'impression qu'elle existait encore. Cette marche blanche serait pour Alexia, mais je savais qu'elle nous aiderait aussi à tenir debout. J'avais un peu peur que ce soit trop, et je ne me voyais pas organiser cela toute seule. Heureusement ils nous ont tout de suite dit : « On s'occupe de tout. Vous ne faites rien. » Jonathann a assisté avec nous aux discussions et à la préparation de la manifestation organisée pour sa femme, mais n'y a pas vraiment participé. Comme souvent, il s'est contenté d'acquiescer. Ses larmes l'excusaient.

Les organisateurs seraient la mairie, la gendarmerie et la préfecture. Mais, il fallait aussi annoncer l'événement et le maire m'a demandé si je me sentais capable de le faire lors d'une conférence de presse organisée à l'hôtel de ville. J'ai accepté naturellement, sans être vraiment certaine de pouvoir y arriver. Ensemble, nous avons pensé au texte de mon allocution. Je l'ai repris une fois qu'ils ont été partis.

Je me revois ce jour-là, marcher dans le long couloir de la mairie jusqu'à la salle du conseil transformée pour l'occasion en salle de presse. Il y a à mes côtés, Jean-Pierre et Jonathann, et derrière Stéphanie et Grégory. La plupart des membres du conseil municipal qui siègent avec moi sont là, ceux du personnel administratif aussi. Ils sont tous venus nous soutenir. Il y a du monde partout. Lorsque l'on ouvre la porte de la salle, Jonathann entre le premier, tête baissée, les yeux déjà rougis par les larmes, Jean-Pierre le suit, puis je découvre devant nous tous ces journalistes. Ils doivent être plus d'une centaine, les perches des micros tendues vers nous, les dizaines de caméras fixant nos visages, et les gendarmes qui tout autour assurent notre protection. Je les sens plus que je ne les vois. Mon regard est perdu dans le vague, j'aperçois des morceaux d'images, le parquet ciré, les baskets des journalistes, la chevelure noire de Jonathann, les yeux tristes de mon mari et puis le sous-main vert posé sur cette table immense sur laquelle m'attendent une dizaine de micros, RTL, France Info, Europe 1, France Bleu… C'est à eux que je vais m'adresser. Cinq chaises sont disposées juste derrière. Nous nous installons doucement. Jonathann est à ma droite et Stéphanie à ma gauche. Je déplie la feuille blanche sur laquelle j'ai griffonné quelques lignes pour ne rien oublier. Je redoute le moment où je devrai prononcer le nom d'Alexia. Je suis sûre que je n'y arriverai pas. Mes mains sont moites, mais mon corps est glacé. Je grelotte à l'intérieur. Je prends une large inspiration pour me donner du courage, et je me lance avec une voix molle et hésitante : « Nous avons été particulièrement touchés par l'élan de solidarité et les nombreux témoignages de sympathie que nos familles respectives ont reçus… »

Sans que je voie Jonathann, j'entends ses sanglots continus à côté de moi. Il ne peut pas se contenir. Il semble se vider de larmes. J'entends aussi ces bruits que produit le corps, dans la gorge, le nez et la bouche, lorsqu'on ne peut se retenir de pleurer. Ils accompagnent mes mots, ils les scandent. Je lutte pour ne pas m'effondrer avec lui. J'articule chaque son, lentement, la bouche grande ouverte, pour mieux maîtriser mes émotions et ravaler mes larmes. Je m'approche du moment que je redoute : « Nous avons décidé… de rendre hommage… à… A L E X I A… par l'organisation d'une marche blanche qui aura lieu ce dimanche 5 novembre dans la dignité et le respect. »

Je n'ai pas craqué, et je suis soulagée. Je n'ai pas conscience à cet instant-là que l'affaire vient de prendre une ampleur nationale, moins par mes mots que par les larmes de Jonathann. C'est la première fois que les médias et les Français le découvraient vraiment. Nous ne mesurions pas l'impact de l'image de ce jeune homme effondré de douleur. Il venait de bouleverser les téléspectateurs autant qu'il nous touchait nous. Il donnait cette impression de ne pas pouvoir se relever de la mort de sa femme. Nous en étions d'autant plus impressionnés que nous savions qu'il était bourré depuis trois jours d'anxiolytiques et d'antidépresseurs. La veille, il avait failli tomber dans notre escalier tant il était « shooté » et ne se contrôlait plus. Et malgré cela, il ne parvenait pas à faire face. En nous relevant pour quitter la pièce, nous avons tous eu un geste pour lui, une main posée sur son épaule pour lui dire qu'on l'aimait. Il devenait le visage de notre tragédie. La figure du « mari éploré » que tous les médias reprendraient en boucle dès qu'ils devraient le qualifier.

La première semaine, Jonathann est venu tous les jours à la maison, il y a passé chaque journée, est resté chaque soir avec nous pour le dîner mais pas pour dormir. Il nous disait qu'il préférait passer ses nuits chez eux dans leur lit parce que, comme cela, il avait l'impression de les passer « dans les bras d'Alexia ». Il n'a, au cours des cinq premiers jours, passé qu'une nuit chez nous : il avait, a-t-il précisé, envie de dormir dans le lit d'Alexia, ce lit dans lequel ils avaient dormi ensemble pendant un an.

Dans leur maison, il y avait aussi Cédric, qui restait coucher, certainement pour être aux côtés de son frère et ne pas prendre le risque de le laisser seul. C'est en tout cas comme cela que nous l'avons interprété. Nous ne savions pas que ces soirées qu'ils passaient ensemble permettaient aussi à Jonathann de s'échapper. C'est ainsi que la veille de la marche blanche, il est parti à Dijon avec la Porsche de Jean-Pierre, accompagné du mari de sa sœur, pour aller voir le film *Thor* au cinéma. Il ne nous en a jamais rien dit, ce sont les caméras de surveillance qui bien plus tard nous apprendront qu'il s'était offert cette escapade après avoir pleuré quelques jours plus tôt devant les caméras. On le voit prendre tranquillement sa place de cinéma, avant d'aller chercher quelque chose à manger. Sur ces images à la qualité dégradée, il ne donne pas l'impression d'être mal. Il ne pleure plus. Il lui a certainement fallu une certaine dose d'inconscience ou de confiance en lui pour affronter la foule, alors que son visage était désormais à la une de tous les magazines.

Le « mari éploré » n'aurait jamais fait cela. Le meurtrier de notre fille, si.

Le 5 novembre – le hasard avait voulu que ce soit le jour de mon anniversaire, de mes cinquante-huit ans –, nous nous sommes retrouvés sur les bords de la Saône, à quelques dizaines de mètres du bar où des centaines de fleurs avaient été déposées devant la vitrine, avec des petits mots écrits pour Alexia. Progressivement, les personnes se sont massées autour de nous avant que ne commence la marche. Elles avaient toutes une rose rouge ou blanche à la main, qu'elles garderaient tout le long du parcours. Gray compte cinq mille habitants, nous étions plus de neuf mille ! Les gens arrivaient de Dijon, de Besançon, de Vesoul et de toutes les petites villes alentour pour rendre hommage à notre fille. Une telle mobilisation me serrait le cœur. Elle m'a portée, aussi. C'était impressionnant. Le parcours comptait deux kilomètres, partait du bar, traversait le pont qui lui fait face, longeait le quai vers la gauche pour rejoindre le pont suivant et revenir vers le centre-ville. Nous nous sommes mis en route.

Nous étions en tête de cortège. Jonathann portait une marinière, un caban bleu marine, et était, comme à son habitude, parfaitement coiffé. Il tenait, comme nous, deux roses à la main, une blanche et une rouge. Jean-Pierre, qui ne parlait pas, le tenait par la taille, et moi de l'autre côté par le bras. Il a paru quelques instants moins abattu. Il y avait tellement de monde que lorsque nous avons traversé pour la seconde fois la Saône, nous avons aperçu la fin du cortège qui, devant notre terrasse, n'avait pas encore commencé à avancer. Nous nous sommes ensuite dirigés vers la grande halle de Gray où une tribune avait été aménagée. Il y avait, posée devant nous, une immense photo d'Alexia nous souriant. Elle était magnifique. À côté d'elle, il y avait quelques marches métalliques, que nous avons montées quatre à quatre. Nous étions là, tous les cinq, face aux habitants de Gray. Ils étaient venus partager notre drame, et nous voulions les en remercier. Chacun de nous avait préparé un texte, que le directeur général de la mairie avait relu pour nous aider si besoin à l'écrire. Il pensait à juste titre qu'il n'était peut-être pas facile, dans l'état qui était le nôtre, d'exprimer ce que nous ressentions.

Chacun bien sûr se souvient du discours de Jonathann et de son comportement. Dès que nous sommes montés sur l'estrade, il s'est effondré, comme s'il ne pouvait affronter ce public qui lui faisait face. Comme s'il redoutait peut-être qu'une seule de ces centaines de personnes puisse se dire que c'était lui. Évidemment nous n'en avions pas la moindre idée à ce moment-là. Nous étions tout occupés à le tenir debout et à nous assurer qu'il n'allait pas s'évanouir avant de prendre la parole. Nous ne regardions plus rien d'autre que lui. De nouveau, il était effondré et tout son corps tremblait comme une feuille. Il me faisait une peine folle. Et puis, comme il était incapable de s'avancer de lui-même vers le micro, Jean-Pierre l'a gentiment poussé pour qu'il s'en approche enfin et qu'il tente de lire son discours. C'était une épreuve pour lui, mais aussi pour nous, qui l'entourions au plus près tout au long de son discours qui nous a semblé sans fin. Il a notamment dit ceci : « Alexia aimait nager et courir, passions qui nous réunissaient, tant dans l'effort que dans l'épanouissement de notre couple. Elle était ma première supportrice, mon oxygène… »

Je sais ce que l'on a dit de ces mots et de son attitude après que tout le monde a su la vérité. Ce n'était pas difficile de les interpréter. Et certainement jouissif pour les observateurs de les disséquer. Sa femme, qu'il venait d'étrangler, d'asphyxier, était son « oxygène » ! Et ses gestes, qui dissimulaient sa bouche, signifiaient bien qu'il ne disait pas toute la vérité, qu'il en occultait une partie. Son corps contredisait ses dires et le trahissait. Mais aucun de ces psychologues autoproclamés n'a su le voir à l'époque où l'on cherchait le meurtrier. D'autres ont été choqués de ne pas l'entendre parler plus d'Alexia, y voyant là un manque d'affect et d'amour évident. Sans doute, mais lorsque nous l'avons vu souffrir pour faire sortir ses mots de sa bouche, nous l'avons porté, écouté, et rien de ce qu'il a dit alors ne nous a alertés, et encore moins scandalisés. Une nouvelle fois, sa douleur primait sur la nôtre, nous ne pensions qu'à lui. Je crois que dans l'auditoire la grande majorité des participants a été comme nous, émue et touchée de voir ce jeune homme écrasé par la douleur. Comment savoir que ces larmes étaient un masque, et ce qui le dissimulait ?

*

JEAN-PIERRE — Le lendemain ou le surlendemain, la gendarmerie nous a appelés pour nous informer que le corps d'Alexia allait être rapatrié de Besançon dans la journée, pour être déposé au funérarium de Gray. L'autopsie était terminée. Les résultats ne nous ont pas été communiqués immédiatement, certainement pour nous préserver. Nous avions le temps pour connaître les détails de l'horreur qu'elle avait subie. Pour l'heure, il fallait affronter la terrible réalité. Nous allions y être confrontés pour la première fois. Savoir qu'elle était là, couchée sur une table funéraire en inox le temps que l'on organise la suite. Nous y sommes allés tous ensemble avec Isabelle, Stéphanie, Grégory et Jonathann. Il y avait également Maud, une gendarme qui juste après l'annonce de la mort d'Alexia nous a été allouée pour assurer notre sécurité. Elle nous a suivis partout pendant toutes ces semaines qui ont été les plus éprouvantes de notre vie. Elle était adorable, sensible, toujours avec le mot juste et le geste qu'il fallait. Nous étions accablés, c'était dans ce même lieu de mort qu'Isabelle et moi avions mis nos parents respectifs avant qu'ils ne soient enterrés dans le cimetière à côté.

Nous avons été reçus par la personne qui dirigeait l'établissement. Nous devions signer les papiers et préparer l'enterrement de notre fille. Nous n'avions jamais imaginé devoir faire cela pour l'une de nos filles, a fortiori dans ces conditions. C'était tellement anormal. Jonathann a tout choisi avec nous. Nous n'avions pas de caveau familial, alors nous avons choisi un emplacement juste à côté de mes parents, pour quatre personnes : Alexia, Jonathann, Isabelle et moi. Ensuite, nous avons dû faire le choix du cercueil, de la couleur du bois et du revêtement à l'intérieur. C'est inimaginable, mais c'est Jonathann qui a souhaité que le tissu sur lequel Alexia serait déposée soit violet. Il nous a rappelé que c'était sa couleur préférée. Dans quel état était-il pour oser nous dire cela ? Quelles étaient ses pensées ? Qu'imaginait-il ? Nous ne le saurons évidemment jamais. Mais il faut bien reconnaître qu'il est allé loin, très loin…

Puis la responsable du funérarium nous a proposé de voir notre fille une dernière fois. Tous les cinq, nous en avons discuté afin de savoir ce qu'il convenait de faire. Nous redoutions tous de la voir alors que nous savions qu'elle avait été brûlée, et nous ne voulions pas garder en mémoire une mauvaise image d'elle. Me venait en tête celle d'Alain, le cousin d'Isabelle. Il était agriculteur et travaillait de nuit sur une moissonneuse. Un soir, il est tombé en panne, est descendu pour la réparer et a été happé. La moissonneuse s'est remise en route. Il n'a pas été déchiqueté, mais s'est retrouvé coincé sous la machine et est mort étouffé. Son visage était gonflé et déformé. Aujourd'hui, quand je pense à lui, je ne vois que cette image. Je ne me souviens plus de son vrai visage, je l'ai oublié. Je ne voulais pas que ce soit la même chose pour ma fille. Je voulais pouvoir penser à elle et la conserver belle en mémoire. En même temps, nous étions tous déchirés à l'idée de ne pas lui dire au revoir. Alors, face à nos hésitations, Maud s'est proposée d'y aller à notre place pour nous dire ce qu'elle en pensait et si Alexia était, pour nous, « regardable » ou non. Nous avons accepté. Quelques minutes plus tard, elle est revenue et nous a dit : « Je n'ai pas de conseil à vous donner, mais, à votre place, je n'irais pas. Restez avec l'image que vous avez d'elle… » Et nous n'y sommes pas allés. C'était notre bébé et nous n'avons pas pu lui dire au revoir, la prendre dans nos bras et l'embrasser une dernière fois. Pendant cinq jours, nous avons passé nos après-midi à côté d'elle. Nous avions ouvert un livre de condoléances pour que les habitants de la ville et les amis d'Alexia puissent laisser un message et se recueillir quelques instants. Nous tenions aussi à être là pour toutes ces personnes qui se déplaçaient pour elle. Jonathann, lui, n'est venu que très rarement.

Pour nous, c'est comme si les obsèques avaient duré une semaine. C'est long. C'était un calvaire, car nous connaissions tout le monde. Ses amis, ses premiers instituteurs, ses professeurs du lycée, son prof de sport, ses copains de maternelle... Des gens que nous n'avions, pour certains, pas revus depuis des années. Et chaque fois, c'était un souvenir qui nous revenait comme une claque que l'on prenait dans le visage. C'était toute la vie d'Alexia qui défilait sous nos yeux.

Et nous savons aujourd'hui que ce sera ainsi jusqu'à la fin de notre vie. Chaque fois que l'on va quelque part, que l'on voit quelque chose, on retrouve notre fille. Elle est là. L'année suivante, nous sommes retournés à Saint-Raphaël, où nous passions nos vacances lorsque les filles étaient enfants. Nous souhaitions nous changer les idées, mais il n'y avait pas un endroit qui ne nous rappelait pas Alexia. Ici, nous lui avions acheté un maillot de bain, là, nous nous étions baignés, nous avions mangé une glace ou regardé le feu d'artifice... C'est pour cette raison que lors de notre voyage suivant, nous avons voulu partir loin, aux États-Unis, où nous n'avions aucun repère, aucun souvenir. Certes, en entrant dans l'avion, le steward nous a reconnus, comme trois autres personnes dans le salon de l'aéroport. Mais une fois que nous sommes arrivés, nous avons enfin pu être quelqu'un d'autre dix jours durant. Ce qui n'a pas empêché quelques coups de cafard, parce que, à l'inverse, Alexia n'était pas avec nous et que nous aurions aimé partager avec elle ce que nous vivions. On ne sait jamais quel est le facteur déclencheur, qui fait que l'on s'effondre en cinq minutes ! Un regard, une pensée, une silhouette, on ne le sait jamais. Heureusement, avec Isabelle, nous craquons rarement au même moment, ce qui nous permet de nous réconforter. C'est une micro-satisfaction, mais face à une telle horreur, tout compte.

Une fois, en fin de journée, alors que nous venions de rentrer du funérarium, Jonathann nous a fait une demande étrange. Il nous disait que depuis qu'Alexia n'était plus à la maison, sa chatte Happy était complètement désorientée, elle miaulait tout le temps et ne savait pas où aller. Manifestement, elle cherchait sa maîtresse, et lui n'arrivait pas à la calmer. Il m'a demandé, comme si rien n'était surprenant dans sa question : « Est-ce que vous pensez, Jean-Pierre, qu'il serait possible d'emmener la chatte sur le cercueil d'Alexia pour qu'elle puisse la sentir ? Je pense que ça lui ferait du bien, que ça la calmerait. » Nous avions les clés et nous pouvions nous y rendre à n'importe quel moment. Alors, on a attendu 19 heures que tout le monde soit parti et j'ai emmené Jonathann dans ma voiture. Nous sommes passés prendre la chatte, avant de descendre vers le cimetière. Je ne voulais pas aller à l'encontre de ce qu'il souhaitait… Nous sommes sortis de la voiture, il tenait la cage dans laquelle l'animal avait du mal à garder son calme. Puis nous sommes entrés dans ce local noir pour nous diriger vers la chambre funéraire. Nous avons allumé les néons, et il a libéré la chatte pour la poser sur la plaque en laiton sur laquelle était gravé le nom d'Alexia, et les deux dates qui rappelaient qu'elle n'avait que 29 ans. Je me suis retiré, et lui est resté là un bon quart d'heure, parlant, et caressant la chatte.

Le lendemain, il m'a remercié et m'a dit que Happy était calmée, qu'elle était redevenue comme avant. Quand on pense qu'il a tué notre fille devant Happy… Le lendemain, nous enterrions Alexia. Jonathann m'avait demandé si cela me gênait qu'il porte pour la cérémonie le costume de son mariage. Il m'a expliqué qu'il voulait ainsi lui rendre hommage et lui dire au revoir. Cela m'avait ému, et je n'avais aucune raison de le lui refuser. Là encore, l'image serait abondamment discutée ensuite. Il ne pouvait pas être plus endimanché, et peut-être aussi, avec le recul, plus à côté de l'événement. Une fois que l'on sait, il y a évidemment quelque chose qui ne colle pas dans ce choix, dans son comportement. Il n'enterre pas sa femme. Il fait comme les vrais criminels, il construit sa légende.

La perspective de cette journée, de l'ultime séparation d'avec Alexia, était pour tout le monde insupportable, et certainement en premier lieu pour Isabelle, qui, écrasée de chagrin, semblait ne pas être là. Elle était incapable de se projeter, et refusait notamment de prendre la parole à l'église. Elle était là, debout, et c'était déjà énorme. Je ne suis pas certain qu'elle se soit rendu compte de cette présence autour de nous, de tout cet amour. Il y avait un monde fou. À l'intérieur, où toutes les travées étaient occupées, comme à l'extérieur, où tous ceux qui ne pouvaient pas entrer se pressaient. Il devait y avoir une centaine de personnes, peut-être plus, pour assister à la messe et voir le cercueil de notre fille entrer dans la nef. Avec Isabelle, qui s'agrippait à ma main, nous le suivions lentement terrassés par la douleur. Il y avait, juste derrière nous, Stéphanie et Grégory, le visage fermé par l'émotion, et, à nos côtés, Jonathann en habit de marié qui accompagnait, effondré, celle qu'il nous disait aimer. Dans ce silence impressionnant, on entendait les bruissements des vêtements de toutes ces personnes qui nous entouraient, les sons mêlés de leurs souliers et des prie-Dieu que l'on bouscule ; on percevait aussi le bruit des larmes. Sans les voir, on pouvait sentir tous ces gens nous regarder et suivre incrédules le cercueil de bois blond nous devancer. À l'intérieur, il y avait Alexia. C'est inconcevable… Comment supporter une telle image ? Face à une telle horreur, il n'y a pas de mots.

À l'image d'Isabelle, personne, au sein de notre famille, ne se sentait capable d'affronter cette violence et d'envelopper Alexia de nos sentiments pour ne pas être muet. Pour dire à Alexia qu'on l'aimait, et qu'on l'aimerait toujours. Alors, je me suis dévoué parce qu'il fallait bien dire quelque chose au nom de la famille, à côté de ses amis et des religieux qui naturellement s'exprimeraient à leur tour. C'est étrange, mais j'aime m'adresser aux personnes décédées, leur rendre hommage. J'avais écrit un texte pour le papa d'Isabelle, pour mon frère, Alain, et un autre pour mes parents. Chaque fois, les gens sont émus par les paroles que je prononce, et pourtant on ne peut pas vraiment dire que je sois doué en français. Je crois en revanche que je le suis pour les sentiments. Alors, je l'ai fait pour ma fille. J'ai cogité toute la nuit avant d'écrire les premiers mots, sans être sûr de pouvoir aller au bout. Je pense que c'était un beau texte. Puis il a fallu le prononcer, dans cette enceinte majestueuse, et devant le cercueil de ma fille. J'essayais de ne pas regarder autour de moi. Je baissais les yeux pour ne voir que mon texte et ne pas craquer. Il disait ceci :

« Alexia,

La majorité des personnes ici présentes doit se dire : “Quel courage, ce papa, de prendre la parole dans un moment aussi difficile.” Eh bien non, ce n'est pas du courage. C'est de l'amour. C'est l'amour que je porte à Alexia et à son époux, Jonathann. C'est l'amour que je porte à mon épouse, Isabelle, et à ma fille, Stéphanie, ainsi qu'à son mari, Grégory, et à James, le bonheur même de la vie. C'est l'amour que je porte à ma famille, et aujourd'hui, c'est l'amour que je porte à toute une population venue rendre un dernier hommage à Alexia… »

Chaque mot prononcé, écrit en bleu sur une feuille volante que je retenais de ma main, se diluait dans mes larmes.

En quelques lignes, j'ai retracé sa vie jusqu'à sa rencontre avec Jonathann, montrant ainsi, sans le savoir, à quel point nous n'avions rien compris :

« Jeune fille, elle rencontre Jonathann. Ils font leurs études à Besançon, puis, munis tous les deux d'une bonne situation, se marient et croquent la vie à pleines dents. Jonathann devient notre gendre, et je souhaite à tous les papas et à toutes les mamans d'avoir le même que nous… »

L'aveuglement durera encore trois mois.

Trois mois avec le tueur de notre fille

Le lendemain de l'enterrement, je me réveille à 5 heures, comme chaque matin. Isabelle est à côté de moi, endormie, assommée par les antidépresseurs, le Xanax et des somnifères que lui a prescrits le médecin dès les premiers jours de la disparition d'Alexia. Elle souffre tellement. Je l'embrasse sur le front et je me lève, alors que le bar est fermé. Je me prépare malgré tout, je m'habille, je prends mon café et je pars avec la camionnette blanche dans cette nuit qui est encore bien noire.

Il fait froid. Je passe devant la boulangerie, mais je ne m'arrête pas comme je le fais chaque jour pour acheter le pain et les croissants pour le bar. Je continue à rouler. Je veux être le plus discret possible : je redoute de tomber une nouvelle fois sur un journaliste, et je sais qu'il y en a beaucoup qui ont assisté à la cérémonie et qui doivent certainement rester encore quelques jours à Gray pour continuer à raconter notre histoire. Je veux être le plus invisible, je me gare donc derrière l'établissement pour que personne ne voie que je suis là. Je passe par la porte attenante à la vitrine, qui donne accès aux deux logements à l'étage, et qui au rez-de-chaussée ouvre directement sur la salle et le comptoir. Je ne sais pas vraiment pourquoi je suis là. Je ne lève bien sûr pas le rideau, et n'ouvre pas la porte. Je n'allume pas les caisses ni la lumière, je mets simplement en marche le percolateur et je me fais couler un premier café. Je m'appuie contre le rebord en inox derrière le comptoir et je contemple lentement cette pièce vide, ces tables, ces chaises perdues dans la pénombre et j'écoute le silence. Il n'y a pas un bruit. Il n'y a que moi et ma fille, qui est venue me rejoindre dans mes pensées. Et déjà, je pleure. J'ai l'impression de pouvoir lui dire des choses, d'être avec elle. C'est un moment de recueillement personnel qui me permet d'être faible. C'est certainement pour cela que je suis venu. Je ressasse ces derniers jours si durs à supporter en cherchant une nouvelle fois à comprendre ce qui lui est arrivé. J'ai enchaîné les cafés, et ai même allumé une cigarette. Je n'ai jamais été un gros fumeur, un paquet de cigarettes peut me durer plus de dix jours. Mais depuis une semaine, ma consommation a sérieusement augmenté. Sous mes yeux, la une du jour de *L'Est républicain*, que le livreur vient de me déposer comme chaque matin, couvre une nouvelle fois le drame d'Alexia. Je lis : « AFFAIRE ALEXIA DAVAL : "toute ta famille te chérira et te pleurera à jamais" ». Cette phrase est la dernière du texte que j'ai lu la veille à l'église. Elle se terminait comme cela : « Alexia mon amour, je t'aime. » Je n'en reviens pas. Notre vie appartient désormais à tout le monde, et ce journal la feuilletonne en première page depuis des jours et des jours.

Je crois que je suis resté trois heures tout seul dans le bar. Dans le noir. Pour me changer les esprits, j'ai essayé de m'occuper. J'ai fait du nettoyage, du gros nettoyage. J'ai rangé la cave, j'ai changé des choses de place, ce que je n'avais jamais eu le temps de faire. Je me disais que c'était mieux ainsi. Je m'occupais. Ce rendez-vous allait devenir un rituel jusqu'à la réouverture. Je suis venu au bar chaque matin à la même heure pour me retrouver et avoir l'impression de faire quelque chose. Je ne supportais pas de ne pas travailler. Je crois que cela m'aurait aidé. Rapidement, j'ai mis dans la confidence mon frangin Patrick et Manu, mon meilleur ami, pour leur proposer de me rejoindre pour prendre un café ensemble et discuter. Il y avait aussi Carlos. Après mon arrivée, je laissais la porte d'entrée de l'immeuble ouverte pour qu'ils puissent entrer le plus discrètement possible. Ils venaient pour me soutenir, et attendaient toujours que je commence à parler de l'affaire pour enchaîner. Si je n'en parlais pas, ils ne disaient pas un mot. Mais j'y revenais sans cesse. Je tournais en boucle sur les scénarios qui étaient les plus probables. Il y avait d'abord celui du rôdeur qui aurait fait monter Alexia dans sa voiture pour la tuer quelques kilomètres plus loin, ou celui d'un client mécontent qui se serait vengé sur notre fille. On en parlait souvent, mais Patrick comme Manu croyaient plus au rôdeur qu'à la vengeance. Moi, je leur disais toujours que je ne supportais pas de ne pas avoir pu aider ma fille, de ne pas l'avoir sauvée. Ils me réconfortaient et nous pleurions parfois tous les trois. Ensuite, ils partaient travailler, et moi, je remontais à la maison pour retrouver Isabelle et les enfants, et affronter avec eux cette nouvelle journée comme une nouvelle épreuve. Je ne pouvais m'éterniser : je savais qu'Isabelle avait besoin de moi. Les premiers jours, et peut-être plus encore les premiers soirs, elle était écrasée de douleur. Je ne l'avais jamais vue dans un tel état. Elle pouvait à certains moments hurler de chagrin. Je me sentais totalement impuissant.

*

Isabelle — Après l'enterrement, j'étais obsédée par l'identité du coupable. Je voulais savoir qui avait tué ma fille. Pour moi, rien ne s'arrêterait tant que l'on ne saurait pas qui était le meurtrier. Cette idée me minait. Je ne supportais pas que l'on m'ait arraché Alexia. J'avais besoin d'être aidée. Mon médecin avait paré au plus pressé en me prescrivant tous ces médicaments qui me permettaient de tenir, avec cette impression très désagréable de ne plus être soi. Quand je ne craquais pas, je me sentais comme enveloppée dans du coton qui me faisait percevoir mon environnement différemment. Je marchais doucement, d'un pas mal assuré, et oubliais souvent ce que je venais de dire. J'avais l'impression d'avoir pris dix ans. La justice, qui continuait à mener l'enquête, avait mis à notre disposition une psychologue pour nous accompagner. Jean-Pierre avait refusé, mais Jonathann et moi avions accepté de la rencontrer. Elle venait de Besançon chaque vendredi de 17 heures à 18 heures pour moi, et l'heure suivante pour Jonathann.

Dès notre première séance, elle m'a précisé que tout ce que je lui dirais pourrait être communiqué au procureur. J'imagine qu'elle a eu la même prévenance pour Jonathann. C'était la première fois que je parlais à un thérapeute. J'étais un peu mal à l'aise de m'adresser à une personne qui ne me répondait pas, jusqu'à ce qu'elle s'ouvre un peu à moi. Lorsque je lui ai raconté ce jour terrible où nous avons récupéré le corps d'Alexia, et que nous avons dû choisir avec Jean-Pierre et Jonathann le caveau, le cercueil et son intérieur, elle m'a confié qu'elle venait de perdre son frère et qu'elle était en train de faire les mêmes démarches, et de vivre elle aussi un drame. Elle m'a touchée et a su ainsi créer un lien entre nous qui a facilité nos échanges. Ils m'ont certainement aidée. Elle me parlait d'Alexia, et m'a notamment demandé : « Il ne vous manque pas quelque chose d'Alexia ? » Je lui ai répondu : « Elle ! Sinon, j'ai sa chambre complète, qui n'a pas bougé, j'ai les vêtements qu'elle avait laissés là, ses jouets d'enfant, des babioles, des photos… » J'ai certainement dû lui dire aussi qu'elle était toujours avec moi, qu'elle ne me quittait pas… Puis elle m'a posé une question qui continue de m'interroger : « Vous n'en voulez pas au… Vous n'êtes pas en colère ? » Je me souviens lui avoir répondu : « Non, je ne suis pas en colère. En colère contre qui ?… Contre le meurtrier ? Je ne sais pas qui c'est ! » Puis je l'ai remerciée, j'ai quitté la pièce et Jonathann est entré à son tour pour se faire « aider ». J'ignore ce qu'ils se sont dit, mais lorsque, après les quelques premières séances, la psychologue nous a demandé si nous souhaitions continuer, j'ai accepté tout de suite, même si je trouvais qu'elle faisait trop de kilomètres rien que pour nous. Jonathann, lui, a expliqué qu'il ne souhaitait pas poursuivre avec cette justification : « Je n'en ai pas besoin. » J'imagine aujourd'hui qu'il n'a pas pu lui dire grand-chose, et que l'exercice devait être pour lui très compliqué. Sur le moment, j'ai dû le prendre comme un soulagement : il se ressaisissait et allait peut-être mieux. Que notre psychologue soit une auxiliaire de justice a dû également l'inciter à la prudence. Parler est toujours un risque, et on n'est jamais à l'abri de dire une bêtise.

C'est vraisemblablement pour cela qu'il n'a jamais pris la parole en public ni même à la maison. Dès qu'il y avait du monde, il ne prononçait pas un mot. Il n'avait de discussion, d'échange où il parlait librement d'Alexia qu'avec Jean-Pierre et moi. Pendant ces premières semaines, Jonathann passait à la maison tous les jours. Je lui préparais ses repas comme l'aurait fait une mère. Moins il y avait de monde et plus il restait longtemps avec nous. Avec Jean-Pierre comme avec moi, il pouvait parler des heures. On ne faisait rien, on restait blottis les uns contre les autres, on pleurait. Parfois, on regardait ensemble la télévision pour nous reposer. Mais surtout, on parlait. Il n'y a pas un soir où il ne nous a pas dit qu'elle lui manquait et que sa vie, sans elle, était terminée. Nous lui répondions toujours qu'il était jeune, et qu'un jour ou l'autre, il rencontrerait quelqu'un d'autre et qu'il referait sa vie. C'est ce que nous lui souhaitions, mais lui refusait de l'entendre. Au-delà de nous, il se renfermait dans le silence ou restait prostré devant la télévision. Il était pour beaucoup inaccessible. Nous prenions ça pour du désarroi, mais certainement était-ce pour lui la meilleure des protections. Je n'en ai pas eu conscience dans l'instant, mais j'ai su par la suite que lors de nos premières soirées où tout le monde passait pour nous soutenir et dîner avec nous, certains se posaient des questions sur les circonstances de la mort d'Alexia. À plusieurs reprises, ils ont intégré Jonathann à leurs discussions ; ils l'interpellaient : « Et toi Jonathann, qu'est-ce que tu en penses ? À ton avis, qui peut bien avoir fait ça ?... » Lui répondait : « Je ne sais pas... Je ne sais pas si elle avait un amant... Je ne sais même pas si elle est vraiment partie courir... » D'autres étaient peut-être même un peu plus inquisiteurs, en enquêtant dans leur coin pour essayer d'établir un scénario crédible. C'est le cas de Thibault, l'un des neveux de Jean-Pierre, qui a été dévasté par la mort de sa cousine et s'est très vite mis à chercher dans tous les sens. Il m'a raconté plus tard qu'il avait demandé à Jonathann, au cours de la première semaine, s'il pouvait lui donner le répertoire d'Alexia pour qu'il puisse faire le tour de ses amis et savoir qui elle fréquentait. Peut-être que les coordonnées du meurtrier y étaient consignées ? Jonathann n'a pas vraiment donné suite à cet échange, et n'a jamais non plus confié le petit carnet au cousin d'Alexia.

Quelques jours après la fermeture du bar, nos amis du Mastroquet, l'hôtel-restaurant situé juste en face, sont venus nous voir à la maison. Ils tenaient à faire quelque chose pour nous, ils voulaient nous aider, car ils venaient d'apprendre que nous ne pourrions pas rouvrir avant plusieurs semaines et savaient que notre situation allait être difficile. Sans pouvoir travailler, nous allions devoir payer les salaires, les échéances des prêts, l'Urssaf, etc. Jean-Pierre en a été malade. Il avait fait le calcul, il fallait débourser chaque mois dix mille euros sans rentrer un centime. Selon lui, on pouvait tenir deux semaines maximum. Son angoisse était de devoir fermer le bar après avoir perdu notre fille. Je crois que Bernard et Philippe l'avaient compris, et ils ont fait quelque chose d'incroyable. Régulièrement, dans leur établissement, les deux associés organisent des soirées cabaret avec leur petite troupe qui chante, qui danse, qui fait des imitations ou des numéros de transformisme ; des spectacles très « bon enfant » qu'ici tout le monde connaît. En plus, chaque année, ils organisent au théâtre de

Gray plusieurs représentations au bénéfice de la Ligue contre le cancer, et ils avaient décidé de nous offrir la recette d'une de ces soirées. Il y avait eu d'autres gentilles initiatives des commerçants de la ville, que nous avions jusque-là toutes déclinées, mais eux nous ont dit : « On va faire ça pour vous. Que vous le vouliez ou non ! » On en a vraiment été très touchés, et il était impossible pour nous de ne pas y participer. Nous nous devions d'y aller. C'était une évidence. Même si, bien sûr, nous n'avions pas du tout le cœur à faire la fête.

Nous nous sommes préparés, et Jonathann, qui devait aussi être présent, nous a accompagnés. Je crois qu'il n'a pas dit un mot. La soirée avait été annoncée, et lorsque nous avons poussé les portes, le théâtre était plein. Il devait y avoir au moins trois cents personnes. Nous avons traversé l'allée centrale pour nous installer au premier rang, les têtes accompagnaient notre passage, l'air souvent contrit. Ceux qui nous connaissaient le mieux faisaient un petit geste amical ou d'affection dans notre direction. C'était étrange d'être là, mais je crois que voir tout ce monde réuni pour Alexia nous a fait du bien. J'ai regardé le spectacle en pensant à la fin que je devais prendre une nouvelle fois la parole devant toutes ces personnes pour les remercier d'avoir été là. À l'issue du dernier numéro, les applaudissements ont retenti longuement pour féliciter les artistes, mais aussi pour nous accueillir et nous donner du courage.

Une voix annonce déjà que nous sommes dans la salle et que nous allons maintenant monter sur scène pour prendre la parole. Je me lève la première, Jean-Pierre me suit en me prenant la main, et prend Jonathann par le bras. Il pleure les mêmes larmes que celles de la marche blanche. Elles sont abondantes et l'empêchent une nouvelle fois de parler. Il ne peut même pas dire merci à toutes ces personnes qui sont aussi venues pour lui, et se contente d'écouter les quelques mots de remerciements de Jean-Pierre puis ce que je dis. Tout ce monde devant moi me donne de la force. Je commence par les remercier, et leur dire que leur présence me fait chaud au cœur. Puis j'implore l'assistance : il ne faut plus jamais que l'on voie cela. Il ne faut plus jamais qu'une jeune joggeuse de vingt-neuf ans soit tuée comme Alexia, pour rien. Il faut que nos filles soient libres de vivre et de courir comme elles le veulent, sans risquer de se faire assassiner. En criant au micro : « Plus jamais ! Plus jamais ! Plus jamais ça ! », je pense à la jolie chanson de Calogero qu'il a écrite en hommage à Kévin et Sofiane, deux jeunes garçons assassinés dans une barbarie insupportable. Elle dit : « Dis-moi pourquoi j'étais là. Ma vie s'est arrêtée là, un jour au mauvais endroit… » À mesure que je parle, j'entends la mélodie et les mots de ce chanteur populaire qui sortent des enceintes, et font écho aux miens. Lorsque lui chante : « Pour nos frères, plus jamais ça ! », je reprends : « Pour Alexia, plus jamais ça ! »

Je pense alors qu'Alexia a été assassinée par un fou. Qu'elle a été la victime du hasard, comme les enfants de la chanson se sont retrouvés « un jour au mauvais endroit »... Sans le savoir, je donne déjà une coloration féministe à la défense de la mémoire de ma fille. Je ne sais pas qu'elle deviendra quelques semaines plus tard le visage de la lutte contre les féminicides en France. Je ne peux pas imaginer que son meurtrier est son mari, et qu'il est sur cette scène à côté de moi, figé dans ses larmes. Ce qui nous semble à tous être une faiblesse, un accablement, est en réalité une force et l'expression de sa détermination à s'en sortir.

Car s'il pleurait, c'était pour ne pas avoir à avouer. Il aurait pu, ce soir-là, craquer, et lancer à l'assistance devant laquelle il mentait une nouvelle fois par son silence et son comportement : « J'ai quelque chose à vous dire : c'est moi qui ai tué Alexia ! » Il aurait pu ne pas avoir le choix, ne plus supporter d'avoir commis ce crime et de jouer la comédie devant toutes ces personnes venues l'applaudir. Il aurait pu considérer qu'il était incapable de vivre avec ce secret, qu'il n'avait pas d'avenir possible, qu'il était ligoté à l'horreur qu'il avait commise. Mais il a continué à faire le contraire, se disant certainement qu'il pourrait s'en sortir. Je ne peux pas m'expliquer son comportement autrement. Le « petit chose » était sacrément costaud pour supporter une telle pression psychologique. Son attitude pendant ces trois mois qui le rapprochaient de son arrestation a fini de me conforter dans cette idée : à mesure que le temps avançait, Jonathann imaginait certainement qu'il s'en sortait, et qu'il s'en sortirait définitivement. Il commençait progressivement à organiser la suite. C'est-à-dire sa vie sans Alexia... mais avec nous.

Pour son deuxième rendez-vous chez son avocat, je l'ai accompagné en voiture à Besançon. Cela me semblait évident de ne pas le laisser seul dans ce moment que j'imaginais difficile. Sur le trajet, nous avons discuté. Lorsque nous étions tous les deux, il retrouvait son aisance. Et ce jour-là dans l'habitacle, il m'a à nouveau parlé d'Alexia, il m'a dit qu'elle lui manquait, comme il me le disait chaque fois. Puis dans un sourire qui marquait une pause, j'ai entendu sa petite voix me chuchoter : « Vous savez Isabelle, ne vous inquiétez pas. Alexia devait vous accompagner à votre rendez-vous chez le médecin, mais c'est moi qui vous conduirai à l'hôpital à Besançon... ça me fait plaisir ! » Je l'ai certainement remercié, mais je me demandais pourquoi il me parlait d'une consultation qui n'était prévue que dans cinq mois... Il n'aura pas eu le temps de m'y conduire. Un peu plus loin sur le chemin, j'ai été surprise qu'il me parle de la maison. Il m'a susurré, comme si c'était un cadeau qu'il me faisait : « Vous savez, la maison, ce sera toujours chez vous. » Je ne lui ai pas répondu, mais dans ma tête l'idée a tourné : « Mais pourquoi me dit-il ça ?! » Alexia était enterrée depuis quelques jours. J'étais à dix mille lieues de me préoccuper de qui était désormais le propriétaire, ou de savoir si oui ou non je conserverais un accès à la maison de mon enfance. Jonathann, lui, l'avait manifestement bien compris, et n'avait pas perdu de temps pour entreprendre toutes les démarches administratives. Je l'ai su bien plus tard par Stéphanie, qui après l'arrestation de Jonathann m'a rapporté une discussion qu'elle avait eue avec lui dans les toutes premières semaines au cours de laquelle elle l'a informé qu'il avait droit à une aide de l'État, en tant que mari de la victime d'un crime. Elle s'était renseignée pour lui, pour l'aider. Elle lui avait également conseillé de contacter son assureur pour le remboursement du prêt de la maison. Elle imaginait qu'il n'avait pas la tête à cela, mais lui a répondu du tac au tac : « Ne t'inquiète pas, j'ai déjà tout fait. La maison est remboursée, et l'aide a été versée ! » Évidemment, avec le recul, cette précipitation laisse songeur. Il a dû se dire qu'il avait touché le jackpot !

À la fin des quinze premiers jours, une page s'est tournée. La maison s'est progressivement vidée. Il fallait bien que chacun reprenne le chemin du travail. Certes, tout le monde a continué à passer régulièrement à la maison pour nous voir, au petit déjeuner, en fin de journée et les week-ends. Mais il n'y a plus eu cette effervescence permanente, toute cette vie autour de nous qui nous aidait à tenir debout. Notre famille et nos amis ont été tellement précieux. Je ne suis pas certaine que l'on aurait pu tenir sans eux.

Jonathann était en arrêt de travail pour deux semaines encore, et passait ses journées avec nous. Il venait plus souvent, et restait plus longtemps. À mesure que la maison s'est vidée, il a pleinement repris sa place. Il pouvait rester des journées entières avec nous, les jambes recroquevillées sur le canapé, à regarder la télévision. Il n'était plus notre gendre, il était presque devenu notre enfant. Puis il a repris ses habitudes de rester seul chez nous, car nous avons dû rouvrir le bar, recommencer à nous lever, à nous préparer et à travailler comme nous le faisions avant. Jean-Pierre en avait vraiment besoin, mais moi, j'avais envie de rester chez moi et de pleurer. J'étais lessivée. Je lui disais : « On ne va pas avoir la force. » Lui me répondait que nous n'avions pas le choix et que nous devions « tenir la barre, et ne pas lâcher ». Évidemment, il avait raison. Cela m'a forcée à me laver, à m'habiller, à faire à manger, à vivre…

*

JEAN-PIERRE — J'avais une seule peur, c'était qu'Isabelle ne craque. Si elle n'avait pas pu revenir au boulot, nous aurions été cuits ! Il ne faut pas longtemps pour couler une affaire. J'aurais dû prendre une cuisinière pour remplacer Isabelle et une personne au bar en plus, et dans l'année nous aurions déposé le bilan. En plus du remboursement du bar, nous avions réinvesti juste avant le drame pour acheter le tabac d'à côté qui était en train de couler. Nous avions emprunté quarante mille euros, plus trente-cinq mille euros de travaux. Nous nous étions remis soixante-quinze mille euros sur le dos ! Plus les charges... Alors un jour, j'ai été catégorique. J'ai dit à Isabelle qu'il fallait rouvrir. C'était une obligation. Alors, elle s'est résignée et a accepté. Et pour la rassurer, je lui ai dit que tout le monde serait là pour l'aider. Nos quatre employés savaient tout faire, et ils l'ont vraiment accompagnée. Ç'a été très difficile.

Lorsqu'elle est arrivée le premier jour, elle était encore faible. Elle avait peur d'affronter la clientèle, qu'on lui pose des questions. Les jours suivants, elle allait en cuisine dès qu'elle arrivait et y restait au maximum. Elle faisait ses petits trucs, elle était secondée, mais on voyait qu'elle souffrait. Elle ne travaillait plus du tout comme avant, plus du tout à la même vitesse non plus. Parce qu'il n'y a pas que la cuisine à faire pour les clients, il y a aussi la gestion des stocks, les commandes qu'il faut anticiper en fonction des menus prévus quinze jours à l'avance. C'est un travail énorme, et là, elle n'y arrivait pas. C'est Maud, la gendarme qui nous accompagnait depuis le début, qui allait la chercher chaque matin à la maison, puis elle restait au bar toute la journée à nos côtés. Nous l'avons fait passer pour notre nièce pour ne pas éveiller les soupçons, et elle travaillait vraiment. Elle servait les clients derrière le comptoir, mais ce qu'ils ne savaient pas, c'est qu'elle avait son pistolet dans le dos, coincé à l'intérieur de son jean. On se serait crus dans un film ! Elle était là pour observer et pour nous protéger des clients, de la foule, des journalistes et, pensions-nous, surtout du tueur que l'on recherchait. Peut-être était-elle d'abord là pour nous protéger de Jonathann ? C'est ce que j'imagine aujourd'hui, mais nous ne l'avons jamais su.

Dès le jour de la réouverture, les journalistes étaient partout devant le bar. Impossible de mettre le pied dehors. Il y avait des camions avec leur antenne parabolique pour les journaux télévisés en direct, des caméras avec un micro accroché à une perche, les radios, et les téléobjectifs des photographes dirigés vers la vitrine. On était cernés ! À l'intérieur, des personnes que nous ne connaissions pas pouvaient rester des heures au comptoir. D'autres faisaient semblant de travailler, assises à une table. Elles ne se présentaient pas et écoutaient tout ce qu'il se disait. Parfois, elles discutaient avec des clients et l'on comprenait que c'était des journalistes de la presse écrite. Ils épiaient tout. Il est également arrivé que, après avoir passé la journée dans la salle sans s'annoncer, l'un d'eux vienne me voir pour me dire : « Bonjour, je me présente. Je suis Untel, je travaille pour tel média. Est-ce que je pourrais vous poser quelques questions ? » Je me disais : « Oh non, ce n'est pas vrai ! je me suis fait avoir. » Après cela, j'ai fait très attention aux personnes qui n'étaient pas des habitués. Jour après jour, je les ai repérées plus facilement.

La terreur d'Isabelle était de se retrouver face à eux. Je la laissais chaque jour une heure au bar pour pouvoir me reposer dans l'après-midi. Elle était avec l'équipe et Maud, mais elle avait vraiment peur d'être embêtée. Ils attendaient certainement aussi que Jonathann passe nous voir ou qu'il vienne déjeuner avec nous. Mais il ne venait quasiment jamais. Comme Isabelle, il ne voulait pas affronter les clients, et encore moins les journalistes. Les raisons n'en étaient cependant pas tout à fait les mêmes, mais nous n'en savions rien. Il lui est bien arrivé de passer quelques minutes pour prendre un café le matin, mais chaque fois il n'y avait personne. Maud nous a confié par la suite qu'elle avait remarqué que lorsqu'elle était au bar, il la fuyait du regard. Il ne lui parlait jamais.

À cette pression un peu générale venait s'ajouter l'angoisse de se trouver un matin, sans le savoir, face au tueur de notre fille. C'était devenu l'obsession d'Isabelle. Elle cherchait le tueur d'Alexia partout et ne savait plus à qui se fier. Elle regardait d'un air méfiant les hommes qui entraient, en se disant : « C'est peut-être lui le meurtrier. » Pendant ces trois mois, elle est devenue un peu paranoïaque. Elle me disait souvent : « C'est peut-être un client. Est-ce que tu as été méchant avec quelqu'un ? Est-ce qu'Alexia n'aurait pas remis un client à sa place un des jours de week-end où elle est venue nous aider ? Elle a peut-être refusé une avance… » Elle en revenait toujours aux deux chiens des gendarmes qui s'étaient tous les deux arrêtés au même endroit en bord de Saône. Elle était convaincue que notre fille avait été la victime d'un homme qui pouvait être de Gray, et certainement client de notre établissement. Alors, elle observait les carrures, les attitudes un peu rustres de certains, et, surtout, leurs mains. Elle me disait toujours : « Je regarde leurs mains pour savoir si elles peuvent être les mains d'un assassin. »

*

ISABELLE — Quelques jours avant Noël, Jonathann nous a appris que sa mère ne serait pas là pour le réveillon. Elle ne voulait pas, nous a-t-il dit, « changer son programme ». Cela faisait un mois et demi qu'il avait perdu sa femme, et on le laissait seul pour son premier Noël après le drame. Cela m'a fait repenser au mariage, et m'a rendue triste pour lui. Alors, je lui ai naturellement proposé de nous accompagner, même si ni Jean-Pierre ni moi n'avions envie de fêter quoi que soit. La perspective des fêtes nous anéantissait.

C'était tellement douloureux de nous avancer vers cette échéance sans Alexia. Noël avait toujours été pour toute la famille un rendez-vous important, où l'on se retrouvait tous chez l'un ou chez l'autre. Nous étions chaque fois plus d'une vingtaine. Toujours la même tribu, toujours les huîtres, le saumon, le foie gras, le champagne, toujours les mêmes fous rires, les enfants qui montent à l'étage en attendant le Père Noël, et puis l'ouverture des cadeaux, la profusion de papiers et de rubans de toutes les couleurs sous le sapin étincelant. Toujours cette joie et ce plaisir de se retrouver. Nous savions désormais que ces souvenirs seraient notre torture. Que pour nous Noël ne serait jamais plus Noël. Alors, le premier sans elle était une épreuve qui nous semblait infranchissable, comme les mariages le sont devenus, les anniversaires également. Nous nous préparions donc à ce terrible premier Noël, et finalement, savoir que Jonathann nous y accompagnerait nous a fait du bien. Nous l'affronterions ensemble comme nous avions affronté jusque-là chaque épreuve.

Cette année-là, c'est Lydia, la sœur de Jean-Pierre, qui s'est chargée avec son mari Carlos de l'organiser et de recevoir toute la famille. Jonathann devait nous rejoindre à la maison pour que l'on y aille ensemble. Nous l'avons un peu attendu avant qu'il ne sonne à la porte. Il devait être 20 heures, et nous étions vraiment en retard. Lorsque nous sommes sortis et que nous avons vu qu'il était venu avec la Laguna d'Alexia, garée devant la maison, nous avons décidé d'un commun accord de la prendre, symboliquement, comme si nous emmenions notre fille réveillonner avec nous. Nous n'avions vraiment pas envie d'y aller, mais nous pensions à Stéphanie, à Grégory et surtout à James : c'était le deuxième Noël de sa vie. Alors, nous sommes montés dans la voiture pour nous rendre chez Lydia le cœur serré. Sur le trajet, nous avons parlé d'Alexia. Elle était bien sûr constamment dans nos pensées, mais chaque morceau de l'habitacle, chaque voyant allumé, le tissu des fauteuils et l'odeur qui subsistait la faisaient encore un peu plus exister. Elle était là. Les feux éclairaient ces rues que nous connaissons par cœur, les façades des maisons, les arbres. Nous nous sommes tus d'un coup, et nous avons tous les trois explosé en larmes en approchant de la maison. Nous ne pouvions plus nous arrêter. Nous étions effondrés. C'est ainsi que nous sommes arrivés chez Carlos et Lydia. En larmes.

Lorsqu'ils nous ont ouvert la porte, nous leur sommes tombés dans les bras. Nous pouvions à peine avancer. Nous sommes malgré tout entrés dans le salon où tout le monde était attablé en silence. Nous étions les derniers, et notre arrivée semblait avoir interrompu brutalement la conversation. Ils étaient plus d'une vingtaine autour de la table, bouche bée. Je pense qu'ils étaient tous impressionnés de nous voir aussi bouleversés. Nous n'arrivions pas à nous contenir. C'était trop dur d'être là, face à eux. Nous avions accepté de venir pour Noël, et nous venions le leur gâcher. Je m'en voulais tellement de ne pas pouvoir me maîtriser. Mais, il y avait quelqu'un qui manquait et cette fête de famille le soulignait. C'était une horreur.

Nous avons enlevé nos manteaux, et nous nous sommes assis sur le canapé le temps de reprendre nos esprits avant de passer à table. Jean-Pierre et moi, nous entourions Jonathann qui était lui aussi inconsolable. À tour de rôle, chacun est venu nous embrasser, nous réconforter. Je ne me souviens pas d'avoir vu les jeunes qui, je crois, sont restés à discuter autour de la table. Heureusement, James et Stéphanie m'ont donné la force nécessaire pour faire face.

Du champagne a malgré tout été servi, quelques mots ont été échangés, des petits fours ont été grignotés, mais nous n'étions pas vraiment là. Jean-Pierre se sentait peut-être encore plus mal que moi. Il souffrait de l'absence d'Alexia, et était vraiment bouleversé par la détresse qu'affichait Jonathann. Il disait toujours : « Le pauvre gamin, c'est horrible pour lui ! », laissant inconsciemment entendre que ça l'était plus pour lui que pour nous. Je n'en ai pas été témoin, mais Thibault, l'un des cousins des filles, m'a expliqué plus tard qu'au cours de la soirée, il s'est retrouvé avec Jean-Pierre au sous-sol. Ensemble, ils ont beaucoup pleuré. Mais lorsque Jean-Pierre lui a une nouvelle fois fait part de son inquiétude à l'égard de Jonathann, le jeune, qui commençait à nourrir en secret de vrais soupçons, s'est un peu emporté, et lui a dit : « Jean-Pierre, il faut arrêter de ne penser qu'à lui. Il y a toi, il y a ta famille, il y a nous. Il n'y a pas que lui ! » J'ignorais, à ce moment-là, que le regard que portaient quelques membres de la famille sur Jonathann commençait à changer. Celui de Thibault en tête. Cette soirée a d'ailleurs été pour lui un déclencheur.

Nous sommes enfin passés à table pour un repas que Carlos, qui est cuisinier, avait préparé avec beaucoup d'amour et beaucoup de soin. Il fallait bien conserver une illusion de Noël. La table était belle, et les plats gigantesques contenaient les mets rituels que nous faisons chaque année pour le réveillon. J'avais l'estomac noué, et voir toute cette nourriture a manqué de m'indisposer. Je crois que je n'ai quasiment rien mangé.

Lydia avait là encore composé la table selon nos habitudes : les parents, les frères et les sœurs à un bout, et les jeunes et les enfants à l'autre. Grégory était à côté de Jonathann, Thibault lui faisait face, et Stéphanie se trouvait à côté de ce dernier.

De là où j'étais, je ne pouvais pas voir Jonathann. Tout ce que je sais m'a été rapporté bien après. Grégory et Thibault m'ont raconté l'un comme l'autre qu'il n'avait pas dit un mot, sinon quelques banalités d'un soir de Noël. Jonathann les a en revanche impressionnés par ce qu'il a mangé. Trois tranches de saumon fumé, du foie gras jusqu'à terminer le plat, des huîtres tant qu'il y en avait, avec des tranches de pain beurrées, un vrai glouton. Les larmes s'étaient éloignées, il dévorait. Nous avions tous déjà remarqué que depuis la mort d'Alexia, et même plusieurs mois auparavant, il se réfugiait dans la nourriture de manière un peu frénétique. À ce rythme-là, il aurait dû être obèse. Mais son excès de sport, auquel il n'avait pas renoncé, devait compenser. Il y avait là encore quelque chose de paradoxal dans ce trouble alimentaire. J'ai pensé bien après que comme les larmes le protégeaient des questions, la nourriture l'empêchait de parler… Il pouvait aussi parfois disparaître, comme cela a été le cas lors de ce repas. Personne ne s'était aperçu que Jonathann avait quitté la table juste avant le dessert. Ce n'est qu'une fois la traditionnelle bûche déposée au centre, et alors que Lydia s'apprêtait à servir, que tout le monde s'est demandé où il était passé. Après un bon moment, quelqu'un l'a appelé mais il n'a pas répondu. Le loquet des toilettes était fermé, et nous nous sommes un peu inquiétés. Était-il malade ? Nous avons tapé à la porte, sans réponse. Il n'est ressorti que vingt minutes plus tard, sans dire un mot. Cela m'a rappelé la salle de bains, dans laquelle il pouvait passer des heures. Qu'a-t-il fait ce soir-là ? Était-il au téléphone avec quelqu'un de sa famille ? A-t-il tout simplement gagné du temps en s'isolant ? Nous ne le saurons jamais.

Ensuite, parce que c'était Noël, est venu le moment des cadeaux. La cloche a retenti, et les plus grands ont emmené, comme c'est la tradition chez nous, les enfants à l'étage pour les faire patienter le temps de faire passer le Père Noël. L'occasion comme chaque année pour les cousins et les cousines de faire du catch, de sauter sur les lits et de faire rire les plus petits. Sur ce point encore, la tradition a été respectée. Mais à la différence des années précédentes, Jonathann ne les a pas accompagnés. Il est resté à table regardant en silence les nombreux cadeaux être déposés autour du sapin. J'étais moi aussi totalement spectatrice de ce qui se passait. Il n'y a qu'avec James, encore tout petit, que j'ai réussi à m'extasier sur ce qu'il découvrait. Une fois ce moment passé comme un ouragan de cris et de trépignements, un des petits cousins s'est approché de Jonathann pour lui demander : « Et toi, tu as eu quoi comme cadeau pour Noël ? » Il y a eu un silence. Et j'ai entendu Jonathann lui répondre de sa petite voix triste : « Oh, tu sais, moi, mon cadeau, je ne peux pas l'avoir... » Et le petit est reparti en se disant qu'il avait certainement dit une bêtise. S'il m'avait posé la question, je lui aurais certainement répondu la même chose.

Voilà à peu près comment s'est déroulé ce terrible réveillon. Nous étions là sans y être vraiment, mais nous ne pouvions de toute façon pas faire mieux. Lorsque j'y repense aujourd'hui, je me dis que cette soirée aurait pu être pour Jonathann le moment idéal pour remercier toute cette famille qui nous entourait depuis le premier jour. Elle avait été impressionnante de générosité pour nous, mais aussi pour lui. Mais il n'a pas eu un mot. Il ne leur a pas dit merci. Comme il n'a, je crois, à aucun moment prononcé le nom d'Alexia.

Lorsque nous quittons tous les trois la maison de Carlos et Lydia, nous avons l'impression que nous venons une nouvelle fois de traverser une épreuve ensemble, avec Jonathann. Notre douleur nous conduit à ne voir dans son comportement que la sienne. Tout le reste nous est étranger. Nous lui avons donc naturellement proposé de nous rejoindre le lendemain pour passer le déjeuner en famille. Il n'y aurait cette fois-ci que Stéphanie, Grégory, James, Jean-Pierre et moi. Il a accepté en me remerciant. Mais le jour de Noël, alors que la table était dressée et que nous l'attendions vers midi, Jonathann n'est pas venu. Nous avons patienté quelques dizaines de minutes en prolongeant un peu l'apéritif. Je l'ai appelé et lui ai laissé un message pour lui dire que nous devions prendre le dessert chez mon frère à Mantoche, et qu'il pouvait nous y rejoindre. Il n'a pas répondu et ne nous a donné aucune nouvelle de la journée. À 17 heures, j'ai essayé une nouvelle fois de le joindre. Impossible de l'avoir. Là, j'ai commencé à avoir peur. Il ne faisait jamais cela, il répondait tout le temps. Quelque chose d'anormal se passait. Je me disais : « Pourvu qu'il n'ait pas fait une connerie. » J'étais morte de trouille. Alors, j'ai appelé sa sœur, Aurore, qui habite à Velet. Je lui ai dit : « Écoute, je n'ai pas de nouvelles de Jonathann depuis ce matin. Il devait venir à la maison. Il n'est pas venu, et depuis rien ! On est chez mon frère. Il devait venir, et il n'est pas là. Je commence vraiment à m'inquiéter. Est-ce que tu l'as eu ? » Elle m'a répondu qu'elle non plus n'avait eu aucune nouvelle, et m'a dit : « Je pars tout de suite voir à la maison. » Elle non plus n'a pas mis longtemps à s'inquiéter. Personne n'avait prononcé le mot, mais tout le monde pensait évidemment au suicide. On se disait : « Il était hyper mal hier. Il n'en peut plus, il a craqué et il s'est foutu en l'air. » La perspective m'a affolée. Alors, j'ai dit à Jean-Pierre et à mon frère : « On va voir. Là, ce n'est pas normal ! » Quelques minutes plus tard, nous sommes arrivés à la maison. C'était l'hiver, la nuit commençait à tomber et la température aussi. Il faisait un froid de canard. Sa sœur était déjà à l'intérieur. Elle avait les clés de la maison, et ouvrait les volets roulants pour aérer. Jonathann n'était pas là. Elle commençait vraiment à se demander ce qu'il se passait. Elle a appelé, et, pendant qu'elle laissait un message sur sa boîte vocale, on a vu arriver la voiture de Jonathann se garer devant chez lui. Il en est sorti une nouvelle fois défait et en pleurs. On s'est tous précipités vers lui en lui criant gentiment dessus : « Tu étais où ?... Tu nous as fait vraiment peur ! » Il était dans les vapes, et nous a répondu : « J'avais éteint mon portable, j'ai passé la journée sur la tombe d'Alexia... » Je n'ai pas relevé qu'il n'était pas loin de 20 heures et que le cimetière ferme à 17 heures. Je l'ai pris dans mes bras en le serrant fort, et en lui glissant à l'oreille : « Va pas faire une connerie ! On est là pour toi, hein ! On va se serrer les coudes et on va affronter tout ça ensemble. Tu peux compter sur nous ! » Je voulais le requinquer. Je crois qu'il m'a remerciée. J'étais soulagée.

Aujourd'hui, on peut se demander ce que signifiait cette fuite. Avait-il perçu la veille qu'une partie de la table était en train de se refermer ? Que chez les jeunes notamment, il y avait un changement de comportement, qui, bien qu'imperceptible pour nous, pouvait signifier qu'ils avaient un doute, ou au moins se posaient des questions ? Se sentait-il moins en sécurité hors de notre face-à-face ? Je suis persuadée aujourd'hui que nous étions son seul objectif et qu'il ne voulait prendre aucun risque. Il se voyait devenir notre « fils », et commençait peut-être, plus de deux mois après le drame, à se dire qu'il allait réussir, et ne pas être arrêté.

Il pouvait rêver que la vie commençait de nouveau à être devant lui…

« Maman… »

Isabelle — C'était un après-midi de fin de semaine, au début du mois de janvier, j'étais au bar à servir les quelques clients venus se réchauffer autour d'un bon chocolat chaud ou d'un café. Nous étions en plein hiver, et il n'y avait pas grand monde. Jean-Pierre était parti à la maison faire sa sieste habituelle de la mi-journée et je m'affèrais entre le comptoir et la cuisine lorsque j'ai vu Jonathann pousser la porte en verre et entrer dans le bar. Ce n'était pas si souvent qu'il passait ainsi après le déjeuner, il était plutôt du matin, et encore, de moins en moins. J'ai tout de suite reconnu, juste derrière lui, Mélanie.

C'était la meilleure amie d'Alexia. Elle vit à Paris, mais elle est née dans un petit village à côté de Gray, et connaissait notre fille depuis l'enfance. Petites, elles se voyaient presque tous les mercredis chez ma mère qui leur faisait des goûters inoubliables, tartines au chocolat, gâteaux… Elles adoraient s'y retrouver. Elles se sont tout de suite reconnues. Mélanie était l'amie d'enfance, la vraie. Elles ne se sont jamais quittées. Pourtant, la vie aurait pu les séparer. Mélanie avait beaucoup plus d'ambition qu'Alexia. Elle a fait des études brillantes, d'abord à Dijon, ensuite à Paris, avant de décrocher un très gros poste à la direction des ressources humaines d'un grand groupe international. Malgré l'éloignement physique et des existences très différentes, elles sont toujours restées en contact et leur amitié n'a jamais faibli. Dès que Mélanie revenait chez ses parents pour passer le week-end, elle passait voir Alexia et s'arrêtait parfois au bar ou à la maison pour nous embrasser et prendre de nos nouvelles. Elle faisait partie de la famille. Alexia avait même souhaité qu'elle soit son témoin de mariage, ce qu'elle avait accepté avec bonheur. Lorsqu'on les revoit sur les photos, leur complicité est évidente. Elles sont si belles, on dirait des sœurs. Comme notre fille, Mélanie est une très jolie jeune fille blonde, aux grands yeux clairs, et au corps élancé, presque maigre aussi. Elles s'appelaient très souvent, y compris dans les derniers jours de la vie d'Alexia qui en avait fait plus que jamais sa principale confidente. J'imagine qu'elle savait tout des difficultés de son couple et des secrets de Jonathann.

En la voyant s'approcher du comptoir avec son large sourire, j'ai ressenti un vrai bonheur. Non pas qu'il me semblait voir ma fille, mais il y avait quelque chose comme cela. Elle était tellement proche d'Alexia, et je ne l'avais pas revue depuis l'enterrement. Pendant les deux mois qui venaient de s'écouler, je n'avais pas eu de ses nouvelles. Elle ne nous avait pas appelés. Je ne lui en voulais pas car je savais qu'elle était très prise par son travail, j'imaginait ses journées défiler et elle courir après le temps. L'essentiel était qu'elle soit là, qu'elle ait pris la peine de venir nous voir. J'étais heureuse de la prendre dans mes bras. Derrière elle, son père était là aussi, qui les accompagnait. Nous ne nous connaissions pas si bien. Évidemment, nous nous étions vus souvent avec les filles sans pour autant ressentir le besoin ou l'envie de nous inviter mutuellement et de devenir amis. Il m'a saluée gentiment, et m'a dit un mot réconfortant. Ils revenaient tous les trois du cimetière et avaient fleuri la tombe d'Alexia. Entendre cela m'a fait vraiment plaisir. Je pensais à ma fille.

Nous nous sommes installés autour d'une table pour passer un petit moment ensemble le temps de prendre un café, et j'ai tout de suite remarqué, lorsqu'ils ont retiré leurs manteaux, l'élégance de Jonathann. Il était beau comme un cœur. Il avait les cheveux comme toujours parfaitement gominés, et portait un joli pull rose que je ne lui connaissais pas et qui lui donnait un air printanier. Il était souriant, le corps redressé et parlait normalement, avec l'aisance que je lui avais connue avant le drame. Il semblait heureux d'être là, et m'a annoncé qu'il allait passer le week-end chez Mélanie, dans la maison de ses parents. C'était son anniversaire, et elle l'avait invité deux jours pour l'occasion. Il coucherait là-bas, et ils devaient partir tous les trois une fois notre café terminé. J'en ai été un peu surprise sur l'instant. Je me suis demandé : « Est-ce qu'il n'y aurait pas quelque chose entre les deux ? » Mais, je ne m'y suis pas arrêtée. Cette escapade pouvait lui faire du bien, et j'ai surtout retenu que Mélanie était allée voir Alexia. Elle ne l'oubliait pas.

C'est par la suite que je me suis interrogée. Je n'ai plus jamais eu de nouvelles de Mélanie. Et pourtant, nous allions encore connaître de nombreuses péripéties qui auraient pu justifier un message, ou au moins une attention. Je n'ai pas compris ce silence. Il y a quelque chose dans cette « disparition » qui m'intrigue, et qui a nourri mon imaginaire pendant plus de trois ans. Que s'est-il passé lors de ce week-end en tête à tête ? Jonathann était-il en train de séduire la meilleure amie d'Alexia alors qu'il l'avait tuée quelques semaines plus tôt ? Leur ressemblance me met encore un peu plus mal à l'aise, car je ne peux m'interdire d'imaginer qu'il a pu vouloir la remplacer, et peut-être pire… récidiver. Cette idée me hante : et si sa quête était sans fin ? Et s'il pouvait recommencer ? Au milieu de ces questions qui se bousculent, le silence de Mélanie pèse évidemment très lourd pour moi. A-t-elle été gênée vis-à-vis de nous ou a-t-elle simplement souhaité tirer un trait, après l'horreur qu'elle n'a pas tardé à découvrir ? Nous n'avons jamais eu la réponse, pas même au procès, où Mélanie a été invitée par l'avocat de Jonathann à témoigner. Elle n'a rien dit en ce sens et s'est contentée de rapporter de jolies choses sur Alexia, ce qui m'a rassurée. Elle a simplement déploré dans l'enceinte de la cour d'assises que nous ayons pris la parole dans les médias, sans un instant s'interroger sur les raisons qui nous y ont poussés. Sans un instant se dire que c'était pour nous le seul moyen à notre disposition pour répondre aux accusations monstrueuses de l'avocat de Jonathann et ainsi défendre notre fille. Il n'y a aucun plaisir à passer à la télévision lorsque c'est pour raconter que sa fille a été tuée par son mari et rappeler qu'elle n'est pas la jeune femme violente, autoritaire et menaçante que l'on dépeint pour tenter de justifier qu'elle ait été battue à mort avant d'être étranglée. Non, il n'y a aucune satisfaction à faire cela ! Il n'y a que de la souffrance et l'envie de crier la vérité ! En prenant la parole, nous souhaitions simplement rétablir la dignité bafouée d'Alexia, après qu'elle a été tuée. Pourquoi Mélanie nous a-t-elle contesté ce droit de prendre la défense de sa meilleure amie ?

*

JEAN-PIERRE — Quelques jours après la visite de Mélanie, un soir où nous dînions tous les trois à la maison, Jonathann, un peu penaud, m'a annoncé : « Je suis vraiment désolé, Jean-Pierre, mais je dois vous dire que j'ai été arrêté hier avec la Porsche sur la route en allant à Besançon. J'allais un peu trop vite… » Il était avec sa sœur. Il me racontait ça naturellement, comme pour me prévenir de l'arrivée prochaine du procès-verbal dans notre boîte aux lettres, même s'il se voulait rassurant. Il m'a expliqué pour m'en persuader que lorsque les gendarmes l'avaient fait s'arrêter sur le bas-côté, il avait baissé la vitre de la voiture et leur avait remis son permis de conduire comme ils le lui demandaient. Ils avaient regardé attentivement le document, pris le temps de le lire et de vérifier d'un coup d'œil dans l'habitacle que la photo correspondait bien à Jonathann. Ils avaient eu un petit geste de repli, et lui avaient fait signe de repartir en lui disant : « C'est bon, vous pouvez y aller ! » Jonathann s'amusait de sa mésaventure, et semblait presque en être fier : il avait été reconnu.

Je ne lui en voulais pas. Je lui avais dit plusieurs fois qu'il pouvait se servir de la voiture quand il le voulait ; j'apprenais simplement ce soir-là qu'il l'utilisait régulièrement depuis la mort d'Alexia. Je l'ai remarqué, sans plus. Je me suis dit que si cela pouvait lui faire plaisir, c'était très bien. J'ai imaginé que ce pouvait être aussi son frangin qui l'incitait à prendre la voiture pour s'amuser, en lui disant : « Allez viens, ça va te changer les idées ! » On sentait qu'il commençait à avoir envie de bouger et moi, je trouvais que c'était bien qu'il veuille s'aérer et retrouver quelques moments de plaisir pour souffler un peu. Ça ne me choquait pas du tout, au contraire. J'avais eu le même sentiment lorsqu'il nous avait raconté, de retour de son week-end avec Mélanie, qu'il partait le suivant retrouver son frère dans le Jura pour faire le « Trail blanc de Mouthe », une course à pied de dix-sept kilomètres qui se déroulait le 13 janvier 2018 de nuit sur les sentiers enneigés de la forêt jurassienne. Chaque année, des centaines de personnes courent ainsi en file indienne, éclairant leur chemin d'une lampe frontale, et formant ainsi un serpent lumineux qui se détache dans l'obscurité de ce paysage magnifique. À quoi pouvait-il bien penser quand il courait seul dans le noir avec le dossard n° 525 ? Sentait-il qu'il devait profiter de chaque instant et que l'étau se resserrait, ou, dans sa course solitaire, pensait-il à cette vie nouvelle qui se présentait à lui ? Il devait fêter ses trente-quatre ans trois jours plus tard, et nous ne savions pas avec Isabelle comment célébrer l'événement. Nous n'en étions pas au même point que lui, et nous avions du mal à imaginer souffler ses bougies alors que, pour la première fois, Alexia n'était pas là. Nous sentions que nous allions improviser. Nous lui en avons même parlé, et il était d'accord pour ne rien faire. Ce qu'il a oublié de nous dire, c'est que ce 16 janvier 2018, il a invité toute l'équipe de son travail à fêter son anniversaire au restaurant, ce qu'il n'avait jusque-là jamais fait.

Mais entre ces annonces où il semblait reprendre vie, Jonathann a continué d'afficher régulièrement sa tristesse lorsque nous dînions tous les trois à la maison. Il n'a pas changé du tout au tout, loin de là. Il a continué à parler de notre fille, à être attentionné et à partager ses larmes avec nous. Nous prenions soin de lui comme au premier jour. Un week-end avec

Mélanie, un semi-marathon enneigé ou une escapade en Porsche n'ont pas suffi à nous faire dire qu'il allait mieux, et encore moins à nous permettre d'ouvrir les yeux. Nous étions toujours enfoncés dans notre chagrin, et incapables de repenser l'histoire.

Un des soirs de cette même période, il est venu une nouvelle fois dîner et il n'était vraiment pas bien. Il était malheureux, en souffrance. Il donnait presque l'impression d'avoir peur. Ce jour-là, il nous a beaucoup parlé d'Alexia, et il nous a refait le film de sa disparition en s'interrogeant une nouvelle fois sur ce qui avait bien pu lui arriver, et en nous glissant en prime des informations qu'il disait tenir d'un des enquêteurs. C'était très mystérieux, mais avec Isabelle nous l'avons laissé parler car nous sentions qu'il en avait besoin. Il nous a ainsi assuré qu'il avait eu les résultats de l'autopsie concernant le bol alimentaire d'Alexia, qui concluait selon lui qu'elle avait bien mangé le samedi matin. Par ces quelques mots tombés de nulle part et qui se révéleront être faux, il voulait sans doute nous apporter la « preuve » qu'Alexia avait été tuée le samedi dans la matinée et non la nuit qui précédait. Il nous a encore dit : « Ça a été analysé. C'est donc vrai que ça s'est bien passé le matin ! » C'était comme s'il nous disait : « Vous voyez, je vous ai bien dit la vérité ! » Il semblait presque soulagé de pouvoir nous annoncer cela. Il nous a confié dans la foulée ces quelques mots glaçants, également censés provenir de l'étude du médecin légiste, et qui n'appelaient aucune discussion : « Rassurez-vous, Alexia n'a pas souffert. » Pourquoi nous raconter cela ? Était-il à ce point inquiet qu'il devait maintenant commencer à se mentir à lui-même… Car nous, nous n'avions pas, à ce moment-là, besoin d'être convaincus. Nous n'avions jamais imaginé qu'Alexia ait pu être tuée à un autre moment que le samedi matin. Il n'y avait, pour Isabelle comme pour moi, aucun autre scénario possible. Elle avait été la victime d'un pervers ce matin-là alors qu'elle faisait son footing !

Alors, lorsque les jeunes sont venus nous voir pour nous faire part pour la première fois de leurs doutes au cours de l'une des soirées qui a suivi, nous avons refusé de les entendre. C'était le week-end. Stéphanie et Grégory étaient venus à Gray avec James, passer deux jours avec nous, mais aussi parce que tout commençait à se bousculer et qu'ils ressentaient le besoin de nous parler. Il y avait quelque chose d'un peu tendu dans l'atmosphère. Ils ont attendu que l'on soit tous les quatre au dîner pour commencer à nous parler. C'est Grégory, je crois, qui a lancé le débat. Nous ne nous y attendions pas du tout.

Il nous a dit que depuis quelques semaines, ils étaient plusieurs dans la famille à se poser des questions sur les conditions de la mort d'Alexia, avec en première ligne Thibault, Carlos et, bien sûr, eux-mêmes. J'ai senti que Grégory prenait toutes les précautions pour ne pas nous heurter. Il nous a expliqué que dans les tout premiers jours, ils avaient beaucoup parlé avec la belle-sœur de Jonathann, Marie-Pierre, qui les avait mis en garde contre la mère. Elle leur avait glissé, dans le chaos du début, qu'il fallait absolument le protéger d'elle. La méfiance venant de l'« intérieur », Grégory et Stéphanie considéraient que cela donnait encore plus de poids à ce qu'ils allaient nous dire. Ils ont poursuivi à petits pas en nous révélant ensuite que Thibault avait, de son côté, mené sa petite enquête, qui lui permettait maintenant de dire qu'il y avait beaucoup d'incohérences dans l'histoire que l'on nous racontait, et notamment qu'Alexia ne courait pas, et que la forêt dans laquelle son corps avait été déposé était un coin que la mère de Jonathann connaissait très bien et où elle le promenait lorsqu'il était enfant. Par ailleurs, ils considéraient que le comportement du frère et de la mère le soir du drame n'avait pas été normal, qu'il avait même été choquant. Ils les avaient trouvés « bizarres ». Pas une seule fois, les jeunes n'ont parlé de Jonathann ni ne l'ont mis en cause. Ils nous ont simplement dit : « Il y a quelque chose qui cloche… Sa mère détestait Alexia ! On est persuadés qu'elle et le frère sont mouillés dans l'affaire ! »

Les entendre dire cela m'a rendu fou. D'un bond, je suis sorti de table en jetant ma serviette et en leur lançant, énervé : « Mais vous êtes cinglés ! Comment pouvez-vous imaginer des horreurs pareilles ! » Je n'étais pas prêt à me faire bousculer et à entendre la vérité. Isabelle non plus. Face à notre incompréhension, les jeunes ont immédiatement calmé le jeu et rangé leurs arguments. Moi, je pensais à Jonathann et à la fin du repas de la veille au cours duquel il avait encore semblé si bouleversé. Je me souvenais de ce message qu'il avait envoyé à Isabelle alors qu'il venait de rentrer chez lui. Il nous en adressait souvent pour nous remercier d'être là, et même pour nous dire qu'il nous aimait. Mais ce soir-là, il a eu pour Isabelle ces mots étranges : « Chère Isabelle, heureusement que vous êtes là pour m'aider à supporter cela. Je vous aime maman. »

« Maman », il avait appelé Isabelle « maman ». Nous ne savions pas quoi en penser. Isabelle en était un peu surprise, mais nous n'interprétions rien. Peut-être exagérait-il un peu ? Mais avant tout, cela nous touchait. Il nous disait tellement que sa famille ne comptait pas. Alors, nous étions là pour lui. On lui disait souvent : « Tu es comme notre fils, tu peux compter sur nous… » Il lui semblait certainement qu'il était en train de le devenir vraiment. Isabelle et moi, nous le protégions.

*

ISABELLE — Quelques jours plus tard, Jonathann m'a appelée au téléphone. Ce devait être l'heure du déjeuner et j'étais en train de préparer à manger pour les clients qui n'allaient pas tarder à arriver. Il était dans tous ses états, ses mots se bousculaient. Je ne comprenais pas ce qu'il cherchait à me dire. Après l'avoir fait répéter plusieurs fois, j'ai compris qu'il venait de voir sur le site Internet de *L'Est républicain* un article titré : ARRESTATION DE JONATHANN. Il était apeuré, et me disait qu'il n'y avait que le titre de l'article mais rien dedans. Il me disait, comme si j'étais la seule à pouvoir le sauver : « *L'Est républicain* veut venir voir mon patron pour l'interroger. Ils vont m'accuser de meurtre ! » J'étais un peu abasourdie, même s'il me semblait que tout cela n'était pas bien cohérent. Et avant de raccrocher, il m'a suppliée : « Vous ne pourriez pas faire intervenir le maire ? » Je ne voyais pas bien en quoi le maire pouvait l'aider, mais aussitôt après avoir raccroché, je l'ai appelé sur son portable. Il n'a pas répondu. Quelques minutes plus tard, Jonathann m'a rappelé, soulagé, pour me dire : « C'est bon, l'article a été retiré, et, en fait, *L'Est* ne vient pas ! » Je lui ai répondu pour finir de le rassurer : « Tu vois, il n'y avait pas besoin de paniquer. Ça a été retiré. » Mais au fond de moi, cette histoire m'inquiétait tout de même un peu. Alors, après le service, je suis allée chercher sur Internet pour voir si l'article avait bien été enlevé et s'il n'y avait pas eu des commentaires qui pouvaient y faire référence. Tout avait disparu, mais le message avait déjà eu le temps de créer un léger trouble dans notre entourage. Dans l'après-midi, Marie-Anne, ma belle-sœur infirmière dont je suis très proche et qui était avec nous le soir du drame chez Jonathann, est passée au bar, inquiétée par l'information qu'elle avait vu s'inscrire sur son téléphone portable le matin même. Nous avons discuté ensemble, et je lui ai dit que c'était une simple coquille qui avait immédiatement été effacée. Il n'y avait donc pas lieu de s'inquiéter même si l'on peut facilement imaginer que l'information avait déjà largement circulé.

Le lendemain, lundi 29 janvier 2018, Jonathann était interpellé chez lui vers 6 heures du matin, pour être mis en examen pour l'assassinat d'Alexia. Les gendarmes étaient venus le matin même m'annoncer que l'histoire était en train de basculer. Je me souviens du choc, mais surtout de mon incapacité à y croire. Je leur ai dit que c'était impossible, et je pensais avoir un argument massue pour leur en faire la démonstration. La fourgonnette blanche que Jonathann utilisait quotidiennement était une voiture de fonction sur laquelle un « tracker » avait été installé par son patron. Il n'était pas assez bête pour transporter le corps de notre fille qu'il aurait tuée dans un véhicule dont on pouvait retracer aussi facilement le parcours. Jonathann était parfaitement au courant, c'est lui qui nous l'avait expliqué un soir bien avant le drame, pour s'en plaindre : « Mon patron a mis un tracker sur les voitures de l'entreprise pour nous suivre et nous pister. » En réalité – nous l'avons découvert plus tard dans le dossier, à travers l'histoire que l'entrepreneur a racontée aux gendarmes qui l'interrogeaient sur son salarié –, le tracker n'avait été installé que dans la seule voiture de Jonathann, parce que son patron s'était rendu compte qu'il n'honorait pas toujours ses rendez-vous, et ne se trouvait pas toujours là où il devait être. L'entrepreneur a rapporté un échange avec Jonathann où il lui reprochait ainsi ses absences : « Jonathann, tu devais être à tel endroit pour mettre des photocopieurs et tu n'y étais pas ! Par contre, tu étais à Velet... Tu es tout le temps chez ta mère ! » Nous avons ainsi appris au passage que Jonathann, qui nous avait assuré qu'il ne voyait plus sa famille, déjeunait quotidiennement avec sa mère et passait chez elle deux fois par jour. On a également mesuré son culot, et sa capacité à mentir, en découvrant que, face aux accusations de son patron, il lui avait raconté sans se démonter : « Je fais énormément d'asthme, et je dois souffler dans une machine deux fois par jour. C'est une grosse machine qui se trouve chez mes parents. » Nous n'avions jamais entendu parler de tout cela, mais l'employeur qui n'en savait rien lui avait alors proposé d'aménager ses horaires en lui disant comme un pacte de confiance : « Tu fais comme tu veux, mais il faut que le travail soit fait. » Nous n'avions pas été les seuls à être manipulés.

Devant les gendarmes installés dans mon salon, j'ai donc brandi mon argument comme un sésame qui devait pouvoir libérer Jonathann. Eux n'avaient pas le droit de m'en dire plus. Ils ont simplement tenté de me convaincre que s'ils avaient décidé de le placer en garde à vue, c'est qu'ils avaient des éléments sérieux. Cette visite a été assez rapidement suivie d'un appel de la gendarmerie nous informant que nous étions convoqués, Jean-Pierre et moi, l'après-midi même à 16 heures pour une audition. Jean-Pierre est donc passé me chercher à la maison avec la camionnette du bar, et nous sommes allés ensemble à la gendarmerie. Dans la voiture, je me souviens lui avoir posé la question : « Tu crois que ça peut être lui ? » Il m'a répondu : « Non, c'est impossible. Il y a longtemps qu'on le saurait et qu'on s'en serait aperçus ! » C'était la première fois en trois mois que je m'interrogeais ainsi et que j'osais formuler cette interrogation à haute voix.

Nous sommes donc entrés dans le hall de la gendarmerie avec la même conviction et, sans en avoir parlé ensemble, nous allions, chacun de notre côté, la défendre. On m'a appelée en premier pour me conduire dans un petit bureau gris où deux femmes, toutes deux officiers de police judiciaire, m'attendaient. Elles étaient un peu froides, n'étaient pas dans l'empathie des gendarmes qui nous avaient reçus après la disparition. Nous changions manifestement de moment dans la procédure judiciaire. Les parents de la victime étaient aussi là pour répondre aux questions. Mais avant que les deux officières qui me faisaient face ne me posent la première, je me suis lancée sans y être invitée dans une longue tirade qui prenait des allures de plaidoirie en faveur de Jonathann.

Le procès-verbal d'audition du 29 janvier 2018 l'a retranscrite au mot près :

Quand j'ai vu arriver vos collègues, j'ai senti qu'il y avait quelque chose. Je m'attendais à les voir pour qu'ils me donnent le coupable. Quand ils m'ont dit que Jonathann était en garde à vue, je n'ai jamais cru que ça pouvait être Jonathann. Ça ne peut pas être Jonathann, c'est comme mon fils.

Je me dis que vous n'avez pas de piste et que vous vous rabattez sur le mari. […] Je soupçonne tout le monde, sauf Jonathann. Il faut vraiment avoir des preuves irréfutables pour inculper Jonathann.

Dans le bureau d'à côté, Jean-Pierre disait à peu près la même chose :

Je reste persuadé que Jonathann n'a rien à voir dans cette histoire. On est trop proches avec le gamin, on aurait vu quelque chose, rien n'a changé entre avant et après les faits. Au contraire, ça a renforcé nos liens. […]

Je me suis toujours persuadé qu'il n'était pas le coupable. Il est avec nous tous les jours, il mange chez nous presque tous les soirs. […]

J'ai réfléchi un peu à la situation et je me dis que vous n'avez pas d'autre élément pour le moment à vous mettre sous la dent, extérieur à Jonathann. Pour moi, Jonathann est entendu pour affiner certains points de l'enquête.

En relisant nos PV d'audition, je mesure à quel point l'emprise dont nous avons été les victimes a été efficace. Nous avons récité l'un comme l'autre, presque mot pour mot, l'histoire à laquelle, pendant trois mois, Jonathann nous avait fait croire. Aujourd'hui, cette lecture me glace le sang. Il y a aussi de l'agressivité dans nos propos, comme si nous percevions ceux qui nous interrogeaient comme un danger. Ils incarnaient la menace de perdre notre gendre, notre « fils ». Je découvrais ce qu'était une audition. Les gendarmes posaient une question sans la contextualiser, sans nous expliquer pourquoi ils nous la posaient ni comment elle se reliait au drame ou à la résolution de l'enquête. Ce que l'on peut facilement comprendre. C'est ainsi que je n'ai pas du tout perçu ce que les enquêtrices attendaient de moi quand elles m'ont tendu l'écran de leur téléphone portable :

Question : Nous vous présentons une photographie du scellé 9 représentant un tissu. Qu'avez-vous à dire ? Le reconnaissez-vous ?

Réponse : Pour moi, c'est une nappe ou un drap de dans le temps. Je me souviens que maman en avait et qu'avec le partage des affaires Alexia et Stéphanie en ont eu. Ah mais non, notez pas ça, vous allez l'inculper.

Je ne reconnais pas l'objet présenté sur la photographie.

Je ne savais pas que le drap qu'on me montrait était celui qui avait servi à dissimuler le corps d'Alexia et trouvais les deux gendarmes très dures avec moi, je me disais qu'elles devaient penser que je ne voulais pas faire avancer l'enquête. Pour moi, cette histoire de drap, c'était très léger. Je n'en comprenais pas l'importance pour elles. Je sentais vraiment que je les agaçais. Pour montrer ma bonne volonté, avant qu'elles ne m'indiquent que la déposition était terminée, je leur ai dit que j'allais regarder chez moi si j'avais des draps ressemblants, pour pouvoir peut-être leur donner l'information qu'elles attendaient.

Après une heure trente d'audition, j'étais lessivée. J'avais l'impression d'avoir été traitée comme si j'étais l'accusée. Je m'en suis ouverte à Maud qui me raccompagnait à la maison. Elle aussi avait trouvé que ses deux collègues n'avaient pas été très sympathiques. Jean-Pierre n'était pas loin de ressortir avec la même impression de sa propre audition.

*

JEAN-PIERRE — J'avais en face de moi un homme et une femme, et c'est plutôt cette dernière qui a posé les questions. Je l'ai trouvée très froide. Elle me disait les choses de façon tellement mécanique que j'avais l'impression d'avoir un robot devant moi :

Nous vous présentons le scellé 1 : photos représentant un capuchon que vous pouvez observer librement.

Question : L'objet vous évoque-t-il quelque chose ?

Réponse : J'ai fait beaucoup de travaux dans la maison d'Alexia. Je suis très bricoleur, nous avons cassé et remonté des cloisons, les sanitaires et j'ai surtout fait les finitions. J'ai posé le parquet, et avec le beau-frère nous avons fait le dressing.

`Je ne me souviens pas avoir utilisé un objet avec ce type de capuchon.`

Ce n'était pas de la mauvaise volonté, mais la photo était tellement mal prise que je ne me rendais pas compte de ce que c'était. Et puis, il y avait le stress. C'était une situation que je ne connaissais pas. C'était la première fois que je me sentais « agressé », ou plutôt incompris. L'enquêtrice ne me mettait pas en cause, mais j'avais l'impression qu'elle ne comprenait pas que je puisse ne pas reconnaître le capuchon. Le lendemain, c'est donc le beau-frère qui est « passé à la moulinette ». Et en sortant, il m'a appelé : « Elle t'a montré les photos ? – Oui, je n'ai pas trouvé ce que c'était ! » Alors, il m'a repris, un peu surpris : « Ben si, c'est le capuchon d'une bombe aérosol ! » Je ne saisissais pas pourquoi on voulait nous faire découvrir ça, j'étais à des kilomètres de penser que c'était avec de la mousse isolante que Jonathann avait mis le feu au corps d'Alexia.

Le lendemain, il y a eu l'annonce des aveux de Jonathann à la télévision, et là, le ciel nous est tombé une deuxième fois sur la tête. C'était un deuxième deuil, on perdait notre gendre. Je me disais que ce n'était pas possible. Le gamin, je l'aimais encore ! Je n'arrivais pas à concevoir que ce puisse être lui. Autant plein de gens l'ont tout de suite compris, autant moi je ne le comprenais pas. Et comme si cela ne suffisait pas, il y a eu la violence des mots de l'avocat qui accusaient Alexia. Il a parlé d'une « personnalité écrasante », de lui qui se sentait « écrasé », d'une dispute et d'un « geste malheureux », et de Jonathann qui était un « gentil garçon » qui allait être jugé pour « quelques secondes de sa vie » ! Lorsque ce soir-là je suis enfin arrivé à la maison, j'ai découvert ma femme dans un état dont je ne la savais pas capable. Elle hurlait dans le salon. Elle était anéantie. C'était pour elle insupportable. Elle me criait dessus comme si j'étais l'avocat : « Il parle comme si c'était elle l'assassin, et qu'elle méritait ce qui lui est arrivé ! Ce n'est pas supportable ! Il déclare la guerre à Alexia ! Il nous déclare la guerre ! » C'était insoutenable. Tout au long de la soirée, la maison s'est remplie comme lors des premiers jours du drame. Les frères, les sœurs, les belles-sœurs, tout le monde arrivait. On a veillé jusqu'à plus de minuit, on était tous abasourdis. Certains, comme Carlos et Lydia, étaient en colère contre Jonathann ; moi, je n'arrivais même pas à l'être. Isabelle non plus. On prenait un grand coup dans la figure, on ne comprenait pas. Isabelle me disait : « On lui a donné Alexia, notre amour. On lui a tout donné ! Et là, il détruit tout, pour rien... »

Me sont revenus en tête les trois mois que nous venions de passer avec lui, à le cajoler comme s'il avait été notre fils, alors qu'il était le meurtrier de notre fille. Tout ce qu'il nous avait fait subir pendant cette période si terrible pour nous. J'ai pensé à toutes ces personnes qui nous avaient aidés, à notre famille, à nos amis, aux associations... J'ai repensé au jour de la disparition, à la marche blanche, à l'enterrement d'Alexia : le costume, les cheveux, la chatte, tout me revenait. Il s'était vraiment foutu de la gueule de tout le monde. C'était le pire scénario que l'on pouvait imaginer. Notre monde s'écroulait. Nous perdions notre gendre après que l'on nous eut arraché notre enfant. Nous avions l'impression qu'elle était tuée une seconde fois. C'était sans fin, sans limite, on était bousillés. Plus rien ne nous appartenait, pas même la vie d'Alexia, car les accusations de l'avocat faisaient d'elle quelqu'un qu'elle n'était pas. Nous allions devoir nous battre, affronter Jonathann et son avocat pour démontrer qu'Alexia n'était pas violente. Randall Schwerdorffer avait même comparé Jonathann à Jacqueline Sauvage, qui avait assassiné son mari d'une balle dans le dos après avoir vécu le martyre pendant plus de trente ans. La pauvre femme était battue matin et soir. Il assimilait Alexia à un bourreau ! Jusqu'où irait-il ?

Notre vie était un film d'horreur qui ne s'arrêtait pas.

Les mensonges de Jonathann

ISABELLE — Jonathann nous a menti depuis le premier jour, comme je suis certaine qu'il a menti à Alexia depuis toujours. Le mensonge est en lui. Il n'en a pas peur. Il le manie avec aisance en toute circonstance. Il a été sa vie, et jusqu'au bout il a cru lui devoir sa survie. Lorsque des mois plus tard nous avons eu accès au dossier judiciaire, nous avons pu lire incrédules ses auditions lorsqu'il a été placé en garde à vue les 29 et 30 janvier 2018. Cette lecture est impressionnante tant la manipulation est partout, et la vérité nulle part. Il faudra aux policiers, qui l'ont entendu pas moins de cinq fois, près de huit heures d'interrogatoires de plus en plus serrés pour obtenir les aveux du tueur de notre fille. Des aveux qui étaient très loin de livrer toute la vérité. Comme les vrais menteurs, Jonathann ne la lâche que par bribes. Lorsqu'il y est acculé. Au moment où nous le défendions,

Jean-Pierre et moi, devant des policiers médusés, Jonathann, lui, baladait ceux qui l'interrogeaient avant de n'avoir d'autre issue pour se sauver que d'insulter Alexia, donnant ainsi à son avocat l'arme qui lui manquait pour nous attaquer. Le contraste a de quoi faire peur. Il nous semble aujourd'hui que cette lecture du dossier mérite d'être partagée.

Alors qu'il a été interpellé tôt le matin, Jonathann n'est entendu pour la première fois qu'à 17 h 20, ce lundi 29 janvier 2018. Le temps de se souvenir à peu près de ses déclarations du jour de la disparition. Tout l'enjeu est de ne pas se contredire. Pas facile face à l'impressionnant travail d'enquête réalisé par les policiers pendant trois mois. Jonathann commence donc comme le 28 octobre 2017 à raconter sa fable de la disparition matinale, du footing, du rôdeur, etc.

PROCÈS-VERBAL D'AUDITION DE GARDE À VUE

1re audition – Le lundi 29 janvier 2018 à 17 h 20.

Question : Nous allons reprendre votre emploi du temps à compter du vendredi soir jusqu'au moment où vous êtes allé signaler la disparition de votre épouse. Nous vous écoutons.

Réponse : Vendredi matin, je suis parti au boulot. Ce jour-là, elle ne travaillait pas. Elle voulait faire du sport. Je crois qu'elle avait fait une crise ce matin-là. C'est des crises comme elle fait habituellement, des fois elle peut être violente. Elle est dans un autre état. Comme je partais au boulot, je ne pouvais pas la surveiller et j'ai été obligé de la mettre au lit. Quand elle fait une crise, elle titube comme si elle était bourrée. Cette fois-ci, elle ne m'a rien dit de bien méchant. Je l'accompagne dans la chambre et je la couche. Je pense qu'elle s'est un peu débattue car elle m'a griffé au niveau du bras. [...]

Je pars avec l'Audi vers 20 h 10. Au domicile des parents d'Alexia sont présents Isabelle, Jean-Pierre, Stéphanie, Grégory et le neveu James, et Alexia. En arrivant, nous prenons l'apéro sur une table basse vers les canapés. Cet apéritif a duré jusqu'à 21 h 20, le temps que nous papotions. Après l'apéro, nous sommes passés à table pour manger une raclette. [...] Vers minuit, 1 heure, Alexia a décidé que nous rentrions. [...]

Nous nous sommes déshabillés pour nous mettre en poupouilles comme on a l'habitude de le dire. Nous sommes allés nous coucher en même temps entre 1 heure et 2 heures. Tout se passe normalement. Nous dormons. J'ai le sommeil facile. Alexia a plus de difficulté pour dormir. Ce soir-là, elle a dû prendre un Stilnox comme elle le faisait les autres nuits. [...]

Nous avons dormi jusqu'à 7 heures, 7 h 30. Nous nous sommes levés les deux ensemble. Nous avons déjeuné les deux devant la télévision. Alexia a mangé de la salade de fruits qu'elle avait laissée à la maison la veille lorsqu'elle a faite [*sic*] sa salade. J'ai pris des flocons d'avoine avec un peu de lait. Le matin, Alexia allait bien. Nous avons parlé ensemble de notre planning de la journée. Je devais faire deux ou trois bricoles, et installer une imprimante pour le voisin. Alexia était en forme et elle devait aller courir. […] Nous sommes allés à la salle de bains un peu avant 9 heures. En même temps qu'Alexia est à la salle de bains, je prends ma douche. Alexia s'est lavé les dents et s'habille en habits de sport. Elle avait un gilet rose, un tee-shirt de sport gris, un short noir, des chaussettes de sport, ses baskets sont au garage, elle les met en partant au garage. Elles sont de couleur rose. Alexia n'a pas de bijou, juste son alliance qu'elle avait retirée pour aller courir. Alexia m'a dit qu'elle partait courir, il doit être 9 heures, quelque chose comme ça. Alexia m'a précisé qu'elle allait peut-être passer chez ses parents, c'était pas sûr, ça dépendait du parcours qu'elle allait faire et de sa motivation. […] J'ai vu Alexia partir au garage et elle m'a descendu le seau à compost dans le véhicule du boulot. Elle est partie dans la foulée vers 9 h 15. J'ai vidé le lave-vaisselle et étendu le linge de la machine à laver. Après, j'ai dû faire deux trois bricoles au garage. Je veux dire par là du rangement des petits cartons, des choses comme ça. Après, je suis allé chez mes parents pour vider le seau de compost. J'emprunte le haut de Gray-la-Ville, je suis sorti à droite depuis chez moi et j'ai pris l'axe en direction de Velet, par la route départementale, la route normale. Ma maman était là, j'ai vidé le seau de compost. Je suis resté avec elle le temps de boire le café, une quinzaine de minutes, au cours desquelles j'ai échangé de tout. J'ai quitté le domicile de ma mère vers

10 h 15. Quand je suis reparti de chez mes parents, je suis allé au bac à verres pour vider nos verres. Il est situé à Gray-la-Ville. […]

Ensuite, je ne sais plus si je suis allé au bar chez mes beaux-parents et au travail, mais je ne sais plus dans quel ordre. Au travail, je suis allé chercher une imprimante pour le voisin d'à côté. J'ai vu mon patron. Il m'a demandé pour qui était destinée cette imprimante. Je lui ai dit que c'était pour mon voisin. Il ne m'a rien dit de plus. Au bar chez mes beaux-parents, j'ai bu un café. Nous avons parlé de tout. Après avoir fait ces deux choses-là, il est pas loin de 11 heures. De là, je retourne à la maison et je m'aperçois qu'Alexia n'est toujours pas rentrée. J'ai dû appeler sa maman pour savoir si elle avait vu Alexia. Isabelle m'a dit qu'elle ne l'avait pas vue. Je lui ai dit que j'allais faire le trajet pour voir si je voyais Alexia le long du chemin. J'ai fait le parcours qu'elle fait habituellement, le bord de Saône, Velet, le haut de la Grange des Carmes. Après avoir fait ce parcours je suis allé directement chez les parents d'Alexia. Je ne sais plus si j'ai essayé d'appeler Alexia ou si je lui ai envoyé des messages.

Après ce long monologue, les premières questions commencent à lui être posées. Et apparaissent les premières hésitations. Les premières contradictions.

Question : À partir de quel moment vous inquiétez-vous de l'absence d'Alexia ?

Réponse : À partir du moment où je suis rentré chez moi et que j'ai constaté qu'elle n'était pas là et surtout après avoir appris qu'elle n'était pas passée non plus chez ses parents.

Question : Que se passe-t-il quand vous allez chez vos beaux-parents ?

Réponse : Chez eux j'ai vu mon beau-frère Grégory. Avec lui et à bord de son véhicule nous avons refait le parcours, et nous sommes allés aux urgences et à la gendarmerie.

Question : À quoi pensez-vous lorsque vous rentrez à votre domicile et que vous constatez l'absence d'Alexia ?

Réponse : Je pense qu'elle a pu faire un malaise ou qu'elle a pu se faire arrêter par le voisin qui l'importunait ou encore qu'elle a pu s'arrêter chez un de ses cousins, Clément. Je ne me suis pas arrêté chez lui car sur le coup je n'y pensais pas, c'est une fois à la gendarmerie lors de mon audition que j'ai pensé à lui car il habite sur le secteur.

Question : Étiez-vous d'accord qu'Alexia parte courir le matin ?

Réponse : J'avais un peu peur du petit voisin qui l'embête, la harcèle car je l'avais vu dans la semaine. Donc, je n'étais pas trop d'accord qu'Alexia parte courir. [...]

Question : Alexia court-elle toujours dans la tenue que vous nous avez décrite ?

Réponse : Elle n'a pas beaucoup de tenues de sport. Elle avait un short ce matin-là, je ne sais plus quelle température il faisait ce jour-là.

Question : Nous vous informons qu'il faisait trois degrés et que les véhicules étaient gelés. Sa tenue vous paraît-elle compatible avec la météo du moment ?

Réponse : Tout à fait, de toute façon, elle n'avait pas vraiment d'autres vêtements de sport pour courir. Nous avons un tapis à la maison, mais il déconne. C'est mieux d'aller courir dehors.

Fin de la première audition.

J'imagine que Jonathann à ce moment-là doit sentir la suspicion des enquêteurs. Ils avancent doucement. Mais comme on dit, ils avancent sûrement. À partir de la deuxième audition, qui commence deux heures seulement après la fin de la première, les questions s'enchaînent rapidement. Elles sont courtes. Elles sont précises. Elles semblent l'encercler. On imagine la fatigue. Les pièges s'ouvrent à chaque question que les policiers lui posent.

PROCÈS-VERBAL D'AUDITION DE GARDE À VUE

2e audition – Le lundi 29 janvier 2018 à 21 h 55.

Question : Pourquoi avez-vous dit à votre belle-mère Isabelle que vous imaginiez le pire ?

Réponse : Parce que j'étais inquiet. Quand Alexia est partie, elle allait bien. La veille, elle a fait un malaise le matin.

Question : Savez-vous où Alexia a été retrouvée ?

Réponse : Je sais ce que j'ai entendu des infos. Je ne connais pas ce lieu. Je ne suis jamais allé là-bas.

Question : Êtes-vous ressorti de votre domicile au cours de la nuit du vendredi au samedi ?

Réponse : La lumière peut se déclencher si le chat passe par là. Vous me dites que le voisin a entendu le bruit de la plaque située sur le côté de mon habitation.

Question : Qui aurait pu faire ce bruit avec la plaque ? Qui est passé sur cette plaque ?

Réponse : Je n'en sais rien. Je ne suis pas sorti au cours de cette nuit-là. Alexia n'est pas sortie non plus.

Question : Nous vous informons que sur le chemin qui mène au lieu de découverte du corps d'Alexia, une trace de pneumatique correspondant à celui du véhicule Némo a été retrouvée. Qu'en dites-vous ?

Réponse : Je ne sais pas. [...] Je pense que le témoin qui entend la plaque se trompe aussi.

Les enquêteurs avancent un à un les pions de leur enquête méticuleuse, et l'étau se resserre déjà.

Question : Elle était comment Alexia ? Il y avait des disputes ?

Réponse : Comme dans tous les couples. Quand elle faisait des crises, je dirais qu'elle était vulgaire.

Question : Était-elle violente ?

Réponse : Quand elle a fait sa crise du vendredi matin.

Question : Connaissez-vous beaucoup de personnes qui se mordent sans qu'il y ait de la violence ?

Réponse : Non, il n'y a pas de violence au sein de notre couple.

Question : S'il s'est passé quelque chose, le résultat est là. Il vaut peut-être mieux vous expliquer ?

Réponse : Je n'ai pas tué Alexia et il ne s'est rien passé.

Question : Qui, pensez-vous, peut vous croire ?

Réponse : Ben déjà pas vous. Il n'y a pas eu de dispute. Il ne s'est rien passé.

[…]

Question : Depuis trois mois, nous travaillons sur cette affaire. Plusieurs auditions, investigations, expertises ont été faites. Monsieur Daval, il s'est passé quelque chose. Expliquez-vous.

Réponse : Il ne s'est rien passé.

Jonathann commence à perdre pied. Treize fois, il répond aux policiers qui l'interrogent : « je ne sais pas », et neuf fois face à l'évidence : « il ne s'est rien passé ». Qu'imagine-t-il ? Que ces deux réponses le protègent ? Le lendemain matin, lorsque les auditions reprennent, il continue à préférer le mensonge.

PROCÈS-VERBAL D'AUDITION DE GARDE À VUE

3e audition – Le mardi 30 janvier 2018 à 9 h 30.

Question : Que s'est-il passé cette nuit-là ?

Réponse : Il ne s'est rien passé.

Question : On ne peut pas vous croire avec tous les éléments que nous avons. Qui pourrait vous croire selon vous ? Vous êtes un assassin, monsieur Daval ?

Réponse : Non, je ne suis pas un assassin.

Le mot est lâché. Pour la première fois, Jonathann est mis face à la réalité. Et pourtant, il va continuer pendant plusieurs heures à nier.

PROCÈS-VERBAL D'AUDITION DE GARDE À VUE
4e audition – Le mardi 30 janvier 2018 à 12 h 30.

Question : D'après vous que va-t-il se passer pour la suite ?

Réponse : Je vais être incarcéré pour le meurtre d'Alexia que je n'ai pas commis. Tous les éléments sont contre moi et je n'ai pas d'explication à donner.

Question : On essaye de vous expliquer les conséquences de tout ça. Vous niez les évidences ?

Réponse : Je ne peux pas les expliquer, je ne les nie pas. Alexia est décédée oui, mais il ne s'est rien passé ce soir-là. Pour le véhicule je ne sais pas, pour le drap je ne sais pas, les traces de pneumatiques je ne peux pas les expliquer.

Je n'ai rien d'autre à ajouter.

Ma vie est foutue, je n'ai plus rien à perdre. Je n'ai plus ma femme.

Les enquêteurs lui racontent alors une autre histoire. La vraie histoire. Ils partent des morsures, des vidéos de la ville qui les filment rentrant de chez nous après le dîner, du témoin qui entend la plaque à 1 heure du matin, juste au moment, où, selon le tracker, la voiture se met en marche. Puis, elle se déplace dans la nuit pour se diriger à l'entrée du bois où le corps d'Alexia a été déposé, là même où la trace de pneumatiques a pu être relevée alors que Jonathann assure tout le contraire. Ils parlent du drap retrouvé sur la scène du crime, que j'avais eu tant de mal à reconnaître devant les policiers, et qui est identique à un autre retrouvé dans leur maison au cours d'une perquisition. Face à cette avalanche de preuves scientifiques qui contredisent point par point le récit de Jonathann, il continue d'affirmer : « Ce n'est pas moi. » Mais son avocate, Me Spatafora, qui l'assiste ce matin-là, sait que sa position est intenable et qu'il va devoir avouer. Le rapport d'audition précise, juste avant les signatures, qu'elle informe son client des conséquences de son silence et du fait qu'il n'y aura peut-être pas d'autre audition. En clair, elle lui explique qu'il n'a désormais plus d'autre choix que de parler.

PROCÈS-VERBAL D'AUDITION DE GARDE À VUE

5e audition – Le mardi 30 janvier 2018 à 16 h 50.

Question : Vous avez pu vous entretenir avec vos avocats. Que voulez-vous nous dire ?

(Jonathann pleure.)

Réponse : Je n'ai pas voulu ce qui est arrivé, ce n'était pas volontaire.

Question : Que s'est-il passé ?

Réponse : Elle a fait une crise extrêmement violente. J'ai voulu comme d'habitude la serrer dans mes bras pour qu'elle ne me frappe pas et là c'était vraiment fort. Je l'ai maintenue. Je ne pouvais pas. On était dans la chambre, je l'ai mise sur le lit et je l'ai maintenue contre moi et sans le vouloir, je l'ai étouffée.

Question : Comment l'avez-vous étouffée ?

Réponse : Je l'ai étouffée en la serrant quand elle était sur le lit. Au début, je la serrais avec les deux bras.

Question : Et ensuite, vous avez fait quoi ?

Réponse : Sur le coup, je l'ai mise dans le véhicule du boulot mais je ne l'ai pas déplacée tout de suite. J'ai voulu vous appeler vous les gendarmes mais ce n'était pas possible. Je n'y croyais pas, j'ai espéré qu'elle se réveille. Et par dignité pour elle, j'ai pris un drap qui était en bas et qui correspond à celui qui a été découvert au-dessus et je l'ai recouverte du drap. Je lui ai remis ses lunettes au moment où je l'ai déposée sous les deux branchages. Le drap, mais l'histoire de la brûler je n'y suis pour rien.

Relire ces pages me bouleverse. Et pourtant, rien de tout ce que je lis n'est vrai, si ce n'est que Jonathann est bien le tueur d'Alexia. Toute l'histoire qu'il raconte au moment des aveux est un nouveau tissu de mensonges. Elle me bouleverse par ce qu'il ne dit pas, mais surtout par ce qu'il ose dire de ma fille. Lire qu'Alexia faisait des crises d'hystérie, que pour la calmer, il l'enserrait dans ses bras et la couchait sur le lit. C'est complètement irréel ! Cela veut dire quoi, avoir des crises d'hystérie ?! Personne n'en a jamais été témoin, ni nous, ni les amis d'Alexia, ni ses collègues de travail ! Ces prétendues crises n'arrivaient que chez eux, et lorsqu'elle était seule avec lui. C'est fou, mais même lorsqu'il avoue, Jonathann ne peut pas s'empêcher de mentir. Il y aura tellement de versions différentes au fil des mois qui suivront… Plus tard, il sera démontré que la soirée ne s'est absolument pas déroulée comme il l'a raconté lors de son dernier interrogatoire, d'abord parce qu'on n'étouffe pas quelqu'un par hasard en le serrant dans ses bras. Pour tuer, il faut presser le cou de manière continue pendant au moins cinq minutes. Et c'est ce qu'il a fait. Le médecin légiste est formel.

Lorsque, au bout de plusieurs mois, nous avons reçu le dossier d'instruction, Jean-Pierre n'a pas voulu le lire. Il disait qu'il en savait assez. Il ne comprenait pas pourquoi je m'infligeais cette torture. Mais j'avais besoin de *savoir*. Il avait raison. Lire ces dizaines de documents me torturait. J'ai toujours évité les photos, je ne voulais pas voir ma fille dans cet état.

Au procès, nous avons quitté la salle chaque fois que les juges annonçaient que le sujet allait être abordé et que des images allaient être projetées. À la maison, j'avais demandé à Grégory, qui avait reçu l'intégralité du dossier sur un CD-Rom, de ne pas tout m'envoyer et de retirer ce qui était pour moi insupportable. Le plus épouvantable a bien sûr la été lecture du rapport d'autopsie. Je ne l'ai pas lu d'une traite. J'y suis allée paragraphe par paragraphe. Un par jour. Je n'ai pas pu ingurgiter tout cela d'un coup. C'était vraiment trop dur, mais j'avais besoin de comprendre. Je l'ai même fait lire à ma belle-sœur Marie-Anne, qui est infirmière, pour qu'elle m'explique les choses d'un point de vue médical. Même s'il n'y a pas besoin d'être un expert. Car on comprend tout de suite que ce n'est pas un accident. Alexia a reçu douze coups de poing, elle a eu le nez cassé, son visage et son corps étaient couverts d'hématomes et, sur son dos, de grandes abrasions laissent imaginer qu'elle est tombée inerte avant d'être traînée sur plusieurs mètres. C'est un état de fait.

Notre avocat, lui qui était censé nous défendre ou au moins nous protéger dans cette période insensée, n'a jamais pris la peine de venir nous voir. En six mois, je crois que nous avons dû le rencontrer seulement deux fois, à son bureau. Il nous a simplement conseillé de ne pas bouger, de ne rien faire, et surtout de ne pas prendre la parole dans les médias.

Nous ne pouvions que faire l'inverse.

Défendre Alexia

Isabelle — Le déclic m'est venu lorsque j'ai entendu Marlène Schiappa prendre la défense d'Alexia à la radio. Nous étions le lendemain des aveux de Jonathann et j'étais soulagée d'entendre par ses mots la reconnaissance de ce que ma fille avait subi, et qu'elle ne méritait pas cela. On ne pouvait tout simplement pas dire d'une femme ce que son avocat et lui avaient dit, surtout après qu'elle avait été assassinée. En s'exprimant aussi fortement en faveur d'Alexia, la secrétaire d'État chargée de l'Égalité entre les femmes et les hommes prenait dans le même temps la défense de toutes les victimes de féminicide. Je me suis dit que ce qu'elle faisait était bien et que nous devions suivre son exemple : prendre la parole pour défendre Alexia. Notre avocat, Me Florand, ne s'était toujours pas exprimé pour répliquer à la défense odieuse de Randall Schwerdorffer, et lorsque je lui ai expliqué que j'approuvais totalement les propos de la ministre, il m'a répondu sèchement : « Ce n'est qu'une petite arriviste ! » En quelques mots, il réussissait le tour de force de détruire cet unique soutien qui me redonnait de l'énergie ; alors qu'il était censé nous défendre. Sa seule stratégie était de laisser faire. Marlène Schiappa est donc devenue notre « première avocate », quand le nôtre semblait déjà ne plus l'être. Je savais qu'il se trompait, et les jours suivants ont fini de m'en convaincre. Car la charge de l'avocat de Jonathann a été si forte qu'elle a offert de façon inespérée du grain à moudre à tous les médias qui suivaient notre drame depuis le premier jour. Quotidiens, hebdomadaires, radios ou télévisions, tous faisaient leur une sur ce nouveau scénario d'une femme qui aurait maltraité son mari au point qu'il la tue. Personne ne l'affirmait vraiment, mais chaque journaliste le sous-entendait et jetait ainsi notre fille en pâture sans peut-être même s'en rendre compte. L'urgence le leur imposait. Ils n'avaient pas le choix. Cette histoire se substituait à l'autre. La machine folle de l'information en continu était lancée. Nous devions absolument l'arrêter.

Et pour cela, nous n'avions pas d'autre choix que de parler à notre tour et de raconter la suite, comme si notre vie était devenue le sujet d'une série qui se déroulait chaque jour en direct à la télévision. Alors tous les quatre, Jean-Pierre, Stéphanie, Grégory et moi, nous avons réfléchi à ce qui nous semblait être le mieux pour maîtriser ce moment important et toucher le plus grand nombre. Grégory avait noué au fil de ces derniers mois une relation de confiance avec Dominique Rizet, le journaliste vedette de BFM TV. Celui-ci s'était toujours très bien comporté avec nous, comme d'ailleurs les journalistes qui travaillaient avec lui et qui nous avaient suivis depuis le jour où nous avions cherché Alexia dans les bois. Il lui en a parlé et Dominique lui a suggéré que nous fassions tous les quatre ensemble l'interview de Ruth Elkrief. Nous connaissions bien sûr cette présentatrice réputée vis-à-vis de laquelle nous avions un a priori plutôt positif, mais nous ne connaissions pas bien son émission. Alors, pour nous faire notre idée, nous en avons regardé plusieurs en *replay* et nous les avons trouvées bien faites et surtout, bienveillantes. Nous n'avions pas envie d'un combat de boxe. Nous souhaitions pouvoir nous exprimer sereinement et il nous a semblé qu'avec Ruth Elkrief, nous serions entre de bonnes mains. C'est ainsi que nous avons donné notre accord pour réaliser l'entretien, qui était notre première prise de parole médiatique, un mois jour pour jour après les aveux de Jonathann. Il était impossible de faire l'enregistrement à la maison, beaucoup trop petite pour recevoir le monde et le matériel nécessaires, alors nous avons proposé à la production de l'organiser au Château de Rigny, qui est un bel hôtel-restaurant situé à quelques kilomètres seulement de Gray.

Les propriétaires, que nous connaissons bien, avaient mis à notre disposition un grand salon aux murs beiges et meublé classiquement d'une commode ancienne et d'un grand canapé. Il y avait, posées sur le meuble, une grande jardinière en cuivre remplie de fleurs de toutes les couleurs et une lampe de chevet à pampilles, qui projetait une lumière tamisée. Juste à côté, contre le mur, nous avons installé un très joli portrait d'Alexia réalisé au fusain par une dame que nous ne connaissions pas et qui nous l'avait envoyé en hommage à notre fille. Nous souhaitions qu'il soit bien visible dans le champ de la caméra. Nous étions là pour parler d'Alexia, et il nous semblait naturel qu'elle soit avec nous. Lorsque nous sommes arrivés, nous avons tout de suite été chaleureusement reçus par Dominique Rizet qui nous a encouragés et nous a assuré que tout allait bien se passer puis nous a présenté Ruth Elkrief, qui immédiatement s'est montrée très sympathique, très prévenante aussi. Ensemble, ils nous ont conduits vers le salon dans lequel nous allions réaliser l'interview pour nous montrer la configuration des lieux et nous expliquer comment les choses allaient se dérouler. Autour de nous, plusieurs techniciens s'affairaient, tiraient des câbles, vérifiaient les lumières et l'emplacement des caméras. Il me semble qu'il y en avait trois. C'était impressionnant de découvrir tout cela. Jean-Pierre était fasciné et parlait avec les assistants pour savoir comment tout cela fonctionnait. Puis Ruth Elkrief nous a pris à part tous les quatre pour discuter avec nous une trentaine de minutes, faire connaissance et nous donner les grandes lignes des questions qu'elle allait nous poser. Elle ne voulait pas nous surprendre, encore moins nous embarrasser. Elle nous disait qu'elle n'était pas là pour cela. Elle souhaitait avant tout nous donner la parole. Je suis certaine qu'en tant que femme, elle était elle aussi choquée par l'axe de défense de l'avocat de Jonathann. À son tour, elle nous a rassurés et nous a précisé que nous n'étions pas en direct, et que nous pouvions donc interrompre à tout moment la discussion. Cette précision devait avoir pour effet de faire baisser la pression. Mais étonnement, malgré le « barnum » qui nous entourait, je n'avais pas peur. J'étais là pour Alexia.

Une personne de l'équipe nous a invités à nous installer sur le canapé. Jean-Pierre s'est assis à côté de moi. Je le sentais plus inquiet, il avait peur de bafouiller et il n'aimait pas se regarder. Chaque fois qu'il se voyait sur une image d'un journal télévisé, il ne se reconnaissait pas. Il me disait : « Mais, ce n'est pas moi. C'est pas possible ! » Il se trouvait plus vieux à la télévision qu'en vrai. En s'asseyant, il m'a tout de suite pris la main et ne l'a plus lâchée pendant toute la durée de l'entretien. À ma droite, Stéphanie et Grégory, eux, étaient assis sur des chaises. Ruth Elkrief se trouvait face à nous. Il y a eu un décompte, puis j'ai oublié les caméras. Ce que j'avais à dire était tellement important que plus rien d'autre ne comptait pour moi que les mots que j'allais prononcer.

La présentatrice a commencé l'émission en s'adressant d'abord à moi pour savoir pourquoi nous avions décidé de prendre la parole. Je me souviens de cette première réponse et de ma voix qui immédiatement s'est voilée d'émotion : « Alexia aurait eu trente ans le 18 février prochain, c'est un cap énorme à passer pour moi. On entend certaines choses sur Alexia et je voudrais qu'on la rétablisse telle qu'elle était. Celle qui était ma fille. » L'objectif était clair. Sans jamais évoquer l'axe de défense de Jonathann, je voulais simplement dire qu'Alexia n'était pas comme on tentait de la dépeindre. Puis la parole s'est répartie équitablement entre nous quatre, de l'un à l'autre, pour dire ce que nous avions à dire, de notre fille avant tout, mais aussi de notre gendre, de ses aveux, de ses mensonges et de ce que nous venions de subir tout au long de ces trois mois. Nous souhaitions que les Français se rendent compte du personnage qu'il était vraiment, froid, calculateur et très maître de lui. De la même façon que nous devions rétablir la vérité d'Alexia, nous avions la volonté de montrer qui était vraiment Jonathann, que beaucoup continuaient à imaginer comme un jeune homme fragile et pleurnichant à chaque occasion, alors qu'il avait été un manipulateur redoutable avant et après le meurtre de notre fille. Tout au long de l'émission, ma fille Stéphanie m'a impressionnée par la précision de ses réponses et la puissance de ses prises de parole. Elle s'était manifestement bien préparée pour défendre la mémoire de sa sœur. C'est ainsi qu'en rebond à ma première réponse, elle est venue préciser ma pensée comme si nous avions répété ensemble : « C'est la vérité qui nous intéresse. Nous n'avons aucune stratégie, aucune arrière-pensée. Nous souhaitons des faits et rendre honneur à ce qu'elle était. » Puis, pour tacler la défense de l'avocat, elle a trouvé des mots d'une force voisine de ceux de la secrétaire d'État : « Si on écoute les choses qui peuvent se dire, on a l'impression que si vous êtes une femme déterminée, qui travaille et qui sait ce qu'elle veut, vous êtes responsable des violences que vous pouvez subir. Et ça, on ne peut pas l'entendre ! » Ses propos portaient d'autant plus que son visage était impassible, et son ton égal. Elle masquait sa colère. Et lorsque Ruth Elkrief a rappelé cette phrase de Randall Schwerdorffer qui tourne encore dans ma tête : « Dans le couple, l'un des deux était violent, mais ce n'est pas forcément celui qu'on croit », ma fille a saisi la balle au bond pour défendre Alexia comme si elle était devant la cour d'assises : « Pourquoi ne pas faire la même supposition sur lui ? Tout ce que l'on a, ce sont les dires de son présumé assassin. Est-ce qu'elle avait un mal-être qui venait de lui ? Est-ce que c'est elle qui était violentée ? On ne sait pas ! Il n'y a qu'eux deux qui ont la réponse ! » J'étais fière de Stéphanie. Et, comme elle avait entamé la discussion avec moi, la journaliste m'a donné le mot de la fin, en m'incitant à dire ce que je souhaitais que retienne l'avocat de Jonathann. J'ai eu la sensation de l'avoir en face de moi, alors je l'ai « attrapé par le colback » pour lui dire ce qui bouillonnait en moi depuis quatre mois : « Il se présente comme l'avocat du diable ! Mais, il faut faire attention à ce que l'on dit. Qu'il y ait des stratégies de défense, on peut le comprendre, mais on ne peut pas tout dire. On n'est pas en train de faire le procès d'Alexia. Nous, on a déjà pris perpétuité ! Qu'il prenne vingt, vingt-cinq ou trente ans… Alexia, elle, n'est plus là. Elle nous manquera toujours. On n'a pas le droit d'enlever la vie de quelqu'un. Elle ne reviendra plus. On ne peut rien faire à ça ! » Ça m'a fait du bien de lui dire cela.

*

JEAN-PIERRE — Lorsque les caméras et les lumières se sont éteintes, nous étions soulagés, contents d'avoir fait ce qui nous semblait être notre devoir. Nous avions le sentiment d'avoir atteint notre objectif : freiner l'agression et prendre la défense de notre fille. Une fois l'émission terminée, Ruth nous a félicités, et tous les autres autour d'elle, journalistes et techniciens, nous ont également assuré qu'ils avaient trouvé l'émission « nickel ». On soufflait. À la fin de l'émission, quelques frères et sœurs sont venus nous rejoindre au Château de Rigny, et, alors que rien n'avait été prévu, Ruth Elkrief nous a invités à dîner pour nous remercier. Son geste nous a vraiment touchés. Nous avons discuté avec elle comme nous parlons entre nous. Elle était abordable, directe, vraiment humaine. Personne ne l'obligeait à faire cela. Je crois qu'elle était sincèrement touchée par notre histoire. Elle nous a raconté sa vie, nous a parlé de son mari. À la fin de la soirée, nous avions l'impression de la connaître comme si c'était une amie. Malgré le poids de ce que nous venions de vivre ensemble, elle a réussi à nous faire passer une soirée inoubliable. En partant, elle nous a dit : « Vous ne raconterez pas ce que je vous ai dit, hein ? Parce que ça ne se passe jamais comme ça ! » Ç'a été une belle rencontre. Nous nous sommes dit avec Isabelle que nous avions eu raison de lui faire confiance.

Nous n'avons pas tout de suite eu conscience de l'impact de notre prise de parole : nous n'utilisons pas les réseaux sociaux, et, à l'époque, je n'avais même pas de téléphone portable. On se doutait bien que, notre affaire ayant pris une ampleur nationale, beaucoup de personnes avaient regardé l'émission. Mais ce n'est que bien plus tard que nous en avons pris la mesure. Nous avons reçu un nombre de courriers, c'était énorme ! Nous devons avoir trois ou quatre cartons à la maison, remplis de mots, de dessins et de poèmes. Ça a été tellement réconfortant de recevoir tout cela. Les gens ont été d'une grande gentillesse avec nous, et ils se sont montrés sincèrement bouleversés par le drame d'Alexia. Dans ce flot de générosité, une lettre nous a particulièrement marqués. Elle nous a été adressée plusieurs mois plus tard par une psychologue qui, dans une étude qu'elle venait de rédiger, rapprochait le personnage de Jonathann de celui de Peter Pan. Elle décrivait le tueur de notre fille à l'image du héros de Neverland : un enfant qui ne veut pas grandir. Un gosse, un môme qui a fait une bêtise et qui n'ose pas le dire. Un enfant incapable d'être un époux et impuissant à devenir un père. Selon cette psychologue, la sexualité de Jonathann était au cœur du drame et son impuissance en avait été le déclencheur. Il refusait de devenir adulte et se rêvait en fils unique, « mais pas celui de sa mère, celui de la mère de sa femme, Isabelle Fouillot. Alexia n'était pas son épouse, mais une sœur gênante [...]. Alexia-future-mère devait mourir. En tuant Alexia, Jonathann accaparait sa belle-mère. » C'est-à-dire notre famille... Je me souviens qu'avec Isabelle la lecture de ces lignes nous a bouleversés. Cette femme confortait notre intuition, et donnait une explication au geste inouï de ce garçon que nous avions tant aimé. Elle nous offrait un scénario crédible, qui collait avec le comportement étrange de Jonathann après le meurtre d'Alexia, mais également avant. Depuis le premier jour, il avait cherché à nous séduire peut-être plus encore que notre fille ! Devant la cour d'assises, Isabelle a proposé cette hypothèse pour expliquer le meurtre d'Alexia et le procureur l'a retenue comme l'une des deux seules envisageables, l'autre étant celle du mari qui explose de fureur en apprenant qu'on le quitte. Le psychologue qui, au moment de l'instruction, tentera également de comprendre sa « personnalité très complexe qui ne semble pas être ce qu'il paraît », a également comparé son agressivité à celle d'un enfant qui se sentirait privé de son objet fétiche. Comme un « bébé » capricieux, il n'aurait pas supporté de ne pas avoir ce qu'il veut et aurait été, selon l'expert, « sous un aspect fragile, dépendant et soumis, un homme déterminé, colérique, voire agressif ».

Le psychiatre a été encore plus loin en concluant son expertise glaçante par ces quelques lignes : « L'intéressé est dangereux sur le plan criminologique. C'est surtout la parole qui fait évoquer cette dangerosité. M. Daval s'inscrit dans un secret, dans un espace entre le dit et le non-dit où il lui est possible de constater le décès de son épouse sans le dire, de déplacer le corps et de revenir à une forme de normalité que ce soit sur le plan familial, judiciaire ou médiatique. Ce secret cache au final assez mal une propension à la toute-puissance et la dangerosité qu'elle peut impliquer. » En lisant ces lignes avec Isabelle, nous avons compris que Jonathann avait été capable de tout pour obtenir ce qu'il voulait. On ne pouvait rien lui refuser. Alexia l'a payé de sa vie. Et pour s'en sortir et ne pas assumer, il a menti. Le psychiatre était très clair sur ce point. « La notion de mensonge revêt une dimension d'échappatoire »… Quand il ne sait plus comment faire, Jonathann ment. Nous l'avions appris à nos dépens. Mais nous ne pouvions pas imaginer qu'une fois incarcéré il continuerait.

Et pourtant, six mois après son arrestation, il a tenté de s'évader en nous précipitant dans un mensonge vertigineux.

Accusés !

JEAN-PIERRE — Six mois s'étaient écoulés. Je ne dirais pas que nous avions recommencé à vivre après l'interview, mais il nous semblait que l'essentiel était maintenant derrière nous. Jonathann était incarcéré et avait reconnu être le meurtrier d'Alexia ; de notre côté, nous avions réussi à démontrer que notre fille n'était pas celle que l'on prétendait. Certes, il restait de nombreuses zones d'ombre ménagées par les silences de Jonathann, mais nous espérions bien qu'elles pourraient être levées par l'enquête qui se poursuivait, ou plus tard au cours du procès qui devait avoir lieu dans le courant de l'année. Nous apprenions à vivre sans notre fille, même si je pense que nous n'y parviendrons jamais complètement. Nous pleurions encore beaucoup, comme nous pleurons encore aujourd'hui. Presque chaque jour.

Le 27 juin 2018, nous avons reçu une convocation par l'intermédiaire de notre avocat. Nous devions nous rendre, Isabelle, Stéphanie, Grégory et moi, au tribunal de grande instance de Besançon le 4 juillet suivant à 9 heures pour une audition devant le Juge d'Instruction, Rodolphe Uguen-Laithier. Aucun motif n'est précisé sur la convocation, nous ne savons absolument pas à quoi nous attendre. Nous pensons à une simple information procédurale, rien de plus. Notre avocat ne nous a informé de rien, il n'y a donc aucune inquiétude à avoir. Par chance, c'est le début des grandes vacances et les Parisiens sont là pour quelques jours avec James.

Il fait un temps magnifique, le ciel est bleu métallique et le soleil tape fort. Isabelle a choisi des vêtements de circonstances, une robe noire et blanche avec de fines bretelles attachées sur les épaules, des sandales et des lunettes de soleil qu'il est difficile d'oublier ce jour-là tant la lumière est forte. Quand je la vois sortir de la maison, je suis fier de ma femme. Je la trouve magnifique. Elle est si forte. Nous nous rendons donc tous les quatre à ce rendez-vous sans appréhension particulière. Mais lorsque nous arrivons dans la cour intérieure du Palais de Justice, il n'y a personne si ce n'est un journaliste et un photographe de *L'Est républicain* que l'on remarque tout de suite. Ils ne nous lâchent pas. Il nous photographie sans cesse alors qu'il ne se passe rien de particulier. On ne comprend pas ce qu'il fait. Pourquoi est-il là, alors que notre rendez-vous doit être sans conséquence ?

Nous traversons la large cour pour accéder à l'accueil lorsque notre avocat portant sa robe noire en sort et descend les marches quatre à quatre pour se diriger vers nous. Il a l'air catastrophé. Il s'approche lentement, en silence, comme s'il voulait ménager son effet et tend ses bras pour former un cercle. On pourrait penser qu'il veut nous embrasser. Il y a d'un côté Stéphanie et Grégory et de l'autre, Isabelle et moi. Il s'approche et baisse la tête, comme pour ne pas ébruiter ce qu'il va nous dire. Le photographe tourne autour de nous pour prendre la photo dont il doit savoir qu'elle fera la « une » de son journal le lendemain. Me Florand se prend la tête entre les mains et nous dit à voix basse : « Voilà ce qu'il se passe : Jonathann vous accuse d'un complot familial. Vous allez être accusés de meurtre ! »... Il nous lâche l'info comme ça, en une phrase et trois secondes. Sur l'instant, je ne comprends absolument rien, et je pense que les autres non plus. Puis il se retourne pour faire une déclaration rapide au journaliste qui accompagne le photographe, et nous entrons estomaqués pour prendre l'ascenseur et rejoindre le bureau du juge. Il n'y a pas un bruit. Qu'est-il en train de nous tomber de nouveau sur la tête ? Je me dis que notre avocat aurait certainement pu nous prévenir un peu plus tôt et nous préparer à ce qui nous attend. Nous entrons dans un grand bureau où le juge que nous avons déjà rencontré nous invite à nous asseoir. Il commence comme cela : « Nous avons souhaité vous entendre en urgence car nous avons procédé à l'interrogatoire de

M. Daval le 27 juin dernier à sa demande. Avez-vous été informés des révélations qu'il nous a faites ? ». Nous répondons d'une seule voix : « Oui, il y a cinq minutes par notre avocat. »

Puis, le juge poursuit : « Nous vous indiquons qu'en substance, M. Daval affirme que vous avez assisté à la mort de votre fille, que celle-ci a été causée par votre gendre Grégory Gay et que vous avez participé, en particulier vous, monsieur Fouillot, à la dissimulation du corps. Qu'en pensez-vous ? »

Je suis abasourdi. Je ne comprends pas que l'on puisse nous déranger pour quelque chose d'aussi délirant. Qui peut croire à cela ? Nous ne nous regardons pas, nous fixons tous le juge pour sonder ce qu'il a en tête et surtout lui faire comprendre que tout cela n'a aucun sens. Au début, nous avons même envie d'en plaisanter. Nous lâchons d'ailleurs en cœur avec Isabelle : « C'est aberrant, c'en est même risible ! » Mais manifestement, le juge ne rit pas. À sa question, je réponds donc, dépité : « On s'attendait à des nouvelles, mais là… » Et lui de reprendre le plus sérieusement du monde : « À quelles nouvelles vous attendiez-vous ? » Je lui réponds spontanément : « À des vraies nouvelles, enfin ! C'est encore un coup de massue. » Isabelle renchérit : « C'est la quatrième dimension. C'est tellement gros ! »

Elle a raison, mais nous comprenons à cet instant précis que, quelle que soit la crédibilité qu'il accorde aux déclarations de Jonathann, le juge n'a d'autre choix que de faire les vérifications qui s'imposent.

L'enquête redémarrait de zéro. Nous recommencions une nouvelle histoire, et c'était justement ce que cherchait Jonathann. Gagner du temps, nous pourrir la vie, nous placer à égalité avec lui, version contre version, et demander dans la foulée une libération anticipée. Heureusement, il ne l'a pas obtenue. Nous réalisions également qu'une nouvelle fois, nous n'avions pas été informés : au cours de l'audition, le juge nous a expliqué qu'il avait, cinq jours plus tôt, notifié à Me Florand les conclusions de l'expertise psychologique de Jonathann où il était déjà question de révélations nous mettant en cause dans l'assassinat d'Alexia. Lorsque nous avons affirmé au magistrat que nous n'avions jamais reçu le document auquel il faisait référence, j'ai bien vu qu'il n'en revenait pas. Me Florand s'est même senti obligé de préciser que ces conclusions avaient été adressées par courrier mais qu'il était « possible qu'elles ne soient pas encore parvenues au parties civiles ». Pourquoi n'avions-nous pas eu de nouvelles par téléphone ? En somme, l'heure était grave : nous étions accusés d'avoir organisé un complot pour éliminer notre fille, et nous n'avions reçu aucune information de celui qui était censé nous défendre. Que penser d'une telle attitude ? Nous avions la sensation d'être lâchés au moment où les déclarations de Jonathann auraient dû susciter un branle-bas de combat de la part de notre avocat.

Même s'il avait refusé de donner nos noms au médecin, les propos de Jonathann étaient transparents :

il parlait de cinq personnes réunies lors du dernier dîner d'Alexia à notre domicile, l'une d'elles ayant étranglé Alexia, et une autre ayant le lendemain transporté son corps. Il ne fallait pas être un génie pour comprendre qu'il nous accusait, Grégory et moi. Et devant le juge d'instruction, Jonathann avait été plus clair encore, il racontait une nouvelle histoire. Le magistrat nous en a fait la lecture : selon les dires de Jonathann, lors de ce dernier dîner, une altercation violente aurait éclaté entre Alexia, présentée comme « hystérique », et Grégory, qui n'aurait pas supporté qu'elle bouscule son fils en montant à l'étage. Pour la raisonner, il l'aurait suivie dans sa chambre afin d'avoir une explication avec elle. Mais face à la violence de son comportement, il l'aurait étranglée et serait redescendu pour nous annoncer qu'il l'avait tuée. À partir de là, nous nous serions réparti les rôles, Jonathann n'en ayant eu qu'un minime. Isabelle aurait gardé le petit James dans le bureau au rez-de-chaussée toute la soirée avant de le coucher, pendant que moi j'aurais déplacé le corps de ma fille chez elle. Puis, avec Jonathann, que Stéphanie aurait reconduit chez lui le soir même, j'aurais placé le corps dans la fourgonnette blanche et l'aurait emmené au petit matin à la lisière du bois d'Esmoulins. Une nouvelle fois, nous n'en revenions pas. Tout ceci n'avait aucune consistance et était simplement aberrant pour quiconque avait suivi l'affaire, nous connaissait et entrevoyait la volonté de manipulation de Jonathann, en premier lieu le juge d'instruction que nous avions devant nous, qui enquêtait depuis des mois. Et pourtant, plus il avançait dans son récit plus je sentais mon corps se figer, mes membres se tétaniser. Une goutte de sueur glacée m'a parcouru l'échine. J'ai commencé à avoir peur.

Dans le brouhaha de la discussion qui se poursuivait, je me suis rappelé d'un coup que, quelques jours après la disparition d'Alexia, nous avions tous été entendus pour que les enquêteurs fassent les premières constatations et vérifient nos emplois du temps. Lorsqu'ils m'avaient demandé comment s'était déroulée ma journée ce samedi matin, je leur avais dit comme une évidence : « Je suis parti à 5 heures 20 de chez moi. Je suis chez mon boulanger à 5 heures 30 et je prends les croissants. J'arrive au bar à 5 heures 40. Je reste dix minutes chez le boulanger pour discuter, jamais plus longtemps. » Je leur avais raconté cette journée comme j'aurais pu le faire de toutes les autres, elles étaient tellement toutes les mêmes. Je me réveillais chaque matin sans réveil. Je fonctionnais comme un automate. Sauf ce jour-là. Sauf le jour de la disparition de ma fille ! Ce matin-là, comme cela ne m'arrive que deux ou trois fois par an, je n'avais pas entendu le réveil et j'étais arrivé au bar avec une bonne demi-heure de retard. Et je ne sais pas pourquoi, je l'ai oublié. Deux semaines s'étaient écoulées entre la disparition d'Alexia et l'audition des gendarmes, sans compter qu'il s'était passé évidemment beaucoup de choses entre les deux. J'étais complètement déboussolé… Cette erreur involontaire n'avait jusque-là suscité aucune interrogation, mais je comprenais bien qu'avec ce nouveau scénario, on pouvait tout imaginer. D'autant que Jonathann avait pris le soin de me donner le rôle de celui qui avait transporté le corps, justement au petit matin. Je suis certain que le jour où il est venu au bar, je lui ai dit que je ne m'étais pas réveillé et que j'étais arrivé en retard. Et il ne l'a pas oublié. J'en suis convaincu. Le problème était que l'on pouvait maintenant très bien penser que mon retard n'était pas dû à mon réveil, mais au transport au lever du jour du corps de ma fille dans la forêt. Et les questions que m'adressait le juge n'avaient en cela rien de rassurant. Il faisait précisément référence à ma première audition devant les gendarmes : « Lorsque vous avez été entendu par les gendarmes, vous avez indiqué être parti en courses à 10 heures 30 le samedi matin, mais sans préciser votre heure de retour. Jonathann Daval est arrivé au bar à 10 heures 50 et est reparti à 11 heures 01. Vous souvenez-vous l'avoir vu ce matin-là ? »

Je suis tellement angoissé que j'hésite et pars dans une tirade un peu maladroite avant de retomber sur mes pieds. « Je pense, oui. Je n'ai pas trop de mémoire mais si on avait eu à l'époque la vidéo qu'on a maintenant ce serait facile à vérifier, mais vous me dites que je me serais absenté 20 minutes pour faire mes courses, cela peut suffire car je peux me contenter d'aller simplement acheter le journal. En tout cas, je vous confirme qu'il est venu me voir au bar. » Puis, il poursuit en ouvrant devant moi le piège tendu par Jonathann : « Jonathann Daval vous accuse directement d'avoir transporté le corps de votre fille de votre domicile au sien entre 4 heures et 5 heures le samedi matin. Qu'en pensez-vous ? – C'est aberrant. Je pourrais soit en hurler, soit en rigoler. C'est un fait en revanche que 5 heures du matin, c'est mon heure. – Le fait qu'il cite votre horaire de travail semble vous interpeller. Qu'en pensez-vous ? – Oui, car il connaît notre emploi du temps, mieux que moi d'ailleurs. »

En sortant de cet échange, je me voyais repartir avec les bracelets. On avait vécu tellement de choses que je me disais que tout était possible. Le juge aurait très bien pu m'accuser d'avoir fait un faux témoignage ! Heureusement, ce ne fut pas le cas. Je crois qu'il n'était pas dupe de la démarche de Jonathann ; il nous a d'ailleurs laissé entendre à la fin de notre audition qu'il ne trouvait pas sa version crédible, mais qu'il devait faire le nécessaire. Intérieurement, je soufflais. Et il a terminé ainsi, comme s'il fallait encore lever le doute : « Rassurez-vous, vous rentrerez chez vous ce soir ! » Le fait de devoir nous le dire nous rappelait quand même que l'offensive de Jonathann était loin d'être anodine. Avant de nous libérer, le juge nous a assuré : « Ne vous inquiétez pas, rien ne sortira de ce bureau. C'est le secret de l'instruction. » Mais une fois la porte fermée, Isabelle et les jeunes ont rallumé leurs téléphones portables qui annonçaient déjà : LE BEAU-FRÈRE ACCUSÉ DU MEURTRE D'ALEXIA... Notre calvaire n'était pas près de s'arrêter. Des journalistes plus nombreux qu'à notre arrivée nous attendaient à la descente de l'escalier. Nous avions l'impression d'entrer une nouvelle fois en enfer. Nous entourions Grégory et Stéphanie, qui tous les deux venaient de prendre un sacré coup dans la figure. Grégory sortait du bureau du juge en étant accusé de meurtre ! Et même si nous savions que cela ne tenait pas la route une seconde, il allait falloir maintenant se défendre. Notre fille aussi avait du mal à supporter cette nouvelle épreuve. Elle avait beaucoup pleuré pendant l'audition en essayant de défendre son mari. C'était tellement injuste. Tellement odieux. Je crois que je n'ai jamais vu Grégory craquer avant ce jour-là. C'est un garçon posé, qui contrôle ses émotions, mais en sortant du palais de justice et alors que nous déjeunions dans l'une des brasseries d'à côté, il s'est effondré. Il était vraiment abattu. Avec Isabelle, nous avons eu peur pour eux. On les imaginait devoir se justifier de cette horreur, Stéphanie à l'école où elle enseigne en maternelle et Grégory à son travail. De telles accusations n'étaient pas faciles à supporter, et elles auraient pu leur coûter leur emploi. Moi, j'avais vraiment peur pour Grégory. Je craignais qu'il ne fasse une bêtise. Je le voyais se balader sur les quais à Paris et se jeter dans la Seine. J'étais terrorisé ! Mais ils ont été costauds et se sont tout de suite mis en « mode combat ». La première décision qu'ils ont prise a été de changer d'avocat. Cet épisode était la goutte d'eau qui faisait déborder le vase. Pour se défendre, ils voulaient trouver un ténor, quelqu'un de reconnu en qui ils auraient confiance et qui les défendrait vraiment. Ils avaient l'impression à juste titre d'avoir été abandonnés par notre avocat.

Alors, méthodique, Grégory a établi une liste de pénalistes qui lui semblaient avoir l'envergure nécessaire pour les défendre dans une telle affaire. Et avec Stéphanie, ils se sont arrêtés sur le nom du bâtonnier Gilles-Jean Portejoie. Une star du barreau, réputée pour ses clients prestigieux et son habileté hors pair. Il est reconnu aussi pour n'avoir peur de rien et être extrêmement culotté. Cet avocat est, comme on dit, un personnage ! Avec sa chevelure argentée qu'il semble avoir du mal à discipliner, ses costumes anglais taillés sur mesure, sombres, toujours impeccables, portés sur une chemise plus claire largement ouverte, les poignets des manches jamais boutonnés, il s'avance vers vous les bras toujours en mouvement, donnant l'impression de vouloir vous embrasser même s'il ne vous connaît pas, vous serre la main d'une poignée virile avant de vous inviter à le suivre dans le salon d'un grand hôtel parisien où il a ses habitudes. Le rencontrer est tout un cérémonial, et il est rare que l'on ne soit pas immédiatement charmé. Stéphanie et Grégory ont tout de suite été conquis. Il les a écoutés et a commencé très vite à dessiner une stratégie pour sortir de ces accusations de complot familial. Pour lui, il n'y avait qu'une seule solution : organiser une confrontation avec Jonathann pour le mettre face à ses mensonges et parvenir à le faire craquer. Sinon, on en avait pour un an ! Les jeunes nous en ont très vite parlé. Ils partageaient avec leur nouveau conseil l'intuition qu'il fallait affronter celui qui nous accusait, les yeux dans les yeux. Avec Isabelle, nous étions parfaitement d'accord avec eux. Nous n'avions pas peur d'une telle confrontation. Nous étions innocents. Tout ceci relevait de la fantaisie, et on ne pouvait qu'espérer que la vérité en sorte. Était-ce par jalousie ou par rivalité, mais notre propre avocat, à qui nous avions fait part de ce choix, nous l'a fermement déconseillé, en nous expliquant : « On ne va tout de même pas se mettre au niveau de l'accusé. Ce n'est pas possible. Je n'ai jamais vu ça aux assises ! » Mais entre lui et nous, la confiance était depuis un moment déjà largement érodée. Et même s'il était encore notre défenseur pour quelques semaines, nous avions choisi de suivre les jeunes dans leur stratégie et de participer à la confrontation que sollicitait Me Portejoie. À partir de là, Grégory s'est mis en tête de « détruire » celui qui lui déclarait la guerre. Il ne voulait lui laisser aucune chance, et pour cela il s'est plongé dans le dossier et a épluché chaque audition de chaque témoin, chaque rapport d'expertise, y compris les plus techniques. En bon ingénieur qu'il est, il voulait tout savoir, tout maîtriser pour pouvoir le moment venu pousser au mieux Jonathann dans ses retranchements. Il a fait un travail énorme. Même au niveau de la gendarmerie, il a trouvé des choses que les enquêteurs n'avaient pas vues, comme le cheveu rouge de la mère que l'on a retrouvé à l'arrière de la camionnette dans laquelle Jonathann avait transporté le corps d'Alexia. Pour en être sûr, il a étudié tous les prélèvements effectués dans la voiture et les a tous rapprochés des ADN des frères, des sœurs, des tantes, du beau-père et de la mère de l'accusé. Et c'est comme cela qu'il s'est rendu compte que l'ADN du cheveu retrouvé dans le Némo appartenait à la mère. La gendarmerie n'avait pas fait le rapprochement, c'est lui qui l'a fait ! Dès qu'il en a eu la certitude, il en a informé la gendarmerie, qui a conclu après vérification que le cheveu pouvait être ce qu'on appelle, en jargon policier, un « cheveu volatile ». C'est-à-dire qu'il a pu voyager de personne en personne et atterrir à l'arrière du véhicule sans que l'on soit certain que la mère de Jonathann y soit entrée. Mais, évidemment, cette découverte avait de quoi nous interroger…

Et puis, pour contrecarrer les accusations de Jonathann, il a cherché à savoir si avant de tuer Alexia il ne l'avait pas droguée en lui faisant avaler des médicaments contre son gré. En clair, s'il n'avait pas prémédité son geste. Là encore, il a fait une analyse ultra précise digne de la série *Les Experts* en étudiant les doses de médicaments relevées dans son sang et sur l'ADN de ses cheveux. Car la Criminelle avait établi une analyse qui répertoriait toutes les substances recensées dans les cheveux d'Alexia. Plus ils étaient longs, et plus on pouvait remonter loin dans le temps. Grégory a ainsi proposé une chronologie des faits, graphiques à l'appui, de la prise de médicaments par Alexia sur les trois ou quatre mois qui ont précédé sa mort. Et il a pu démontrer que, bien avant sa fausse couche, Alexia prenait des médicaments extrêmement dangereux et évidemment absolument contre-indiqués pour les femmes enceintes. Quand on connaît le désir d'enfant d'Alexia, on ne peut pas imaginer un instant qu'elle ait absorbé volontairement ces produits à ce moment-là. C'est impossible ! Grégory en était arrivé à la conclusion glaçante qu'Alexia aurait été droguée quotidiennement plusieurs mois avant d'être assassinée. Ces prises de produits dangereux sans aucun contrôle médical pourraient même expliquer les « crises » dont Alexia se plaignait et qui lui faisaient écrire la veille à sa meilleure amie : « J'ai peur ! »... Des « crises » que Jonathann a utilisées ensuite comme des armes pour mieux discréditer notre fille ! Là encore, la démonstration de Grégory avait de quoi séduire. D'ailleurs, s'il n'était par définition pas possible de prouver qui était responsable de cet empoisonnement et que la préméditation n'a pas été retenue par la cour d'assises, cette hypothèse avait été reprise par le procureur lors du procès.

C'est donc armé de tout ce travail de plusieurs mois que Grégory s'est présenté à la confrontation pour affronter Jonathann. La veille, nous avions passé la soirée tous les quatre. Nous souhaitions nous accorder, et préparer chacun de notre côté la trame qui conduirait notre face-à-face. Pour ma part, j'avais passé une bonne partie de la nuit à y réfléchir et je souhaitais, à l'inverse des jeunes, aller chercher Jonathann sur les sentiments, en lui rappelant nos bons moments passés ensemble : les restaurants, les anniversaires... Je me demandais en écrivant ces quelques lignes sur un feuillet comment il pouvait avoir fait cela après tous ces moments que nous avions passés en famille.

J'avais construit quelque chose de pas mal, j'étais persuadé qu'avec ça Jonathann craquerait…

*

ISABELLE — Une nouvelle fois, le comportement de l'avocat de Jonathann a été à vomir. Le lendemain de la charge de son client, on lisait dans *L'Est républicain* : « Grégory Gay accusé du meurtre d'Alexia », et immédiatement Randall Schwerdorffer revenait devant les caméras pour déclarer haut et fort : « Nous avons les clés pour démontrer que c'est la réalité. Je suis à 300 % derrière mon client. Nous avons toutes les preuves dans le dossier pour dire que c'est Grégory. » Alors que rien, absolument rien ne pouvait l'inquiéter. Il le savait très bien. Et pourtant, il se pavanait en prétendant n'importe quoi. Après avoir accusé notre fille, il s'en prenait maintenant à Grégory. C'était insoutenable.

À l'heure des réseaux sociaux et des chaînes d'information en continu, il n'est plus nécessaire de prouver. Il suffit d'accuser, et en l'occurrence de dire n'importe quoi. En cela, on ne peut pas lui enlever qu'il est bien l'avocat de son temps ! D'autant qu'il n'en faut pas plus pour qu'une telle allégation, que personne n'arrivera jamais à étayer, nourrisse la presse pendant six mois. C'était encore un nouvel épisode. Je ne les comptais plus. Je me demandais si Jonathann avait mis au point cette nouvelle version seul, ou si on l'y avait aidé. En même temps, il avait déjà tellement menti… Ce qui est fou, c'est que pendant ces longs mois, on a plus parlé de Grégory que de Jonathann ! Ça me faisait mal au ventre de voir les jeunes attaqués. Je pensais aussi à la famille de Grégory, à ses parents. Ils tiennent un restaurant à Gray, ils ont une réputation. Cela m'embêtait vraiment qu'ils soient à leur tour embarqués là-dedans. Alors, comme depuis le début de notre drame, nous sommes restés soudés, cette fois pour faire face à Jonathann, à son avocat, et aussi à la rumeur. Les gens qui nous connaissaient n'avaient pas de doute, mais les autres… Sur les réseaux sociaux, certains se déchaînaient. Ils critiquaient ma façon de m'habiller, me reprochant de me rendre au tribunal comme si j'allais au Festival de Cannes, d'autres laissaient entendre que nous allions dans des clubs échangistes ou que nous allions divorcer. J'avais une nouvelle fois l'impression de vivre sous le regard de tout le monde, et de ne plus avoir le droit de bouger. Je voulais rester chez moi, toute seule, tranquille, qu'on ne me voie plus… Je suis sûre que certains ont pensé que nous étions vraiment les coupables ! J'avais l'impression qu'après avoir été les victimes, nous devenions les méchants de l'affaire. Une nouvelle fois, il fallait tenir. Pour Grégory et Stéphanie, nous n'avions pas d'autre choix que d'être à leurs côtés et de les aider à surmonter cette épreuve comme ils nous avaient aidés depuis un an. Nous devions aussi penser à tout, car tout pouvait nous être reproché. Depuis quelques semaines, nous avions décidé avec Jean-Pierre de faire des travaux dans la maison. Cela faisait trente ans que nous n'en avions pas eu le temps, le salon était vraiment défraîchi et nous avions envie de moderniser un peu notre intérieur. Et avec ce qui nous était arrivé, ce projet nous permettrait peut-être de nous changer un peu les idées. De faire diversion. On voulait refaire le plafond, les peintures, transformer une chambre en dressing. Il n'y a que la chambre d'Alexia à laquelle nous ne souhaitions pas toucher. C'était elle qui l'avait refaite. Elle avait choisi son parquet, ses peintures, ses voilages… Nous voulions la conserver intacte. Même s'il n'a jamais été question pour nous d'en faire un mausolée. D'ailleurs, j'y dors souvent quand Jean-Pierre ronfle la nuit. Elle est vivante, cette pièce ! Alors que nous avions choisi les entreprises, que les devis étaient validés et les dates des travaux arrêtées, j'ai eu comme un flash. Je me suis dit, si on attaque les travaux, il va bien y avoir quelqu'un pour nous accuser de vouloir cacher des preuves, de dissimuler quelque chose. Cela m'est venu parce que la gendarmerie m'avait appelée pour nous informer qu'une équipe viendrait prochainement pour l'enquête. Ils devaient vérifier si les dires de Jonathann étaient crédibles au regard de la configuration des lieux. Ils ont inspecté toutes les pièces, réalisé un plan de la maison et ont mesuré la circulation du son pour savoir notamment s'il était possible d'entendre du salon ce qu'il se passait à l'étage. Lors de ces vérifications, je leur ai demandé s'il était possible malgré l'enquête de lancer le chantier qui était prévu, et ils m'ont confirmé ce à quoi je songeais depuis quelques jours : « Surtout pas ! Vous ne touchez à rien ! » Alors, on a tout annulé. Tout était reporté. Avant de rénover notre maison, il nous faudrait donc sortir de cette histoire. Nous nous y préparions. Moi, je voulais surtout comprendre. Je voulais m'expliquer pourquoi Jonathann nous faisait subir cela alors qu'il savait que c'était un mensonge. Ce serait mon angle d'attaque lors de la confrontation qui se profilait. Je me suis dit toute seule que j'irais sur le côté affectif. Tout le monde savait que j'aimais Jonathann, et qu'il nous aimait, enfin, je le croyais. Je n'arrivais pas à intégrer comment, quand on a aimé quelqu'un, on peut lui faire subir tout ce qu'il nous a fait subir. Ça, je ne le comprends toujours pas !

Quelques jours avant le rendez-vous, on nous a expliqué comment ça allait se dérouler. Nous passerions chacun à tour de rôle dans le bureau du juge d'instruction dans lequel Jonathann serait présent. La discussion ne serait pas directe : chacune des questions et des réponses devait être adressée au magistrat pour qu'il les reformule ensuite aux destinataires. Les avocats assisteraient aux échanges. On nous avait dit : pas de papier. Vous pouvez avoir préparé des questions, mais pas de papier. Il ne fallait rien apporter. Au cours des dernières semaines, j'avais fait du rangement dans notre chambre, dans les placards, et j'avais trouvé par hasard une photo que je n'avais pas pu m'empêcher de conserver. Elle représentait Alexia avec son chat, Happy. En la regardant, je me demandais si, du fond de sa cellule, il y pensait. Après avoir tué Alexia, il n'y avait plus que le chat. C'était leur chat, ils l'avaient eu à deux mois. Je me demandais si de temps en temps il y pensait. Alors, lorsqu'il a été question de préparer la confrontation, malgré les recommandations que l'on nous avait transmises, j'ai glissé la photo dans mon sac sans en parler à personne. Je voulais lui demander : « Est-ce que tu as aimé ma fille ? Que représentait le mariage pour toi ? Et ce chat ? Est-ce que lui, au moins, tu l'as aimé ? Est-ce qu'il représente quelque chose pour toi ? » Voilà à peu près ce que je souhaitais lui dire. Je n'avais pas épluché le dossier comme Grégory et Stéphanie. Je n'y suis allée qu'avec la photo dans les mains… J'avais lu une citation de Mme de Staël qui dit : « Pour pardonner, il faut comprendre. » C'était exactement cela. Je voulais décortiquer son acte, son mécanisme. Pour comprendre… est-ce qu'il y a eu de l'amour ? Nous, nous l'avions tellement aimé qu'il fallait qu'on comprenne. Jean-Pierre venait se battre avec les mêmes armes que moi.

Dans la voiture qui nous conduisait à Besançon le jour J, j'ai demandé à Stéphanie et Grégory s'ils avaient préparé des questions, parce que la veille nous avions tous travaillé dans notre coin sur nos pense-bêtes. Alors, je me demandais ce que je devais dire pour qu'on soit complémentaires. Quand ils m'ont raconté ce qu'ils avaient fait, je me suis dit que je n'avais peut-être pas préparé grand-chose, en fait ! J'avais seulement apporté la photo dans mon sac à main, et je n'étais même pas certaine de pouvoir la sortir. Me Portejoie, qui n'était pas encore notre avocat mais auquel j'avais parlé de la photo, m'avait dit : « Essayez de la montrer ! » Il m'avait également glissé : « S'il y en a une qui peut le faire craquer, c'est vous. » Il en était convaincu, il me l'a répété plusieurs fois dans cette journée qui allait prendre les allures d'un supplice chinois. Lorsque nous sommes arrivés au palais de justice, c'était la foule des grands jours. Les journalistes nous assaillaient, les micros et les caméras se tendaient de toute part. Ils étaient tellement nombreux que nous avions du mal à avancer vers l'ascenseur qui devait nous conduire à l'étage du bureau du juge d'instruction. En traversant difficilement la salle des pas perdus, j'ai aperçu la mère de Jonathann qui faisait les cent pas. Son mari l'accompagnait, ainsi que son fils Cédric qui se pavanait devant les caméras. L'ambiance ne pouvait pas être plus électrique. On avait l'impression de venir assister à un match de catch, sauf que c'était nous qui allions monter sur le ring !

Nous avons patienté quelques instants dans la salle d'attente, et à 8 heures précises, Grégory a été appelé le premier. Il était tendu et avait la mâchoire serrée. On sentait qu'il voulait en découdre. Il attendait ce moment depuis si longtemps, et il avait tout en tête. Je crois qu'il connaissait les cotes du dossier mieux que n'importe quel avocat. Nous l'avons regardé se lever, entrer dans le bureau du juge et la porte s'est refermée derrière lui. Puis nous avons attendu, une bonne heure. Grégory est ressorti l'air aussi fermé qu'en y entrant. En nous regardant, il a tourné doucement la tête de droite à gauche pour nous signifier que Jonathann n'avait rien dit. Ç'a été au tour de Stéphanie d'entrer dans le bureau du juge. Jonathann a continué lors de leur face-à-face, et malgré la préparation et la colère de Stéphanie, à accuser son mari d'avoir tué sa sœur, les yeux dans les yeux. Elle en est ressortie stupéfaite. Jusque-là, la stratégie de la confrontation était loin d'être probante, Jonathann semblait déterminé à ne rien lâcher et conservait la force nécessaire pour assumer ses mensonges avec un aplomb impressionnant. Pendant la pause, nous sommes allés déjeuner dans la brasserie d'à côté avec nos avocats, Mes Florand et Portejoie, qui avaient du mal à dissimuler leur méfiance réciproque. Le restaurant ressemblait à une annexe du tribunal. Il y avait tout le monde, l'avocat de Jonathann entouré de la famille Daval, et pas mal de journalistes que l'on reconnaissait et qui avaient bien senti que s'ils voulaient glaner quelques informations sur ce qui s'était passé le matin, c'était ici qu'il fallait venir manger. Ça grouillait de monde, et nous avions du mal à nous entendre. Alors que nous étions en train de nous installer, j'ai vu notre avocat traverser la salle pour aller saluer Randall Schwerdorffer et échanger quelques mots avec lui. Nous ne pouvions pas être placés plus à l'opposé de notre adversaire. Je ne savais si les serveurs l'avaient fait exprès, mais je le remarquais, comme je m'agaçais de voir notre avocat discutant comme si de rien n'était avec l'avocat de celui qui nous accusait. C'était certainement confraternel, mais je trouvais que le moment n'était pas vraiment à la politesse. Me Portejoie en a profité pour me redire : « Maintenant Isabelle, tout est sur vous. Tout repose sur vos épaules. Vous êtes la seule à pouvoir le faire bouger. Allez-y ! » Ses mots étaient un encouragement, ils me donnaient aussi une sacrée responsabilité. Je me disais : « Et si je n'y arrive pas, on va repartir avec cette accusation de meurtre sur le dos. » J'avais vraiment la trouille.

Tandis que nous nous dirigions de nouveau vers le bureau du juge, j'ai essayé de faire le vide dans ma tête pour me calmer. Je me disais qu'il ne fallait pas que je joue un personnage, que je prépare des questions ou que je veuille le piéger. Je devais être moi, tout simplement, et parler à Jonathann comme je lui avais toujours parlé. Et c'est ce que j'ai fait. Lorsque le magistrat est venu me chercher dans la salle d'attente, je lui ai glissé que j'avais une photo de ma fille dans mon sac et que je souhaitais pouvoir la montrer à Jonathann. En m'indiquant la porte de son bureau, il m'a dit : « Vous pouvez l'emmener ! Je vous dirai quand vous pourrez la lui montrer. »

Lorsque j'entre, je tombe immédiatement sur Jonathann, assis sur une chaise face à celle du magistrat. Il ne me regarde pas. Le procureur de la République est assis à côté de lui. La pièce est sécurisée par trois gendarmes qui sont postés devant la porte d'entrée, derrière le juge et un autre juste derrière nous. C'est assez impressionnant. Une caméra est posée sur un pied, elle fixe l'espace où se déroulera notre échange. Randall Schwerdorffer, l'avocat de Jonathann, reste adossé au mur juste à côté de la porte pour pouvoir quitter la pièce à sa guise le plus discrètement possible. Le juge m'invite à m'asseoir et Me Florand s'installe à ma gauche. Je remarque que Jonathann n'est pas menotté. Je me dis que cette disposition inhabituelle est certainement destinée à le mettre dans les meilleures conditions pour parler. Je veux y voir le signe que beaucoup dans cette pièce pensent qu'il ment et qu'il peut y renoncer. Jonathann est figé. Il ne se retourne pas, ne me regarde pas. Il fixe le mur devant lui. Je lui dis : « Bonjour Jonathann. » Je suis certaine que ce simple bonjour l'a perturbé – Grégory et Stéphanie n'ont sans doute pas réussi à le saluer. C'est lui que je voulais voir, je commence donc par m'adresser à lui comme si nous allions pouvoir mener une conversation presque normale. Mais le juge m'arrête tout de suite et me rappelle les consignes : nos échanges doivent nécessairement passer par son intermédiaire, je lui pose les questions, et lui les pose à Jonathann. Je me dis que cela ne va pas me faciliter les choses, mais je remarque que Jonathann a maintenant tourné la tête et qu'il me regarde. Je veux capter son regard et ne plus le lâcher pour ne pas le perdre. Je dois conserver cette prise, ce lien qu'il semble prêt à m'accorder. Je commence en repensant à la phrase de Mme de Staël : « Jonathann, pour pardonner, il faut d'abord comprendre. » Son oreille s'est dressée, alors je poursuis : « Je viens pour comprendre : est-ce que tu nous as aimés ? Est-ce que tu as aimé Alexia ? » J'entends alors : « Oui. » Je n'ai pas tant de questions que cela à lui poser. Je lui dis simplement qu'il sait très bien qu'il ment, qu'il sait que nous avons passé cette dernière soirée tous ensemble, et que tout s'était très bien passé. Il le sait. Malgré les recommandations du magistrat, je continue à m'adresser directement à lui et il me laisse faire. Je ne veux pas rompre le fil ténu qui me relie à lui. Alors, je continue : « Dis-nous la vérité, on te pardonnera, et toi, tu pourras reprendre ta vie en main et te reconstruire ! Tu ne peux pas nous infliger de tels mensonges. Ce n'est pas en mentant que tu vas te reconstruire ! » Je lui fais croire au pardon et à la possibilité de se reconstruire pour le mettre en confiance et l'attirer à moi. Je lui répète : « Comment veux-tu vivre avec ça ? » Il commence à pleurer. Il ne parle pas beaucoup et ne donne pas vraiment d'explications. Il se contente de pleurer. Je sens qu'il n'est pas insensible à ce que je lui dis. Son visage commence à s'ouvrir et je me dis que je ne sortirai pas de ce bureau avant qu'il n'ait craqué. Je sens, à quelques centimètres de lui, qu'il commence à vaciller. Alors, je prends la photo et je demande au juge si je peux la lui montrer. Il me fait un signe de la tête pour me confirmer son accord et je la tends à Jonathann, qui s'en saisit et la regarde longuement. Je ne suis pas certaine qu'il l'ait reposée. Il la regarde pendant que je lui parle de Happy qui nous ramène à

Alexia. Je lui donne des nouvelles de la chatte. Il n'y a rien d'extraordinaire, simplement des sentiments que je partage. Je lui dis qu'elle va bien, qu'elle est heureuse avec nous, et que c'est désormais la seule chose qui nous relie à Alexia. Au moment où je prononce le prénom de ma fille, il se lève et s'effondre à mes pieds, en larmes. Après quelques longues secondes de sanglots, il relève légèrement la tête pour me dire : « J'ai menti. » Alors, je l'ai attrapé par les épaules pour l'aider à se relever, nous nous sommes pris dans les bras et nous avons pleuré un long moment. Je me suis dit : « Ça y est ! »

Dans ce moment parfaitement irréel, j'ai l'impression de le retrouver. Je ne ressens aucune haine, aucun dégoût, je suis comblée. Ces deux mots le libèrent, et ils nous libèrent. C'est la fin de cet autre cauchemar, et je veux voir dans cette vérité livrée du bout des lèvres un petit reste d'amour.

Avant d'ouvrir la porte, le juge s'approche de moi pour me dire ces quelques mots : « Ce que vous avez fait est extraordinaire. Vous avez fait avancer l'enquête d'un pas de géant, je vous remercie. » Je suis soulagée, et tellement heureuse de pouvoir l'annoncer aux enfants. Mais au moment où je quitte la pièce, Me Portejoie entre en furie dans le bureau du juge, brandissant les téléphones portables de Grégory et Stéphanie, sur lesquels on annonce en direct que Jonathann a craqué, qu'il a vu une photo, et qu'il vient d'avouer. L'information tourne déjà en boucle sur tous les médias, alors que eux, qui attendent dans le couloir, ne sont encore au courant de rien. Me Porte-joie crie au scandale et désigne le conseil de Jonathann comme étant le probable informateur. C'est inadmissible !

Grégory se tient derrière et j'ai bien peur qu'il n'en vienne aux mains avec l'ancien rugbyman. Le juge tente alors de calmer le jeu. Il commence par interroger les gendarmes sur ce qu'ils ont vu et leur demande s'ils ont quitté la salle pendant l'audition. Aucun n'a bougé. Si ce n'est Randall Schwerdorffer qui a quitté la pièce à deux reprises, et notamment juste avant que Jonathann ne passe aux aveux. Directement mis en cause par le juge, Grégory et son avocat, Schwerdorffer prend la mouche et commence à monter sur ses grands chevaux. Le ton monte, il affirme que ce n'est pas lui, qu'il n'a rien à voir avec ça et balance son téléphone portable sur la table du juge pour montrer qu'il n'a ni envoyé ni reçu de message pendant la confrontation. Il oublie de dire qu'en sortant du bureau à deux reprises pour aller fumer une cigarette, il est allé s'entretenir avec la mère de Jonathann quelques minutes. Une photo prise par un journaliste en attestera plus tard. De quoi a-t-il pu lui parler, si ce n'est de ce qui était en train de se passer dans le huis clos du cabinet du juge ? Elle a pu ensuite allègrement s'épancher devant les journalistes qui n'attendaient que cela.

Je ne comprenais rien de ce que je voyais. Je venais de faire craquer Jonathann, et j'étais le témoin interdit de cette explication digne d'un combat de rue. Je les regardais comme j'aurais regardé un film. Affalée sur une chaise, j'étais lessivée et j'attendais que tout cela se termine. Je n'avais pas encore pu dire à Grégory et Stéphanie que Jonathann avait enfin reconnu son mensonge. Il me semble tout de même qu'à un moment j'ai haussé le ton, et je leur ai dit : « Calmez-vous, il a avoué ! » À ce moment-là, Jean-Pierre m'a pris le bras et il m'a embrassée en me félicitant de ce que je venais de réaliser. Je sentais qu'il était malgré tout un peu frustré de ne pas avoir pu lui aussi être confronté à Jonathann. Il avait préparé ce qu'il tenait à lui dire, et il n'avait pas pu aller au bout. Il avait l'impression d'être resté derrière la porte. Je crois qu'il aurait vraiment eu envie de voir Jonathann, de lui parler et certainement aussi de le faire craquer.

Nous étions en train de nous retirer quand Me Spatafora, l'associée de l'avocat de Jonathann, nous a fait une drôle de proposition. Elle s'est approchée de nous, et nous a dit : « Jonathann voudrait voir Jean-Pierre », et, en s'adressant à nous quatre, elle a précisé que si nous étions d'accord nous pouvions la suivre dans une pièce borgne à côté, où le meurtrier de notre fille nous attendait. Ce que nous vivions était irréel et, je le crois, sans précédent dans les annales judiciaires. Sans trop y réfléchir, nous avons acquiescé, même si je sentais bien que Stéphanie et Grégory n'avaient aucune envie de nous suivre. À quoi une telle démarche pouvait-elle bien servir ? Notre fille nous disait que nous nous faisions embobiner par la défense. Ils nous ont malgré tout accompagnés jusqu'à la pièce, et ont fait demi-tour dès qu'ils ont vu le visage de Jonathann. Il y avait en effet quelque chose de totalement incongru dans cette volonté de nous revoir ensemble alors qu'il nous accusait encore quelques heures plus tôt du meurtre collectif de notre fille. Il avait encore du ressort et sa capacité de manipulation était intacte. Après nous avoir donné ce que nous attendions, il allait tenter de nous amadouer cette fois-ci en nous parlant de lui. Il mesurait son emprise, et il faut bien reconnaître qu'elle était encore vivace. Car nous sommes restés là face à lui, à lui offrir ce plaisir de nous parler à nouveau, de s'expliquer, de se victimiser, comme si nous lui devions quelque chose. Il m'avait donné ses aveux, il fallait en contrepartie lui offrir quelque chose. J'ai pensé un moment pouvoir profiter de la situation, prolonger notre échange en espérant qu'il lâche encore une ou deux vérités. J'étais persuadée que si nous avions continué dans le bureau du juge, nous aurions pu obtenir d'autres révélations, et, pourquoi pas, savoir si c'était bien lui qui avait mis le feu au corps d'Alexia. Alors, je me suis lancée : « Maintenant qu'on sait que c'est toi, la crémation, c'est toi aussi ? » Il m'a répondu : « Non, je vous promets que ce n'est pas moi. – C'est quelqu'un de ta famille ? – Non, je ne peux pas le dire ! »

C'était fini, il ne dirait rien de plus. Il ne nous avait pas fait venir pour poursuivre ses aveux mais pour que nous l'écoutions parler de lui, de sa vie en prison, de ses codétenus qui le martyrisaient, et de la peur qui le taraudait. Il cherchait manifestement à nous attendrir.

Il nous disait : « Vous pouvez me taper, vous pouvez me gifler… Ce que j'ai fait, c'est horrible ! », comme s'il voulait regagner un peu d'humanité à nos yeux. Lorsque je l'ai compris, je me suis mise en retrait et j'ai laissé parler Jean-Pierre, qui enfin l'avait face à lui. Il lui rappelait les temps heureux pour souligner sa trahison, alors que moi je voyais de nouveau le meurtrier de notre fille. Une nouvelle fois, il nous avait bien eus. Je voulais maintenant partir.

Stéphanie et Grégory avaient perçu le piège dès la première seconde. Ils redoutaient à présent que la presse ne titre le lendemain que je « pardonnais Jonathann ». Devant les caméras et les micros qui m'interrogeaient à la sortie du cabinet du juge, je me suis donc efforcée de ne pas le remercier. Je me suis contenté de déclarer qu'il avait simplement dit la vérité.

Même si on est aujourd'hui encore très loin de la connaître complètement.

L'horrible vérité

ISABELLE — Je ne voulais pas y aller. C'était au-dessus de mes forces. Lorsque nous avons reçu la convocation pour assister le 17 juin 2019 à la reconstitution du meurtre d'Alexia, j'ai tout de suite dit à Jean-Pierre : « Moi, je n'y vais pas. » Depuis la mort d'Alexia, je n'étais jamais repassée à son domicile, je n'en avais jamais eu la force et encore moins l'envie. J'ai passé près de trois ans à contourner le quartier de mon enfance. C'était trop difficile pour moi. Entrer dans cette maison qui avait été la mienne lorsque j'étais petite fille était insurmontable. Je ne me voyais pas pénétrer dans ce lieu que je considérais désormais comme habité par la mort. Ma maison où j'avais été si heureuse… Je ne voulais pas être confrontée à cela. Je trouvais qu'on m'en demandait beaucoup. Il y avait déjà eu la confrontation et les aveux de Jonathann. Je préférais rester sur cette « victoire ». Je ne voyais pas l'intérêt pour nous d'assister, comme si l'on était au spectacle, à la mise à mort de notre fille. Mon imagination me suffisait, mes cauchemars aussi. Je m'en suis ouverte à notre avocat, et Me Florand m'a tout de suite rassurée en me disant : « Si vous n'avez pas envie d'y aller, ce n'est pas une obligation. » Une telle invitation était d'ailleurs rarissime, jamais les parties civiles ne sont conviées aux reconstitutions, tout simplement parce qu'elles n'ont aucun rôle à y jouer.

Ma décision était arrêtée, lorsque Grégory nous a appelés pour nous inviter à prendre un verre au Château de Rigny. Nous étions la veille du rendez-vous, et leur avocat, Me Portejoie, souhaitait partager un moment avec nous, nous voir comme nous en avions pris l'habitude chaque fois qu'il venait à Gray. Il souhaitait aussi caler les choses pour le lendemain. Je pense qu'il savait que je ne souhaitais pas y aller. Quand nous sommes arrivés, il nous attendait dans le grand hall de l'hôtel, les bras tendus vers nous pour nous embrasser. Il était tellement sympathique, avec toujours un petit mot pour nous réconforter. Il n'était pas du genre à cacher ses émotions. Il pouvait nous dire qu'il nous « aimait », comme si nous étions ses amis depuis toujours. Et je crois qu'il nous aime vraiment. C'est un affectif. Il m'a serrée dans ses bras et m'a emmenée en me prenant tendrement par l'épaule vers le salon où une bouteille de vin rosé était déjà ouverte, et où cinq verres nous attendaient sur un plateau argenté. Le confort et le plaisir étaient essentiels pour lui, quelles que soient les circonstances. Cela avait le mérite d'adoucir un peu les choses. Il nous a servi un verre chacun et immédiatement il s'est adressé à moi, comme s'il ne pouvait pas un seul instant imaginer que je ne sois pas là le lendemain matin avec eux : « Isabelle, demain, je compte sur vous. Encore une fois ! il n'y a que vous qui pouvez le faire craquer ! » Face à une telle déclaration, je ne me suis pas senti la force de le décevoir. Je lui ai répondu : « OK, mais qu'attendez-vous de moi ? » L'objectif de la journée était de faire reconnaître à Jonathann qu'il avait bien mis le feu au corps d'Alexia après l'avoir transporté dans le bois, alors qu'il continuait toujours à le nier. C'était le dernier verrou à faire sauter, et je comprenais qu'il me revenait une nouvelle fois de « faire le job ». Je ne pouvais pas renoncer dans la dernière ligne droite. Gilles-Jean avait su trouver les mots pour me convaincre, sans rien me demander. Et lorsque je lui ai fait part de ma peur viscérale d'être présente, il m'a dit que l'on serait ensemble et que l'on ferait bloc. Il me promettait que je serais en sécurité. Nous avons donc passé une courte nuit, et nous nous sommes tous retrouvés le lendemain vers 4 heures du matin devant la maison pour partir ensemble pour la reconstitution.

La limousine noire du bâtonnier ouvre la voie, Jean-Pierre et moi suivons dans notre Austin Mini, et les jeunes ferment la marche. Dans la voiture, je suis un peu groggy par le manque de sommeil, mais à mesure que l'on approche de la maison, je sens mon pouls s'accélérer. Nous ne nous disons pas grand-chose avec Jean-Pierre, je suis déjà dans l'événement et je ne suis pas certaine de pouvoir tenir. Lorsque nous tournons au niveau de la rue de la maison d'Alexia, les flashs se mettent à crépiter, le mouvement des caméras accompagne notre passage et nous voyons les journalistes déjà installés sur les trottoirs pour expliquer en direct aux radios et aux télévisions en quoi cette journée marquera peut-être l'épilogue de notre tragédie. En arrivant, je ne sais pas vraiment si mes jambes me porteront jusqu'au bout. Les gendarmes sont en train de retirer les scellés qui interdisaient l'accès de la maison, et les volets roulants des fenêtres des deux chambres remontent doucement. La juge d'instruction, Marjolaine Poinsard, est déjà à l'intérieur pour, j'imagine, prendre connaissance des lieux et concevoir ce qui a pu s'y passer. Elle a repris le dossier depuis quelques semaines seulement, et ne tarde pas à venir se présenter. Je sens tout de suite que cette femme est quelqu'un de bien. Elle est douce, attentionnée et semble très fine dans sa façon d'aborder les gens comme son métier. La rencontrer avant que cela ne commence m'a enlevé un poids. J'ai senti que les choses allaient être maîtrisées et qu'elle penserait à nous tout au long de cette épreuve qu'elle savait si difficile.

Pour éviter les fuites de la confrontation, la juge d'instruction à pris la précaution de demander à chacun des participants de remettre son téléphone portable avant que la reconstitution ne débute ; tout le monde s'exécute naturellement, sauf Me Schwerdorffer, l'avocat de Jonathann, qui aurait préféré pouvoir le garder. Puis nous entrons dans la maison par le garage. Je tiens la main de Jean-Pierre. J'ai besoin de le sentir pour avancer dans ce sous-sol que je n'ai pas foulé depuis presque trois ans. Les néons sont allumés et écrasent la pièce de leur lumière blafarde. Les voitures sont garées à leur place, la petite Peugeot blanche d'Alexia et l'Audi break de Jonathann et, tout de suite, j'aperçois les affaires de ma fille accrochées au portemanteau comme si elle venait de partir. Je reconnais sa doudoune, et je la vois dedans. Ses chaussures et ses savates sont encore posées le long de l'escalier, et ses vêtements sortis du lave-linge sont là, qu'elle avait étendus la veille... Tout est figé comme si le temps s'était arrêté. Je n'ose toucher à rien. J'avance doucement dans la pièce puis dans la maison, médusée. Les bibelots, les photos, tout est là. Et puis, il y a l'odeur... L'odeur de la maison. En attendant que la reconstitution ne commence, nous avançons ainsi dans un silence impressionnant. Il y a du respect, de la tristesse et aussi de la peur. On ressent cela dans les cimetières. Puis, sans que rien ne nous y prépare, nous tombons nez à nez avec Jonathann, affalé sur le canapé et entièrement entravé. Il est menotté, ses pieds et ses poignets sont enchaînés et il porte un gilet pare-balles. Il a la panoplie du parfait assassin. Il me fait penser aux tueurs en série que l'on voit à la télévision. Lorsqu'il me voit, il nous salue, et il me dit : « Les grands-parents vont se retourner dans leur tombe. » Quelle perversité ! Je n'avais pas besoin de lui pour savoir que la maison du bonheur de mes premières années était devenue par sa violence celle de l'horreur. Par ces quelques mots, il donnait le ton de la suite. C'est la dernière fois que nous avons eu l'occasion de nous parler, les policiers et la juge d'instruction ont ensuite fait en sorte de le mettre un peu à distance. Mais vu la taille des pièces et le nombre de personnes – juges, policiers, médecins légistes, avocats – présentes, nous n'étions jamais très loin de lui.

La reconstitution commence dans le salon. C'est là qu'une dispute aurait éclaté. Jonathann explique qu'Alexia lui aurait demandé un rapport sexuel qu'il lui aurait refusé, et les choses auraient ensuite dégénéré. Cris, injures, Jonathann raconte qu'il aurait ensuite pris la clé de sa voiture dans l'entrée et se serait dirigé vers le sous-sol. Puis, il donne quelques détails : « Je commence à essayer de partir et elle essaye de m'agripper pour récupérer les clés pour ne pas que je m'en aille. Je force pour reprendre mon bras et je pars en direction du garage. Elle essaye de me bloquer l'accès en passant devant moi. » Qui peut croire que notre fille s'est laissée martyriser pour refuser de faire partir son agresseur ? Personne. S'il avait voulu partir, elle l'aurait laissé partir… La vérité est que c'est certainement elle qui a dû vouloir s'en aller, après lui avoir annoncé qu'elle le quittait. Et il ne l'a pas supporté. C'est vraisemblablement lui qui l'a empêchée de sortir en la bloquant dans l'escalier avant de la rouer de coups. Mais, la juge n'a pas relevé. Elle ne cherche pas à reconstituer un scénario, mais à vérifier que l'histoire qu'il raconte est bien compatible avec les multiples coups dont le corps d'Alexia témoignait. C'est ainsi que nous sommes devenus les spectateurs silencieux du calvaire d'Alexia.

Nous nous sommes déplacés vers le sous-sol où nous sommes tous agglutinés, serrés entre les voitures et l'établi, pour écouter Jonathann nous raconter le martyre de notre fille, car c'est dans l'escalier qui conduit au rez-de-chaussée que se serait noué le drame. Il y a une rampe en bois, et c'est ici qu'il l'aurait plaquée contre le mur, qu'il lui aurait frappé violemment la tête contre le béton et qu'il lui aurait donné plus d'une dizaine de coups de poing. Il précise : « Je l'ai frappée plusieurs fois de la main droite et de la main gauche au visage. » Habilement, la juge l'interrompt : « Monsieur Daval, comment faites-vous pour la frapper avec les clés dans les mains ? » Il hésite et répond : « Elles sont tombées. » En regardant la jeune gendarme mimant le rôle d'Alexia sous les coups retenus de Jonathann, je sens mon corps se dédoubler. Je me recroqueville en moi. Je suis dans la pièce, entourée de tout ce monde témoin comme moi de cette horreur, et je ne suis pas là. Mon corps me protège et m'aide à tenir. Parce qu'en même temps, je ne veux pas en perdre une miette. Je veux savoir la vérité, et à chaque détour de phrase, je traque le mensonge. Je sais qu'il nous baladera à un moment donné. Puis, je l'entends dire : « J'ai voulu qu'elle se taise » alors qu'il enserre le cou de la gendarme et ajoute : « C'est là du coup que je l'étrangle. » Il a maintenu ses mains serrées quelques secondes, puis a relâché son étreinte. Mais une nouvelle fois, la juge d'instruction l'a repris : « Monsieur Daval, un étranglement, cela dure au moins quatre minutes. Alors, vous allez tenir quatre minutes. » C'est long, quatre minutes. Déjà quand on fait une minute de silence, mais quatre… Il n'y a pas un bruit. La juge voulait faire prendre conscience au meurtrier qu'en quatre minutes il aurait eu le temps de reprendre ses esprits, d'arrêter de serrer au bout de quelques instants, et Alexia serait toujours en vie. Mais, il a continué. La volonté de tuer était là. Il n'y a pas de doute.

Ce qu'il raconte par la suite est, pour Jean-Pierre comme pour moi, encore plus insupportable à entendre. Car après l'avoir tuée, il l'a laissée tomber sur les marches en béton avant de la tirer par les pieds, d'abord dans l'escalier, puis sur le sol pour la déposer à l'arrière de la fourgonnette. Comment peut-on faire cela à quelqu'un que l'on a aimé ? On ne le ferait pas à un animal. C'est une image impensable pour nous. Nous ne pouvions plus rien entendre après cela. C'était trop, et heureusement c'était la fin.

Nous allions sortir du garage lorsque Jean-Pierre a aperçu à l'extérieur Me Florand, notre avocat, en pleine discussion avec celui de Jonathann. Ils ne parlaient pas : ils étaient hilares ! J'aurais préféré, comme lui, ne jamais avoir été témoin de cet éclat de rire. Il les a fixés. Il ne sait pas s'ils l'ont remarqué, mais il a su à cet instant que ce ne serait pas lui qui nous défendrait au procès. Il me l'a raconté juste après, j'étais outrée.

Il était un peu plus de 8 heures du matin et la reconstitution du meurtre d'Alexia venait de s'achever. Il nous restait maintenant à nous rendre dans la forêt pour comprendre la suite. Très rapidement, la juge d'instruction est venue nous voir pour s'assurer que nous tenions le choc après ces trois heures insoutenables. Elle a profité de cet échange pour nous dire qu'avant que nous arrivions, elle avait fait seule un tour dans la maison et avait remarqué que le yucca dans le salon n'était pas mort. Il était certes jauni par les trois années d'obscurité et d'absence d'eau, les feuilles étaient pour la plupart complètement sèches, collées le long des branches, mais elle a remarqué qu'il y avait en bas du tronc une petite pousse verte qui ne demandait qu'à grandir et qu'elle avait pris le soin d'arroser de quelques verres d'eau. Le yucca était en vie. Elle nous a dit alors, comme un cadeau qu'elle nous offrait : « Si vous voulez, on le sort sur la terrasse et vous venez le chercher plus tard. » Nous étions bouleversés par ce qu'elle venait de nous dire, et surtout par l'extrême sensibilité que ce geste signifiait. Percevoir ce qu'il restait de vie pour nous l'offrir.

C'était magnifique. Une fois cette journée éprouvante terminée, Jean-Pierre est repassé avec Carlos pour récupérer le yucca et l'installer dans notre salon. J'étais tellement heureuse que je l'ai placé au centre de la pièce, je l'ai nettoyé, je l'ai arrosé avec amour pendant de longues semaines. Il n'était plus qu'un tronc et une petite pousse verte. Aujourd'hui, il est vert, magnifique et envahit l'espace. Cette plante a une âme. C'est l'arbre de vie d'Alexia.

*

JEAN-PIERRE — Après une pause d'une trentaine de minutes pour permettre à Jonathann de se reposer et de manger une banane, nous sommes tous remontés dans nos voitures pour nous diriger à présent vers le bois où il avait déposé le corps d'Alexia. Il n'y a pas plus de cinq kilomètres depuis la maison, le temps pour nous de reprendre un peu nos esprits. Lorsque nous apercevons en contrebas le chemin qui conduit vers ces arbres magnifiques, Isabelle lâche dans la voiture : « Et dire que notre fille a été mise dans un bois... Heureusement qu'ils l'ont trouvée rapidement, elle aurait pu être mangée par les animaux ! » Nous avons encore peur de ce qu'il nous reste à découvrir. C'est la première fois que nous nous rendons dans cet endroit, et nous remarquons tout de suite que le dispositif mis en place est impressionnant.

Le long de la route, il y a des dizaines de journalistes, de caméramans, de techniciens encadrés par des gendarmes qui les empêchent d'approcher des bois. Dans le ciel, on entend la rotation des pales d'un hélicoptère qui survole l'ensemble de la zone et l'on peut apercevoir des drones qui volent beaucoup plus bas au-dessus des champs alentours pour s'assurer que personne ne s'avance sans y être invité. En descendant sur le chemin, nous constatons qu'une gigantesque toile aux couleurs militaires d'à peu près cinq mètres de haut et autant de large a été disposée devant l'entrée du bois pour dissimuler ce qui va s'y dérouler. Les voitures de la gendarmerie sont garées juste à côté et l'on aperçoit le fourgon de l'administration pénitentiaire arrêté au bout de l'accès et des personnes en bleu tout autour qui s'affairent. Jonathann est déjà arrivé. À peu près un kilomètre avant le point de rendez-vous, un gendarme est posté pour indiquer aux conducteurs de ne plus avancer et de se garer, les uns à côté des autres. Nous marchons donc un bon quart d'heure entourés de Stéphanie, Grégory et de Me Portejoie qui nous accompagne. Il fait un temps magnifique, et cette lumière d'été nous fait sortir de l'obscurité sordide de la matinée. Nous n'avançons pas le cœur léger, mais nous sommes malgré tout plus apaisés. Moins inquiets. En approchant de l'entrée du bois, nous voyons des militaires à cheval qui traversent le bois pour en sécuriser toutes les entrées. C'est la Garde républicaine ! Avec Isabelle, nous n'en revenons pas. Ils ont envoyé depuis Paris pas moins de six cavaliers de la Garde républicaine. Pour nous, c'est presque un honneur. Puis nous constatons qu'un bureau a été installé derrière les arbres avec un ordinateur pour le greffier. Il y a même une imprimante posée au milieu des fougères dont on se demande comment elle peut fonctionner. C'est improbable… Jonathann s'avance tête baissée, encadré par deux gendarmes. Il nous reste deux heures à souffrir. Il n'est plus menotté, mais porte toujours son gilet pare-balles, et une fois qu'il est passé devant nous, j'entends la juge lui demander : « Monsieur Daval, pouvez-vous reproduire les gestes de déplacement du cadavre dans le bois ? »

Et il s'exécute. Il s'approche de la fourgonnette blanche et ouvre les deux battants de la porte arrière, à l'intérieur il y a un mannequin qui simule Alexia. Sans hésiter, il se saisit des pieds et tire d'un coup sec pour le faire chuter à terre. J'ai un mouvement de recul. Pas un instant, il n'exprime un sentiment de honte et encore moins une excuse. Il aurait pu nous dire : « Je suis désolé, je l'ai tirée comme ça… Excusez-moi. » Mais il n'a jamais eu un mot. Il reproduit les gestes comme s'il les avait faits la veille. Sans difficulté, il tire le mannequin le long du chemin, entre les ronces, lui fait franchir un petit fossé à l'entrée du bois et s'arrête une cinquantaine de mètres plus loin. En le tenant toujours par les pieds, il fait passer au mannequin un premier tronc avant de le prendre par les aisselles et de le laisser glisser entre les deux arbres. C'est comme cela qu'il a fait tomber Alexia sur le dos pour la cacher derrière des branchages. Puis, il explique qu'il est allé chercher le drap dans la voiture pour la recouvrir. Il l'a déposé sur son corps et il est parti. Il se tait. Alors, la juge le relance : « Le problème, c'est que les gendarmes ne l'ont pas retrouvée comme ça. » Jonathann répond : « C'est ce qu'on m'a dit. […] Le drap oui, mais ni les branchages, ni le feu. » La juge tente alors de l'amener doucement vers ce que l'on attend : « L'autre problème, c'est que la combustion spontanée n'existe pas. » Il répond : « Je comprends. »

Le processus est enclenché, et nous sentons tous que quelque chose est peut-être une nouvelle fois en train de se produire. Pourtant nous voyons bien que la juge arrive au bout de ses questions et qu'elle ne sait plus vraiment quoi faire. Elle se tourne vers nous et regarde Isabelle, intensément, comme pour lui dire qu'elle peut prendre le relais. Alors, comme dans le bureau du juge six mois plus tôt, Isabelle se lance : « S'il te plaît, dis la vérité, va jusqu'au bout. Tu l'as dit à quelqu'un ? Tu l'as fait ? Ça ne la ramènera pas ! S'il te plaît, va jusqu'au bout. Reconnais-le si tu l'aimes. – Je ne sais pas Isabelle. Je ne l'ai pas fait. J'en sais rien. Non, je n'en ai parlé à personne. » Alors, avec Isabelle, nous nous adressons ensemble à lui : « Soulage notre douleur. S'il te plaît, va au bout. On ne t'en voudra plus. Fais-le pour elle. » Avant de renchérir : « Si ce n'est pas toi, c'est que c'est quelqu'un de ta famille. Et l'enquête va repartir pour chercher un complice. » À la suite de nos propos, l'avocat de Jonathann demande une pause pour s'entretenir avec son client et, dix minutes plus tard, Jonathann s'approche vers nous et dit simplement : « C'est moi. »

C'était pour nous la délivrance. J'ai pris Isabelle dans mes bras et nous avons pleuré, Stéphanie et Grégory nous ont rejoints. Nous étions soulagés. Nous arrivions au bout. Jonathann était le meurtrier de *A* à *Z* et mettait ainsi un terme à l'idée qu'il y ait peut-être eu un complice. Il avait fait tout cela seul. La juge, remarquable de bout en bout au cours de cette journée si douloureuse, est venue nous remercier et féliciter Isabelle qui avait réussi une nouvelle fois à faire craquer Jonathann. Nous n'avions pas toute la vérité, mais nous avions obtenu l'essentiel. Ce que nous attendions. C'est d'ailleurs ce qu'Isabelle a répondu à un journaliste qui l'a interrogée à la sortie du bois : « Nous voulions la vérité, et nous avons eu la vérité. Alexia va pouvoir reposer en paix maintenant. » Puis le journaliste lui a demandé si elle était prête à pardonner, et elle lui a répondu : « Reposez-moi la question dans dix ans. » Gilles nous avait dit sur le chemin qui nous conduisait vers la foule de caméras et de micros qui nous attendaient : « Vous ne pardonnez pas ! » Il commençait à nous connaître, et savait bien que nous pouvions nous laisser aller après le soulagement à dire quelque chose que nous n'assumerions pas plus tard. On ne pardonne pas en cinq minutes. Il faut du temps, et nous savons aujourd'hui que nous ne le pourrons jamais. Car en revivant notre drame comme nous venons de le faire, en repensant à la souffrance d'Alexia et aux manipulations de son meurtrier, comment pourrions-nous pardonner cela ? Nous aurions l'impression de banaliser l'horreur et d'oublier notre fille. Or, Alexia vit toujours avec nous.

Elle est là, à nos côtés, à chaque instant, comme si elle n'était pas partie. Comme si Jonathann ne nous l'avait pas arrachée. Elle est dans le regard de sa sœur Stéphanie, dans les rires de James, son filleul, qui parle d'elle tout le temps. Elle est dans nos larmes aussi. Car depuis quatre ans, les larmes sont notre vie.

Pour Alexia

Pendant trois ans, nous nous sommes battus pour notre fille. Tout ce que nous avons fait l'a été pour elle. C'est ce que nous lui devions. Malgré le drame, nous restons ses parents pour toujours. Nous ne pouvions pas laisser faire. Nous ne pouvions pas nous taire. Nous devions la défendre de toutes nos forces, et c'est ce que nous avons fait. Certains nous l'ont reproché, mais nous n'avions pas le choix. Nous ne pouvions pas accepter qu'après avoir été tuée, elle soit insultée, que son existence soit instrumentalisée pour pouvoir être retournée contre elle, et sauver son meurtrier. Ce n'était pas possible. Nous avons vécu trois années de calvaire dont nous savons qu'il ne s'arrêtera jamais. Trois années pour faire triompher la vérité d'Alexia. Mais la vérité de notre fille n'est pas celle de son tueur. Jonathann conserve de nombreux secrets enfouis dans ses mensonges. Il est loin d'avoir tout dit, notamment sur les raisons qui l'ont poussé à devenir un meurtrier. Ses dernières explications comme les premières ne sont pas suffisantes, pas plus qu'elles ne sont crédibles. Il y en a tellement eu en trois ans. Que cherchait-il vraiment ? Pourquoi voulait-il se débarrasser de sa femme qu'il venait d'épouser ? Pourquoi ne l'a-t-il pas quittée ? Pourquoi n'en a-t-il pas eu le courage ? Souhaitait-il prendre sa place comme nous l'avons longtemps pensé avec Jean-Pierre ? Devenir notre fils ? Ou devait-il effacer cette épouse qui l'empêchait de devenir un homme ? Certainement, tout cela se mélange. Mais le comble de l'horreur a été atteint lorsque nous avons appris que du sperme de son mari avait été retrouvé sur la dépouille de notre fille. Quelques taches sur son short de sport qui laissent imaginer le pire, et viennent conforter l'idée qu'en la tuant, Jonathann s'est peut-être senti redevenir cet homme qu'il n'était pas. Le drame d'Alexia n'est pas simplement celui d'un couple qui, comme tant d'autres, explose. Il est, nous en sommes persuadés, celui de la folie d'un enfant qui n'a jamais été aimé. C'est comme cela que nous avons choisi d'ouvrir son procès. Notre avocat, Me Gilles-Jean Portejoie, à qui nous devons beaucoup, a souhaité initier les débats par la monstruosité de cet épilogue pour que chacun mesure la violence subie par notre fille, mais aussi l'étendue du désarroi psychologique de son tueur. Nous redoutions tous l'âpreté du procès, et il souhaitait tout de suite marquer les esprits pour ne pas laisser glisser les échanges vers des discussions secondaires. La cour d'assises devait juger Jonathann, et il n'était pas question pour nous que ce procès devienne celui d'un couple, et encore moins celui de notre fille. C'était là notre hantise. Nous étions effrayés à l'idée que, démuni par les aveux de Jonathann, son avocat ne déclare une nouvelle fois la guerre à Alexia. Nous avions tous en mémoire sa première prise de parole à la télévision et la violence des accusations qu'il avait portées à l'encontre de notre fille. Nous savions depuis le premier jour que cet homme était capable de tout, et nous nous préparions à entendre une défense calquée sur ces injures, recyclant la prétendue « personnalité écrasante » de notre fille et la souffrance de son client. Mais entre le 29 janvier 2018, où Jonathann a été placé en garde à vue, et le 21 novembre 2020, où il a été condamné à vingt-cinq ans de réclusion criminelle par la cour d'assises de Vesoul, le monde semble avoir changé, et Randall Schwerdorffer aussi. Celui qui avait « des choses à dire » et qui annonçait « des révélations au procès » s'est montré bien silencieux. Le président de la cour s'en est même « amusé » : « Maître Schwerdorffer, vous nous aviez annoncé des révélations extraordinaires. Où sont-elles ? » Devant les juges, le géant semblait un peu plus petit. Il a donc tenté de défendre son client en parlant de son enfance douloureuse, de son père absent, de ses complexes, de ses TOC, de son besoin de s'inventer une famille de substitution, avant de conclure que Jonathann était certainement plus amoureux de nous qu'il ne l'était d'Alexia. On aurait presque pu le dire nous-mêmes. Certes, il a avancé que le couple était en crise depuis longtemps pour expliquer qu'il s'était désagrégé au fil du temps, le désir d'enfant venant en quelque sorte donner le coup de grâce à cette union qui n'en était plus une. Mais pas un instant il n'est revenu sur ses premiers arguments du soir où Jonathann a été interpellé. Pas un instant il n'a attaqué Alexia. Pas un mot ne nous a fait bondir dans la salle d'audience, quand il m'avait tant fait souffrir devant ma télévision. Il n'a pas osé emprunter une nouvelle fois le registre de la violence, tout simplement parce qu'il ne le pouvait plus. Après la défense de Marlène Schiappa et l'effroyable décompte du nombre de femmes assassinées par leur conjoint, exactement trois cent soixante au cours de ces trois années, il y a des mots que l'on ne peut plus dire et que l'on ne veut plus entendre. Nous avons la faiblesse de penser que nos quelques prises de parole et notre comportement ont également porté. Le silence de cet avocat au moment fatidique du procès de son client est devenu notre victoire. En nous battant ainsi pendant toutes ces années pour défendre notre fille, en racontant la jeune fille qu'elle était, nous lui avons interdit de s'en prendre à elle une nouvelle fois. Nous l'avons désarmé. Nous le devions à notre fille. Elle ne méritait pas cela. Pas plus d'être tuée que d'être insultée.

Alexia est notre fille. Nous l'aimons. Elle nous manque tellement.

Remerciements

ISABELLE ET JEAN-PIERRE FOUILLOT

Nous remercions Stéphanie et Grégory, toute notre famille, nos amis, la mairie de Gray ainsi que les gendarmes et les enquêteurs. Nous souhaitons également remercier Marlène Schiappa pour ses mots réconfortants ; les procureurs Étienne Manteaux et Emmanuel Dupic, ainsi que les juges Rodolphe Uguen-Laithier et Marjolaine Poinsard. Merci à notre avocat hors pair, maître Gilles-Jean Portejoie, et ses collaborateurs qui ont fait un travail remarquable. Merci encore à toutes les personnes qui se sont associées à notre drame. Sans oublier Thomas Chagnaud, notre co-auteur, sans qui ce livre n'aurait pas vu le jour.

THOMAS CHAGNAUD

Je souhaite remercier très chaleureusement Isabelle et Jean-Pierre pour la confiance qu'ils m'ont accordée en acceptant de me faire ainsi entrer dans leur vie pendant tous ces mois, avec tellement de générosité, d'amour et de vérité. Je veux également remercier Stéphanie et Grégory pour leur soutien, leur participation et leur aide, ainsi que Lydia, Carlos et Thibault pour avoir partagé leurs souvenirs et enrichi mon récit. Je veux enfin remercier maître Gilles-Jean Portejoie, qui a organisé notre rencontre et a ainsi permis à ce livre d'exister.

Table des matières

Ce livre existe grâce au travail de toute une équipe.

Communication : Caroline Babulle, Sandrine Perrier-Replein, Typhaine Maison, Adélaïde Yvert.

Coordination éditoriale et administrative : Céline Poiteaux, Martine Rivierre.

Studio : Pascaline Bressan, Barbara Cassouto-Lhenry, Joël Renaudat.

Fabrication : Muriel Le Ménez, Céline Ducournau, Bernadette Cristini, Sophia Paroussoglou, Phousa Chantharath, Isabelle Goulhot, Émilie Lapan (Canada).

Correction : Emmanuelle Coppeaux, Valérie Gautheron.

Commercial, relation libraires et marketing : Laetitia Beauvillain, Alexandra Profizi, Élise Iwasinta, Morgane Rissel, Aurélie Scart, Clément Vekeman.

Cessions de droits : Isabelle Votier, Benita Edzard, Lucile Besse, Sonia Guerreiro.

Gestion : Sophie Veisseyre, Chloé Hocquet, Isabelle Déxès, Camille Douin.

Service auteurs : Viviane Ouadenni, Jean-François Rechtman, Catherine Reimbold.

Ressources humaines : Mylène Bourreau.

Juridique : Laëtitia Doré, Anaïs Rebouh, Valérie Robe, Jean-Benoît Vassogne, Julia Crosnier.

Diffusion : Aurélia Spalacci (directrice des ventes), Nadine Eugénie, Céline Pitt, Arnaud Weill, Hervé Adamczyk, Annie Bourgade, Éric Charpentier, Gilles Couillard, Sandrine Ducrocq, Élisabeth Ehlinger, Guillaume Loras, Jean-Philippe Pilloux, Philippe Maulnier, Gilles Torché, Élisabeth Gastaldo, Jean-Pierre Stephany (Belgique), Olivier Béguin (Suisse), Jean Bouchard et Marie-Ève Provost (Canada), Emmanuelle Cadot, Virginie Godet et Caroline Pan.

Avec le soutien des équipes d'Interforum et d'Editis qui participent à la création, la diffusion et la distribution de ce livre.

Canoros Vehit Canentes

Composition et mise en pages
par Facompo Lisieux

MIXTE
Papier issu de sources responsables
FSC® C003309

L'éditeur de cet ouvrage s'engage dans une démarche de certification FSC® qui contribue à la préservation des forêts pour les générations futures.

Pour en savoir plus :
www.editis.com/engagement-rse/